Helena Robillard

Schizophrenie im biographischen Bildungsprozess

Helena Robillard

SCHIZOPHRENIE IM BIOGRAPHISCHEN BILDUNGSPROZESS

ibidem-Verlag
Stuttgart

Bibliografische Information der Deutschen Nationalbibliothek
Die Deutsche Nationalbibliothek verzeichnet diese Publikation in der Deutschen Nationalbibliografie; detaillierte bibliografische Daten sind im Internet über http://dnb.d-nb.de abrufbar.

Bibliographic information published by the Deutsche Nationalbibliothek
Die Deutsche Nationalbibliothek lists this publication in the Deutsche Nationalbibliografie; detailed bibliographic data are available in the Internet at http://dnb.d-nb.de.

Covergestaltung: Elena Tree

∞

Gedruckt auf alterungsbeständigem, säurefreien Papier
Printed on acid-free paper

ISBN-13: 978-3-8382-0331-7

© *ibidem*-Verlag
Stuttgart 2012

Printed in Germany

Inhalt

Einleitung

Man kann sich total verrennen,
wenn sich die Seele plötzlich irrt.

Mein Interesse an dem Thema „Schizophrenie im biographischen Bildungsprozess"
ist vielschichtig. Der Wunsch, mich mit diesem Thema eingehend und detailliert auseinander zu setzen, existiert schon über einen längeren Zeitraum und liegt ursprüng-
lich in einem eigenen konkret biographischen Ereignis begründet. Eine Freundin aus
Kindheitstagen erkrankte vor einigen Jahren an einer Psychose aus dem schizophrenen Formenkreis. Die unmittelbar wahrnehmbaren Veränderungen, die sich durch die
Erkrankung in dieser jungen Frau vollzogen, die ich im Verlauf der Jahre durch unsere unterschiedlichen Wohnorte etwas aus dem Blick verloren hatte, haben mich bei
unseren Wiederbegegnungen zutiefst erschrocken und emotional sehr berührt. Die Erfahrung und mein Erleben in den wenigen verbleibenden Begegnungen, mehr oder
weniger in die Rolle einer Anteil nehmenden Zuschauerin gebannt zu sein und, soweit überhaupt, nur wenig und auf den konkreten Moment der Begegnung begrenzt
bewirken zu können, haben ein anhaltendes Unbehagen ausgelöst. Mein Miterleben,
wenn auch aus der Position der Außenstehenden, stellt mit Sicherheit einen entscheidenden Auslöser für mein Interesse an einer vertieften, wissenschaftlich begründba-
ren Auseinandersetzung mit der Erkrankung 'Schizophrenie' als Schlüsselereignis im
Rahmen eines jeweils individuell subjektiv geprägten biographischen Bildungsprozesses dar.

Einen weiteren tief reichenden Schritt auf der Suche nach einem umfassenderen Verständnis der Erkrankung sehe ich rückblickend in den Erfahrungen, die ich während
meines Praktikums 2008 in der Institution 'Verein für Sozialpsychiatrie e.V' in [T.] im
Umgang mit psychisch Erkrankten machen durfte. In ihrer intensiven Arbeit in überschaubaren Einheiten betreuten Wohnens und mit einem umfangreichen Angebot an
Arbeits- und kreativen Beschäftigungsmöglichkeiten versteht sich diese Einrichtung
als gemeindenahe, integrative und begegnungsoffene. Sie strebt danach, psychisch
Erkrankte zu einem möglichst eigenverantwortlichen und selbstständigen Leben zu
befähigen und verfolgt mit einzel-, gruppen-, verhaltens- und familientherapeutischen

Ansätzen auch das erklärte Ziel der Wiedereingliederung einer bedeutenden Anzahl psychisch erkrankter Menschen in ihre Familie bzw. ihr soziales Umfeld. Dieser personenzentrierte Ansatz gründet auf einer ganzheitlichen Vorstellung des Menschen, gerade auch des psychisch Erkrankten und stellt dessen Persönlichkeitsrechte und individuellen Bedürfnisse in einer Weise in den Vordergrund, die mich überzeugt. Im Ansatz eben nicht defizitorientiert zu arbeiten, sondern individuelle Potenziale entdecken und freisetzen zu können, ist mir eine wertvolle Erfahrung, die ich während meines Praktikums in vielen Begegnungen mit psychisch Leidenden machen durfte. Dass es lohnt, personenzentrierte, biographische Ansätze zu verfolgen und zu weiterer Arbeit ermutigt, mag stellvertretend ein Satz belegen, mit dem eine psychisch erkrankte Teilnehmerin am Ende eines tanzpädagogisch-therapeutischen Kurses, den ich angeboten hatte, ihre Bewegungserfahrung zusammenfasste, nachdem sie anfänglich mit einiger Unlust angetreten war: „Bewegung ist auch Leben!". Meine dortigen Erfahrungen und Beobachtungen, dass es durchaus möglich ist, auch im übertragenen Sinne etwas bewegen zu können, haben mich insgesamt angeregt und in meinem Vorhaben bestärkt, die Erkrankung 'Schizophrenie' eingehender zu untersuchen.

Im Rahmen der vorliegenden Studie nehme ich sehr bewusst eine biographische Perspektive ein, da sie mir für mein Vorhaben tauglich und sinnvoll erscheint, möchte ich doch anhand von biographisch narrativen Interviews aufzeigen, wie der Erkrankung Schizophrenie als subjektiv prägendes Erlebnis im biographischen Bildungsprozess eines Individuums Bedeutung zukommt. Die Studie zielt darauf ab, eben nicht ausschließlich über Betroffene zu schreiben bzw. zu sprechen, sondern herauszufinden, wie es gelingen kann, v. a. mit ihnen ins Gespräch zu kommen, um mir bestmöglich ein Bild ihrer subjektiven Erlebnisseite, ihrer subjektiven Erzählung, ihrer individuellen Geschichte machen zu können.

Geleitet von der Schlüsselfrage „Wie sieht das jeweils individuelle Schlüsselerlebnis 'Erkrankung an Schizophrenie' im biographischen Bildungsprozess eines Menschen aus?" nähere ich mich dem gesamten Themenkomplex, indem ich in einem ersten Teil ausführlicher zu klären versuche, wie das Krankheitsbild Schizophrenie in seiner komplexen Symptomatik, in Diagnoseverfahren, faktoriellen Bedingungen, Verlauf und Therapieansätzen zu verstehen ist. Im Wissen um die Komplexität der Erkrankung erscheint mir im Rahmen dieser Studie eine umfassendere Darstellung grundlegender Wirkzusammenhänge aus zweierlei Hauptgründen unabdingbar: Erstens um den von mir gewählten Ansatz ihrer Erkundung im Rahmen der Biographieforschung fundiert herleiten und legitimieren zu können und zweitens um meinen Weg der methodischen Annäherung über biographisch narrative Interviews als qualitative Forschungsmethode über die ihnen zwangsläufig vorausliegenden und sie begleitenden notwendigen Kenntnisse dem jeweiligen Menschen angemessen abzusichern und damit ein vertieftes Verständnis auch für den späteren Analyse- und Auswertungsprozess zu gewährleisten. Diese Wissensgrundlage ist mir notwendige Voraussetzung, um mich im Interview verantwortungsvoll auf den Interviewpartner einstellen zu können, um Handlungsspielräume zu gewinnen, Akzentuierungen mit der gebotenen Vorsicht aus der Narration herauszuhören, in Wiederholungen Kreisbewegungen um zentrale Themen zu erkennen. Es gilt also zunächst, sich um die Klärung des Krankheitsbildes Schizophrenie zu bemühen.

Kernstück der vorliegenden Studie stellen die Analysen und Interpretationen der beiden biographisch narrativen Interviews dar, die ich in der Institution 'Verein für Sozialpsychiatrie e.V.' in [T.] mit [S.P.] und [A.K.] dankenswerterweise führen konnte und die bei meiner Suche nach Kristallisationspunkten eine Reihe wesentlicher Antworten auf meine Ausgangsfrage geben konnten. Als methodisches Verfahren wähle ich diese im Rahmen der qualitativen Forschungsmethoden verankerte Form des narrativen Interviews, deren sich die Biographieforschung bedient. Die konkreten Erzählungen in beiden Interviews und deren Auswertung erlauben mir, meine Hypothesen gezielt zu erproben und die Tauglichkeit des Verfahrens überprüfen zu können.

1. Das Krankheitsbild Schizophrenie

Schizophrenie (grch.), von E. Bleuler 1911 eingeführter Name für die bis dahin nach E. Kraepelin Dementia praecox genannte Gruppe verschiedenartiger, ihrem Wesen und ihren Ursprüngen nach noch wenig erforschten Krankheitszustände. Die meisten Erkrankungen heilen nach mehreren Schüben aus. (vgl. Brockhaus Lexikon, 1992)

Schizophrenie – die wohl schillerndste aller psychischen Störungen – hat viele Gesichter und ist vielfältig ausgeprägt in ihren Erscheinungsformen. Ihr Verlauf kann schleichend und für Unbeteiligte kaum erkennbar oder akut und dramatisch sein. Sie kann kurze Zeit andauern oder ein ganzes Leben lang. Sie kann einmalig auftreten. Sie kann in längeren oder kürzeren Abständen wiederkehren. Sie kann ausheilen oder zur Invalidität führen. Sie trifft Jugendliche im Prozess des Erwachsenwerdens und in der beruflichen Entwicklung. Sie trifft Männer und Frauen, die mitten im Leben stehen und solche an der Schwelle zum Alter. Aufgrund ihrer zahlreichen Erscheinungsformen ist die Schizophrenie nur schwer greifbar (vgl. Finzen, Schizophrenie, 2008, S. 20). Das Wort „schizophren" leitet sich aus dem Altgriechischen ab (σχίζειν s'chizein „abspalten" und φρήν phrēn „Seele") und heißt wörtlich übersetzt in etwa „Spaltung der Seele" (vgl. Bäuml, Psychosen, 2008, S. 2). Darunter soll nicht die Spaltung des Menschen in zwei Persönlichkeiten verstanden werden. Schizophrenie beschreibt vielmehr den Tatbestand, dass schizophren Erkrankte zwei Wirklichkeiten kennen: Die „allgemeine" Wirklichkeit und die „private" Wirklichkeit. Die allgemeine Wirklichkeit ist diejenige, die mit dem 'normalen' Verständnis und Empfinden der Durchschnittsbevölkerung weitgehend übereinstimmt. In diesem Zusammenhang könnte man auch von einer objektiven Wirklichkeitswahrnehmung oder besser von einer gewöhnlichen Wahrnehmung der objektiven Gegebenheiten sprechen. Neben dieser allgemeinen Wirklichkeit oder Alltagswirklichkeit erleben schizophren Erkrankte eine zweite, „private" Wirklichkeit. In dieser ihnen innewohnenden Welt erleben sie Dinge und nehmen Sinneseindrücke wahr, die Gesunde nicht nachvollziehen können. Mit dem Begriff „schizophren" wird also das Vorhandensein von zwei nebeneinander existierenden Realitätswelten umschrieben. Umgangssprachlich will der Begriff „verrückt" ebenfalls andeuten, dass das Wahrnehmungsvermögen der Erkrankten „weggerückt" oder „ver-rückt" gegenüber dem Empfinden der Durchschnittsbevölkerung ist (vgl. ebd.). Betroffene sind sich zu Beginn ihrer Erkrankung zuweilen über die Koexistenz der beiden Wirklichkeitswelten bewusst. Mit großer Bestürzung und Befremden nehmen sie die neue Erlebnisqualität wahr. Zu unterscheiden, welche der Welten wirklich und welche unwirklich ist, fällt Schizophrenen sehr schwer. Massive Störungen des Denkens, der Emotion und des Verhaltens begleiten das Auftreten der schizophrenen Psychose. Besonders im Vollbild der Psychose können Patienten den Widerspruch der Realitätswelten nicht mehr wahrnehmen und werden oft völlig von ihren krankhaften Vorstellungen und Halluzinationen beherrscht. Eine starke Gewissheit erfüllt sie und noch so eindeutige Gegenbeweise lassen sie nicht von ihrer inneren Überzeugung abbringen, die wahnhafte Welt sei wahr bzw. wirklich. In diesem Zusammenhang spricht man von einer „absoluten Wahngewissheit" oder wie es von einer Patientin anschaulich beschrieben wurde: „Man kann sich total verrennen, wenn sich die Seele plötzlich irrt. (G.P.)" (Bäuml 2008, S. 3).

Die etymologisch interessante Nähe der gebrauchten Verben 'sich irren' (umherirren, sich verirren, in die Irre gehen, irre werden) zu 'sich ver-rennen', beide Ausdruck einer schnellen, heftigen, auch ziellosen Bewegung mag im Zitat den Zustand seelischer Erregtheit bis hin zur Aus'weg'losigkeit eindrücklich belegen. Typischerweise haben die Erkrankten kein Bedürfnis mehr, den Wahrheitsgehalt ihrer Beobachtungen zu überprüfen. In diesem Zusammenhang spricht man von apriorischer Gewissheit, die Richtigkeit der abgeleiteten Schlüsse steht für die Patienten zweifelsfrei fest.

Die Schizophrenie zählt zu einer der schwersten psychopathologischen Störungen. Zu der Häufigkeit von Psychosen aus dem schizophrenen Formenkreis lässt sich sagen, dass die Lebenszeitprävalenz bei etwa 1% liegt. Männer und Frauen sind dabei gleich häufig betroffen. Schizophrene Psychosen können in jedem Lebensalter auftreten, normalerweise aber erst im Jugend- oder frühen Erwachsenenalter. Die Erkrankung tritt meistens im 3. Lebensjahrzehnt auf. Der Erkrankungsgipfel liegt bei Männern zwischen dem 18. und 23. Lebensjahr, bei Frauen zwischen dem 23. und 28. Lebensjahr. Grund für die fünfjährige Differenz ist vermutlich der „Östrogen-Vorteil" der Frauen. Es lassen sich keine typischen, allgemein gültigen Lebensereignisse zusammenfassen, die eine Psychose in Gang setzen, was die Suche nach möglichen Ursachen in der Biographie komplex gestaltet. In der Regel handelt es sich um das Auftreten allgemeiner Stressoren, die „in ihrer Gesamtheit zu einer akuten Überforderung des seelischen Leistungsvermögens" (Bäuml 2008, S. 9) führen. Schizophrenie kommt in allen Völkern und Kulturen der Erde vor. Wenn ein Elternteil erkrankt ist, besteht eine 10-prozentige Wahrscheinlichkeit, dass ein Kind ebenfalls an einer Psychose aus dem schizophrenen Formenkreis erkrankt. Bei eineiigen Zwillingsgeschwistern besteht sogar eine 50-prozentige Wahrscheinlichkeit, dass der Geschwisterzwilling auch erkrankt. Grundsätzlich ist jeder Mensch psychosefähig. Die Betroffenen haben typischerweise eine Reihe akuter Episoden, sog. Schübe. Zwischen den Episoden sind die Symptome zwar weniger schwer, jedoch weiter beeinträchtigend. Durch äußere Einflüsse, wie Drogen (u. a. LSD, Amphetamine, Heroin, Cannabis) oder anderweitige Vergiftungen, können psychotische Symptome bei jedem Menschen ausgelöst werden. Substanzmissbrauch stellt bei der Hälfte der Schizophreniepatienten ein großes Problem dar.

Diese erste Annäherung an das Krankheitsbild Schizophrenie zeigt, wie einerseits einzelne Phänomene uns allen nahe rücken, vermitteln sie doch partiell und graduell den Eindruck eines *déjà vu* und *déjà vécu,* um im Bild zu bleiben, „sich total [zu] verrennen, wenn sich die Seele plötzlich irrt", andererseits aber auch das Eintauchen in eine andere, uns fremde Welt.

1.1 Symptome der Schizophrenie

Der Versuch einer genaueren Eingrenzung und Begriffsbestimmung wird dadurch erschwert, wenn nicht gar verunmöglicht, dass trotz vieler Gemeinsamkeiten kein einheitliches Erscheinungsbild der schizophrenen Psychosen existiert. Aufgrund der eigenen Persönlichkeit und Biographie hat jeder Patient seine eigene, typische und unverwechselbare Ausprägung der Krankheit. Auch bei wiederholtem Auftreten einer Psychose können sich die Symptome bei der gleichen Person in unterschiedlicher Weise äußern. Symptome schizophrener Patienten betreffen alle zentralen Lebensbereiche wie das Denken, die Wahrnehmung und Aufmerksamkeit, das motorische Verhalten, Affekt und Emotion und die Lebensbewältigung. Diese Hauptsymptomatiken werden in positive Symptome (Plussymptome) und negative Symptome (Minussymptome) unterteilt.

1.1.1 Positive Symptome

Zu den positiven Symptomen, die in der Regel einen akuten schizophrenen Schub kennzeichnen, zählen in erster Linie: Denkstörungen, Erregung, Wahnerlebnisse und Wahnstimmung, Halluzinationen, Ich-Störung und Fremdbeeinflussungserlebnisse. Im weiteren Verlauf werden diese kurz skizziert, da ihr Erfassen für das Erkennen von Gemeinsamkeiten und typischen Krankheitsverläufen von entscheidender Bedeutung ist:

Denkstörungen

„Das Denken des Kranken erscheint oft unklar, manchmal bis zur Unverständlichkeit zerfahren. Es widerspiegelt seine Vergangenheit in eine imaginäre Welt von Vorstellungen, die seinem schwierigen Wesen besser entspricht als die wirkliche Welt. Neben krankhaftem Denken geht, oft versteckt, gesundes Denken und Urteilen weiter." (Bleuler 1975 zit. in: Finzen 2008, S. 43). Interessant erscheint in Bleulers Ansatz, dass gesunde Anteile wahrgenommen und wertgeschätzt werden. Folgen Gedanken und Worte dagegen scheinbar zusammenhanglos aufeinander, so dass das Denken sprunghaft und unlogisch wirkt, spricht man von Zerfahrenheit. Der Gedankenablauf wird nicht durch Logik, sondern durch assoziative Erinnerungen bestimmt, ähnlich einer freien Assoziation. Im Extremfall äußert der Erkrankte nichts Verstehbares, sondern ausschließlich zusammenhanglose Wortreste (vgl. Tölle 1994, S. 199). Das zerfahrene Denken ist inkohärent und lässt jeden Zusammenhang vermissen. Für den Außenstehenden ist kein Sinn erkennbar, da die Beziehung der einzelnen Gedanken, Worte und Sätze zueinander verloren geht (vgl. Finzen 2008, S. 43). Denkstörungen zeigen sich auch dadurch, dass der Betroffene nicht zwischen Wichtigem und Unwichtigem differenzieren kann. Daraus resultiert eine Reizüberflutung, die zu Konzentrationsmangel, Ablenkbarkeit und schneller Ermüdung führt (vgl. Kipp u. Unger 1996, S. 11). Das schizophrene Denken kennzeichnet sich darüber hinaus in schweren Fällen durch die Sperrung des Denkens. Es kommt zur Verlangsamung des Gedankengangs, der Gedankenfluss reißt plötzlich ab und kann für Sekunden völlig versiegen, so dass der Patient den Gedanken nicht zu Ende führen kann. Dessen ist er sich in einer für ihn quälenden Weise bewusst. Die gemachten Gedanken erlebt der Schizophrene als seiner eigenen Vorstellungswelt zugehörig, jedoch von anderen konstruiert. Er glaubt, er sei nicht Herr seiner eigenen Gedanken, sondern Fremde steuerten sein Denken und pflanzten ihm regelrecht Gedanken ein. Als Gegenstück hierzu existiert die Wahrnehmung des Gedankenentzugs, bei dem der Schizophrene das Gefühl hat, jemand entziehe ihm die eigenen Gedanken. Des Weiteren gibt es den Begriffszerfall, bei dem sich einzelne Begriffe nicht mehr von anderen abgrenzen lassen und somit ihre exakte Bedeutung verlieren. Unterschiedliche Bedeutungen werden miteinander vermengt. Veränderung von Sprache und Schrift entsprechen in mancher Hinsicht jenen des Denkens. Die Zerfahrenheit des Denkens kann sich in schweren Fällen am Zerfall der Sprache niederschlagen. Die Spracheigentümlichkeiten können qualitativ und quantitativ sehr unterschiedlich ausgeprägt sein, so dass ein starker Redebedarf oder auch eine Redehemmung vorliegen kann. Es kann zu Wortzusammenziehungen (Kontaminationen) und Wortneubildungen (Neologismen) kommen. Gelegentlich verhalten sich Erkrankte stumm (mutisch) und sprechen überhaupt nicht. Einige Schizophrene beschränken sich auf das Wiederholen einzelner Worte (Echolalie) und andere versteifen sich auf die Wiederholung von Worten oder Sätzen über einen längeren Zeitraum (Verbigeration). Worte verlieren ihre Bedeutung, sie verändern sich, werden verdichtet, so kann aus „traurig" und „grausig" „trausig" werden (vgl. Finzen 2008, S. 44). Die Sprachverwirrtheit (Schizophasie) kennzeichnet ein schizophrenes Krankheitsbild, das von einer ausgeprägten Sprachstörung bestimmt wird. Antworten auf Fragen sind beziehungslos und unverständlich. Sinnvolle logische Äußerungen sind kaum möglich. Wenn die Schizophasie quantitativ extrem ausgeprägt ist, ist es für den Gesprächspartner nahezu unmöglich, den Sinn zu verstehen, denn das Gesagte wirkt in hohem Maße zerfahren. Alle diese Symptome sind selten und kommen unter den Bedingungen zeitgemäßer Behandlung kaum vor.

Erregung und Anspannung
Manche an Schizophrenie Erkrankte erscheinen für den Außenstehenden sehr ruhig, gelassen und nur mit sich selbst beschäftigt. Sie scheinen ihre Umwelt kaum wahrzunehmen und ihr nicht beizuwohnen. Zeitgleich ist eine innere extreme Anspannung möglich, die meist mit Angst und allgemeiner Ratlosigkeit einhergeht. Der Gemütszustand kann plötzlich in große Unruhe und massive Erregung umschlagen, so dass Patienten schnell in ärztliche und therapeutische Betreuung kommen müssen, damit der Spannungszustand unterbrochen werden kann.

Wahnstimmung und Wahnerlebnisse

Psychotisch erkrankte Menschen besitzen plötzlich die Gewissheit, dass etwas Unheimliches im Gange ist (vgl. Bäuml 2008, S. 14). Für Außenstehende sind diese Ereignisse nicht nachvollziehbar. Zufällige und belanglos wirkende Verhaltensweisen von Mitmenschen werden als trügerische Beweise für die Richtigkeit längst gehegter Befürchtungen empfunden. Ereignisse, wie ein Auto, das hupt, eine Ampel, die von rot auf grün umschaltet, ein Fußgänger, der plötzlich stehen bleibt und auf die Uhr blickt, können sich als Beweiskette verdichten, die den Betroffenen in seiner Angst der Umwelt gegenüber bekräftigt. Die Patienten haben typischerweise kein Bedürfnis, die Richtigkeit ihrer Wahrnehmung zu prüfen, sondern haben eine apriorische Gewissheit im Bezug auf ihre Beobachtungen. Solche Wahnideen zählen zu den häufigsten positiven Symptomen der Schizophrenie (vgl. Davison/Neale/Hautzinger 2007, S. 368). Derartige Wahnvorstellungen können für die Patienten sehr beängstigend sein und großes Leiden verursachen. Im Gegensatz dazu können Wahnvorstellungen auch innige Glücksgefühle hervorrufen, wie das beispielsweise bei einem Berufungs- und Größenwahn der Fall sein kann (vgl. Bäuml 2008, S. 15).

Wahrnehmungsstörung und Halluzinationen

Schizophrene beschreiben die Welt, wie sie durch Halluzinationen hervorgerufen werden kann, häufig als verändert und unwirklich. Hierbei handelt es sich um Sinneswahrnehmungen bei fehlenden Umwelteinflüssen und dementsprechend fehlenden Außenreizen. Man könnte auch von Trugwahrnehmungen sprechen, die sich bei Erkrankten am häufigsten als akustische Halluzinationen äußern. Drei Viertel der Patienten sind davon betroffen (vgl. Davison/Neale/Hautzinger 2007, S. 369). Patienten hören bei akustischer Halluzination eine oder mehrere Stimmen, die auf sie einreden. Man unterscheidet drei Varianten der akustischen Halluzination. Bei dialogisierenden Stimmen kann es zu einer Unterhaltung kommen. Meistens treten die Stimmen jedoch als kommentierende Stimmen auf und machen Bemerkungen wie „Jetzt geht er zum Schrank, jetzt setzt er sich hin, jetzt isst er" (Bäuml 2008, S. 15). Imperative Stimmen sind solche, die Befehle und Handlungsanweisungen erteilen. Diese Form der akustischen Halluzination ist besonders ernst zu nehmen, da Patienten unter Einfluss solcher Stimmen sehr unvorhergesehene Verhaltensweisen an den Tag legen können und möglicherweise sich selbst bzw. auch andere schädigen und gefährden. Neben den akustischen Halluzinationen sind ebenso Geruchs- und Körperhalluzinationen sowie optische Halluzinationen zu nennen, die verhältnismäßig selten auftreten. Körperhalluzinationen oder Leibhalluzinationen sind solche, bei denen der Patient seinen Körper z. B. als fremd, nicht zu ihm gehörend erlebt oder einzelne Gliedmaßen als verkrüppelt wahrnimmt. Schmerzen ohne körperliche Erklärung können ebenfalls Ausdruck von Körperhalluzinationen sein. Unter optischen Halluzinationen versteht man Erscheinungen und Visionen. Insgesamt sind Halluzinationen ebenso wie Wahnvorstellungen sehr angsteinflößend und werden von den Patienten meist als sehr unangenehm beschrieben (vgl. Davison/Neale/Hautzinger 2007, S. 369).

Ich-Störung und Fremdbeeinflussungserlebnisse

Ein charakteristisches Phänomen für die Schizophrenie ist das Gefühl, im Denken, Handeln und Fühlen von außen gelenkt, gesteuert und beeinflusst zu werden. Viele Erkrankte haben das Gefühl zur Marionette ihrer Mitmenschen zu werden, da keine Schranke zwischen Ich und Umwelt existiert. Sie fühlen sich gesteuert und denken, einem fremden Willen gehorchen zu müssen. Das Gefühl der Unantastbarkeit der eigenen Person ist gestört, so dass das eigene Ich gefährdet ist (vgl. Bäuml 2008, S. 15). Häufig existiert auch das Gefühl, dass die Freiheit der Gedanken eingeschränkt wird oder völlig fehlt, da die eigenen Gedanken von anderen gelesen und gelenkt werden können. Sowohl Gedankenverarmung, also das Abziehen von eigenen Gedanken durch andere, wie auch das Gefühl, dass fremde Gedanken in den eigenen Kopf hineingepflanzt werden, sind Phänomene der Ich-Störung und Fremdbeeinflussung. Gegebenenfalls erleben Betroffene auch, dass die eigenen Gedanken wie mitgesprochen wirken und so eine Art „inneres Echo" entsteht (vgl. Bäuml, 2008, S. 16).

1.1.2 Negative Symptome

Negative Symptome oder auch Minussymptome stellen zahlreiche Einschränkungen der Erkrankten dar. Typische Symptome, die auch über eine akute Episode hinaus anhalten, sind Antriebslosigkeit, Apathie, Alogie, Sprachverarmung, Anhedonie, Affektverflachung und Ungeselligkeit. Diese Negativsymptome beeinträchtigen die Lebensqualität des Erkrankten maßgeblich. Im Folgenden werden sie kurz skizziert:

Apathie

Unter Apathie und Antriebslosigkeit versteht man einen Energiemangel, eine Teilnahmslosigkeit und Unempfindlichkeit gegenüber äußeren Reizen. Dem Erkrankten fehlt häufig ein Interesse an normalen Alltagstätigkeiten und die Motivation, beispielsweise den Pflichten am Arbeitsplatz nachzukommen. Darüber hinaus vernachlässigen einige Patienten die Körperpflege. Motivation und Begeisterungsfähigkeit fehlen, so dass apathische Menschen häufig einfach nur herumsitzen und nichts tun (vgl. Davison/Neale/Hautzinger 2007, S. 370).

Alogie

Alogie bezeichnet eine Denkstörung mit Sprachverarmung oder Verarmung des Sprachinhalts. Ist die Sprache quantitativ stark reduziert, spricht man von Sprachverarmung. Hierbei handelt es sich auch häufig um eine Verlängerung der Antwortlatenz, bei der ein Patient nur sehr langsam, zögerlich und karg auf Fragen reagiert. Spricht man von einer Verarmung des Sprachinhalts, ist die Menge des Gesprochenen zwar angemessen, jedoch bleibt der Informationsgehalt der Aussage sehr minimalisiert, vage und voller Wiederholungen.

Anhedonie

Anhedonie bildet das Gegenstück zur Hedonie, die Lust als höchstes Gut und Bedingung für Glückseligkeit versteht. Demnach meint Anhedonie die Unfähigkeit, positive Gefühle wie Freude und Lust erleben zu können. Bei Schizophrenie tritt häufig das Fehlen von Vergnügen in Situationen auf, die normalerweise angenehm sind. Ein allgemein fehlendes Interesse an Freizeitbeschäftigung, engen Beziehungen und Sexualität kennzeichnet das Symptom.

Affektverflachung

Als Affektverflachung bezeichnet man eine herabgesetzte Gefühlsempfindung und -ansprechbarkeit. Kein Reiz löst eine emotional ersichtliche Reaktion aus. Die Verarmung der Affekte lässt sich als Einbuße von Stimmung und Befindlichkeit verstehen. Dem Schizophrenen ist es häufig nicht möglich, auf die Ereignisse in seinem Umfeld gefühlsmäßig adäquat zu reagieren. Statt dessen sitzt er mit starrem, leeren Blick und unbewegtem Gesicht einfach nur da. Festgestellt wurde dieses Symptom bei zwei Dritteln der Schizophreniepatienten (vgl. ebd., S. 371). Allerdings bezieht sich das Konzept der Affektverflachung ausschließlich auf die äußere Reaktion und den Ausdruck von Emotionen. Das innere Erleben kann sehr wohl emotional und erregt sein, wie Kring und Neale 1996 bei einer Untersuchung nachwiesen. Schizophrene und Kontrollpersonen sahen Filmausschnitte, bei denen ihr Gesichtsausdruck und ihre Hautleitfähigkeit aufgezeichnet wurden. Die Teilnehmer berichteten nach jedem Filmausschnitt über die Gefühle und Stimmungslagen, die durch den Film ausgelöst wurden. Der Gesichtsausdruck der Schizophrenen wirkte weniger lebhaft als der der Kontrollpersonen. Doch die Schizophrenen berichteten über ein vergleichbares Maß an Emotionen und waren körperlich sogar stärker erregt (vgl. ebd., S. 371).

Neben den positiven und negativen Symptomen lassen sich zwei weitere Symptome nennen, die Katatonie und der inadäquate Affekt, die sich schlecht in das Schema positiver und negativer Symptome integrieren lassen.

1.1.3 Weitere Symptome

Katatonie

Das Symptom der Katatonie kann sich in unterschiedlichen Formen äußern. Dabei handelt es sich um motorische Auffälligkeiten und Beeinträchtigungen des Bewegungsablaufs, die zum einen dazu führen können, dass Erkrankte sonderbare und gegebenenfalls komplizierte Bewegungsmuster vollführen, die teilweise mit einem extrem hohen Aktivitätsniveau verbunden sind. Zum anderen kann es zu einem sogenannten katatonen Stupor kommen, bei dem der Patient bewegungslos in einer starren und unnatürlichen Position verharrt, in der die Gliedmaßen über einen langen Zeitraum verdreht gehalten werden (vgl. Bäuml 2008, S. 21). Willentlich können die Patienten ihren Bewegungsablauf nicht beeinflussen, um sich beispielsweise aus der Starre zu lösen.

Inadäquater Affekt

Als inadäquaten Affekt bezeichnet man eine unangemessene emotionale Reaktion auf ein Ereignis. Beispielsweise lacht ein Erkrankter, wenn er erfährt, dass seine Mutter gestorben ist, und reagiert gereizt und wütend, wenn er nach seinem Lieblingsessen gefragt wird. Aus nicht einleuchtenden Gründen wechselt der Erkrankte schnell von einem emotionalen Zustand in einen anderen. Dieses Symptom tritt selten auf, ist jedoch kennzeichnend und spezifisch für Schizophrenie.

1.1.4 Auswirkungen der Symptome

Die Symptome der Schizophrenie verursachen bei Erkrankten beträchtliches Leid. Neben Verfolgungsgedanken und Stimmenhören klagen sie über Energiemangel, lähmende Antriebslosigkeit und allgemeine Lustlosigkeit. Sowohl positive als auch negative Symptome spielen dabei eine Rolle, wie in Abbildung 1 ersichtlich wird (vgl. Bäuml 2008, S. 18f).

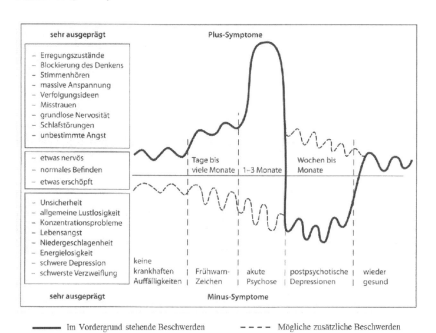

—————— Im Vordergrund stehende Beschwerden   – – – – Mögliche zusätzliche Beschwerden

Abbildung 1: Verlauf von Plus- und Minussymptomatiken (aus: Bäuml 2008, S. 19)

Wahnideen und Halluzinationen sind besonders leidvoll für Erkrankte. Diese Symptome werden dadurch verstärkt, dass Träume und Hoffnungen von Patienten zerstört werden, bedenkt man, dass kognitive Beeinträchtigungen und Willensschwäche beispielsweise eine stabile Berufstätigkeit erschweren, was wiederum zu sozialer, aber auch materieller Verarmung führt und nicht selten in Obdachlosigkeit endet. Ebenso führen Defizite an sozialen Fertigkeiten dazu, dass Betroffene ihre Freunde verlieren und sich sozial abkapseln und vereinsamen. Bei Schizophrenen ist eine hohe Substanzmissbrauchsrate zu beobachten, die sich möglicherweise mit dem Bedürfnis erklären lässt, Erleichterung von negativen Emotionen zu finden (vgl. Blanchard et al. 1999, S. 72ff).

Bedenkt man all die leidvollen Symptome, ist es nicht erstaunlich, dass bei Schizophrenen die Suizidrate insbesondere während der akuten Psychose hoch ist. Zu unterschiedlichen Krankheitszeitpunkten lässt sich ein Überwiegen von den jeweiligen Plussymptomen oder den Minussymptomen erkennen. Abbildung 1 erläutert schematisch den zeitlichen Ablauf einer Akuterkrankung. Hierbei veranschaulicht die durchgezogene Linie den zeitlichen Ablauf einer Psychose. Zu Beginn und insbesondere während der akuten Psychose stehen die Plussymptome im Vordergrund. Dennoch können, wie die gestrichelte Linie verdeutlicht, auch in dieser Zeitspanne Minussymptome als zusätzliche Beschwerden auftreten. Diese negativen Symptome treten besonders gehäuft und anhaltend nach der akuten Psychose auf und dauern häufig über Wochen und Monate an. Man spricht in diesem Zusammenhang von einer postpsychotischen Depression, die auch mit dem Begriff postremissives Erschöpfungssyndrom beschrieben wird. Patienten fühlen sich in diesem Zeitraum häufig niedergeschlagen, antriebsschwach und erschöpft und sind nicht voll leistungsfähig (vgl. Bäuml 2008, S. 145). Führt man sich vor Augen, wie viel Energie der Organismus im Verlauf einer akuten Psychose freisetzt und mit welcher Kraft und Ausdauer häufig über Monate hinweg im Rahmen von Wahn und Halluzination an wahnhaften Überzeugungen festgehalten wird, ist nachvollziehbar, dass die Energiereserven bei Abklingen des akut psychotischen Zustandes aufgebraucht sind. Obwohl in den Wochen und Monaten nach der akuten Psychose die Minussymptome dominieren, können gleichsam, wie die gestrichelte Linie veranschaulicht, Plussymptome fortbestehen. Die Phase der postpsychotischen Depression ist äußerst komplex, denn es kommt häufig vermehrt zu Konflikten mit den nächsten Angehörigen. Das erklärt sich, bedenkt man, dass die akut psychotische Phase meist durch Misstrauen und Verfolgungsängste gegebenenfalls auch gegenüber den Angehörigen geprägt war. Nun nach Abklingen fühlen sich die Angehörigen erleichtert, zumal sie endlich wieder ein Gespräch mit dem Erkrankten führen können und die gesunden Anteile in der Vordergrund rücken. Viele Patienten erleben jedoch die Auswirkungen des postremissiven Erschöpfungssyndroms in einer antriebslosen Phase, die von Energiemangel und Erschöpfung gekennzeichnet ist. In der Regel verhalten sich Angehörige sehr verständnisvoll und zeigen Geduld. Dauert die Erholungsphase erheblich länger als einige Wochen, kommt es häufig zu Kritik und Vorwürfen den Patienten gegenüber (vgl. Bäuml 2008, S. 17), die in jeder Hinsicht kontraproduktiv sind, da sie den Erkrankten, der ohnehin oft von Selbstzweifeln heimgesucht wird, verletzen. Doch auch in der Klinik existieren selbst unter erfahrenen Therapeuten immer wieder erneute Diskussionen und Meinungsverschiedenheiten darüber, ob ein Patient nicht will oder nicht kann. Da das „Nichtkönnen" eines Patienten als Zeichen einer krankheitsbedingten Energieeinbuße zu deuten ist, sollte er nicht kompromisslos gedrängt und gezwungen werden, da in diesem Falle Kränkung und Beschämung auf Seiten des Patienten entstehen können und eine Überwindung der psychotischen Phase erschwert wird.

Wie dem 'Sich Verrennen' entrinnen? Wie Auswege aus einer verstellten Welt finden, wie zumindest Leiden lindern? Um im Bild zu bleiben und mit der Sprache der Literatur zu sprechen, hat Franz Kafka in seinem Text 'Kleine Fabel' meines Erachtens diese in der Position der Maus als ausweglos erlebte Situation auf den Punkt gebracht. Rat suchend wendet sich die Maus mit folgenden Worten an die Katze: „Ach, (...), die Welt wird enger mit jedem Tag. Zuerst war sie so breit, dass ich Angst hatte, ich lief weiter und war glücklich, dass ich endlich rechts und links in der Ferne Mauern sah, aber diese langen Mauern eilen so schnell aufeinander zu, dass ich schon im letzten Zimmer bin und dort im Winkel steht die Falle, in die ich laufe." und die Katze ihr daraufhin den Rat erteilt: „Du musst nur die Laufrichtung ändern," mit dem Ergebnis: „und fraß sie" (Kafka 1997, S. 382).

Vorgestellt wurden sehr unterschiedliche Erscheinungsbilder 'der' Schizophrenie, denen sehr unterschiedliche Ansätze der Diagnose und Therapie versuchen auf die Spur zu kommen, wie nachfolgend gezeigt wird.

1.2 Schizophreniekonzepte – Diagnose und Abgrenzung

Die Sache beim Namen nennen – ein schwieriges Unterfangen, scheint es doch so, als könne man ausschließlich mit ihr umgehen, wenn man weiß, womit man es zu tun hat. Kann man eine Erkrankung nicht behandeln, wenn man sie nicht beschreiben und eingrenzen kann? Ist Diagnose wirklich hinreichend, um eine Krankheit zu behandeln, um einen Umgang mit ihr zu finden? Oder handelt es sich womöglich darum, den Krankheitszustand einschließlich des Menschen, der erkrankt ist, mit einem Etikett zu versehen, damit das Umfeld einen vereinfachten Umgang finden kann? Wie erlebt der Erkrankte diese Etikettierung? Schafft sie Erleichterung oder entfalten gewisse Krankheitsbezeichnungen, wie die Diagnose 'Psychose aus dem schizophrenen Formenkreis' womöglich ihre eigene Wirkung, wenn sie erst einmal ausgesprochen ist? Auf der Suche nach möglichen Antworten auf die hier aufgeworfenen Fragen bin ich auf sehr unterschiedliche Konzepte gestoßen, die im Rahmen dieser Studie nur als Skizze historischer Entwicklung der Psychiatrie und einer kritischen Auseinandersetzung mit historisch gewachsenen Positionen aufgezeigt werden können.

Bereits Hippokrates von Kos (460 v. Chr. - 370 v. Chr.), der berühmteste Arzt der griechischen Antike, beschäftigte sich mit Schizophrenie und hielt sie für eine Form des geistigen Verfalls, begründet in einem Ungleichgewicht der Körpersäfte. 1865 prägte der belgische Psychiater Benedict Morel den Namen "démence précoce" (Jugendirresein) für einen vierzehn jährigen Jungen, der Symptome wie emotionale Labilität, Apathie, Rückzug und Mutismus aufwies. Im Jahr 1898 prägte Emil Kraepelin, ein in Heidelberg und München praktizierender deutscher Arzt und Psychiatrieforscher, den Begriff „Dementia praecox" (frühzeitige Verblödung). Hierbei unterschied Kraepelin zwei Hauptgruppen endogener (innerlich verursachter) Psychosen: Das manisch depressive Irresein und die Dementia praecox, die mehrere diagnostische Konzepte einschloss, nämlich Paranoia, Katatonie und Hebephrenie (vgl. Davison/Neale/Hatzinger 2007, S. 372). Mit der Bezeichnung Dementia praecox wollte Kraepelin einerseits die Störungen des Denkens (Verblödung), andererseits den meist frühen Krankheitsbeginn, in Abgrenzung zu der senilen Demenz, zum Ausdruck bringen' (vgl. Tölle 1994, S. 188). Die Benennung von Kraepelin hat mit Sicherheit dazu beigetragen, dass die Krankheit und ihre Diagnose eine wechselvolle Geschichte durchlebt hat. Die Psychosen aus dem schizophrenen Formenkreis, so die heutige korrekte Bezeichnung, bewirken eben gerade keine Dementia praecox, demnach weder den vorzeitigen Verlust des Verstandes noch der Denk- und Wahrnehmungsfähigkeit, und erst recht nicht den Verlust von Intelligenz (vgl. Finzen 2008, S. 21). Kraepelin zielte mit seiner Benennung auf den ungünstigen Verlauf und die ungünstige Prognose der Erkrankung ab, die aus heutiger Sicht nicht zutreffend sind, da schizophrene Psychosen auch günstig verlaufen und völlig ausheilen können. Eugen

Bleuler, ein Züricher Arzt und Forscher, versuchte im Unterschied zu Kraepelin den Kern der Störung zu erfassen und weder die Demenz noch den frühen Beginn als Merkmale der Erkrankung in den Mittelpunkt zu rücken. Folglich hielt er die Bezeichnung „Dementia praecox" für unangemessen und schlug im Jahr 1908 den Begriff „Schizophrenie" (Spaltungsirresein) vor, womit das Wesen des Zustandes und die Grundstörung der Krankheit nach seinem Verständnis erfasst sind (vgl. Davison Neale/Hautzinger 2007, S. 373). Dazu schrieb er:

> „Ich kenne die Schwächen des vorgeschlagenen Ausdrucks, aber ich weiß keinen besseren, und einen ganz guten zu finden, scheint mir für einen Begriff, der noch in Wandlung begriffen ist, überhaupt nicht möglich. Ich nenne die Dementia praecox Schizophrenie, weil, wie ich zu zeigen hoffe, die Spaltung der verschiedensten psychischen Funktionen eine ihrer wichtigsten Eigenschaften ist. Der Bequemlichkeit wegen brauche ich das Wort im Singular, obschon die Gruppe wahrscheinlich mehrere Krankheiten umfasst." (Bleuler 1911, zit. in: Finzen 2008, S. 21).

Die „Bequemlichkeit", die Krankheit Schizophrenie zu nennen, hat sich bis heute im alltäglichen Sprachgebrauch eingebürgert. Korrekter Weise müsste man von der „Gruppe der Schizophrenien" oder den Psychosen aus dem schizophrenen Formenkreis sprechen. Für die weitere Konzeption der Störung nach Bleuler, die auch frühe psychoanalytische und psychotherapeutische Überlegungen einbezog, bestand das Charakteristische dieser Erkrankung in einer mangelnden Einheit der Persönlichkeit, einer Zersplitterung und Aufspaltung des Denkens, Fühlens und Wollens. Demzufolge unterschied er dabei die Gruppe der Grundsymptome, die für eine Diagnose obligat vorhanden sein müssen, und die sekundären akzessorischen Symptome, die zusätzlich auftreten können bzw. auch bei anderen Psychosen auftreten.

Zu den *Grundsymptomen* zählen nach Bleuler:

- „veränderte einfache Funktionen": Denken (Assoziationen), Gefühl (Affektivität) und Ambivalenz; die „intakten einfachen Funktionen": Empfindung und Wahrnehmung, Orientierung, Gedächtnis, Bewusstsein, Beweglichkeit (Mobilität)
- „zusammengesetzte Funktionen": Das Verhältnis zur Wirklichkeit, Autismus, Aufmerksamkeit, Wille, Person, schizophrene Demenz, Handeln und Benehmen

Die *akzessorischen Funktionen* sind Sinnestäuschungen, Wahnideen, akzessorische Gedächtnisstörungen, Veränderung der Persönlichkeit, Veränderung von Sprache und Schrift, körperliche Symptome, katatone (körperlich-motorische) Symptome und vielfältige akute Symptome (vgl. Finzen 2008, S. 40). Hieran erkennt man, mit welch differenziertem Ansatz Bleuler Phänomene der Schizophrenie untersucht hat. Der deutsche Psychiater Kurt Schneider untergliederte die Schizophreniesymptome 1967 anders (vgl. ebd., S. 42). Er unterschied Symptome ersten und zweiten Ranges. Demzufolge liegt bei Vorhandensein von Symptomen ersten Ranges nach Ausschluss einer körperlichen Erkrankung mit hoher Wahrscheinlichkeit eine Psychose aus dem schizophrenen Formenkreis vor. Erst bei mehreren Symptomen zweiten Ranges ist die Diagnose zulässig.

Symptome ersten Ranges:

- Dialogische Stimmen, kommentierende Stimmen, Gedankenlautwerden
- Leibliche Beeinflussungserlebnisse
- Gedankeneingebung, Gedankenentzug, Gedankenausbreitung, Willensbeeinflussung
- Wahnwahrnehmung
- alles von anderen Gemachte oder Beeinflusste auf dem Gebiet des Fühlens, Strebens und des Wollens

Symptome zweiten Ranges:

- sonstige akustische Halluzinationen
- Coenästhesien im engeren Sinne, optische Halluzinationen, Geruchshalluzinationen, Geschmackshalluzinationen
- einfache Eigenbeziehung, Wahneinfall

Schneiders Unterteilungen der Symptome 1. und 2. Ranges gelten als Grundlage für die Forschungsgruppen, die in den 1970er Jahren die heute gültigen Diagnosesysteme ICD und DSM ausgearbeitet haben. Die WHO (Weltgesundheitsorganisation) revidierte die internationale Klassifikation psychischer Störungen (ICD) mehrfach bis zur ICD 10, die seit 1991 in deutscher Übersetzung vorliegt. Die American Psychiatric Association (APA) veränderte parallel dazu ihr diagnostisches und statistisches Manual, dessen dritte Auflage, das DSM III im Jahr 1980 in Kraft trat und in seiner heute gültigen, vierten Fassung (DSM IV) seit 1996 in deutscher Übersetzung vorliegt. Die neuen Klassifikationssysteme sind deskriptiv und als Versuche zu werten,

„im Rahmen eines fortschreitenden Prozesses psychische Störungen besser zu verstehen" (Spitzer 1989 zit. in: Finzen 2008, S. 65).

Einteilung der Schizophrenie nach ICD 10:

F20   Schizophrenien

F20.0   Paranoide Schizophrenie: vorherrschend sind Halluzination und Wahnvorstellungen

F20.1   Hebephrene Schizophrenien: meist jugendliche Patienten mit Störungen des Denkens und der Affekte

F20.2   Katatone Schizophrenien: im Vordergrund stehen Störungen des Antriebs und der Psychomotorik

F20.3   Undifferenzierte Schizophrenien: Schizophrenien ohne eindeutige Zugehörigkeit zu einer anderen Kategorieform

F20.4   Postschizophrene Depression: im Anschluss an eine Schizophrenie auftretende, langanhaltende Depression mit noch andauernden, aber milderen Schizophrenie-Symptomen

F20.5   Schizophrenes Residuum: Stadium der „chronischen" Schizophrenie nach langjährigem Verlauf, in welchem sogenannte Negativsymptome (Antriebsarmut, Affektverflachung und Verlust sozialer Kompetenz mit Rückzug etc.) vorherrschen

F20.6   Schizophrenia simplex: schleichend und unspektakulär verlaufende Schizophrenie ohne Positivsymptome, daher oft schwer zu diagnostizieren

Die modernen Diagnose- und Klassifikationssysteme erscheinen zwar umfassend als Instrument, verkürzen aber auch komplexe Zusammenhänge des Individuums auf das scheinbar handhabbar Objektivierbare und wirken zeitgleich etikettierend auf den Patienten ebenso wie auf sein Lebensumfeld. Dessen sollte man sich bewusst sein.

1.3 Entstehungszusammenhänge

Eine eindeutige Ursache für die Erkrankung „Schizophrenie" liegt bis zum heutigen Forschungsstand nicht vor. In aktuellen Lehrbüchern wird die Ursache als „multifaktoriell" bezeichnet. Diese multifaktorielle Genese bedingt die unterschiedlichsten Zweige in der Schizophrenie-Forschung, die Beiträge zur differenzierteren Ursachen-

Klärung beisteuern. Dieser Vielfalt im Forschungssektor entsprechend gibt es auch eine Vielzahl therapeutischer Schulen, die mit unterschiedlichen Methoden und Zugangswegen versuchen, Einfluss auf die Krankheit Schizophrenie zu nehmen. Im Folgenden werden kurz die genetischen und somatischen Faktoren skizziert, denen im Kontext eines multifaktoriellen Bedingungsgefüges eine Bedeutung zukommt. Insbesondere sind im Kontext dieser Studie die psychosozialen Faktoren und Einflüsse von Interesse. Sie nehmen daher einen besonderen Stellenwert ein und werden ausführlicher behandelt.

1.3.1 Genetische Faktoren

Die epidemiologische Vererbungsforschung zeigt, dass Häufungen von schizophrenen Psychosen in bestimmten Familien, bei Geschwistern und noch spezifischer und deutlicher bei Zwillingen vorzufinden sind. Weltweit wird das Lebenszeitrisiko an einer Psychose zu erkranken mit 0,5-1% angegeben. (Zur Häufigkeit des Auftretens im Allgemeinen und zur geschlechtsspezifischen Verteilung siehe S. 12 der Studie.) In Familien mit schizophrenen Angehörigen kommen Psychosen aus dem schizophrenen Formenkreis häufiger vor. Die Erkrankungsrisiken werden prozentual wie folgt bewertet:

Eltern von Schizophrenen	2-10%
Geschwister von Schizophrenen	6-12%
Kinder eines schizophrenen Elternteils	9-16%
Kinder mit zwei schizophrenen Eltern	20-50%
Enkel, Neffen	1-3%

Untersuchungen von Zwillingen vermitteln weitere Aufschlüsse. Das Erkrankungsrisiko von zweieiigen Zwillingen entspricht dem Risiko der übrigen Geschwister. Es lässt sich hingegen einen höhere Wahrscheinlichkeit bei eineiigen Zwillingen feststellen. Hier liegt die Konkordanzrate bei 19-80%. Eineiige Zwillinge sind genetisch identisch, daher müssen Unterschiede zwischen ihnen auf Faktoren zurückzuführen sein, die nicht erblich bedingt sind. Die Diskordanz ist bei Zwillingen in Bezug auf Schizophrenie größer als die Konkordanz. Wenn die Schizophrenie eine rein genetisch bedingte Krankheit wäre, dann müsste die Konkordanz 100 % betragen.

„Welche genetischen Faktoren auch immer bei der Schizophrenie beteiligt sind, sie scheinen nur ein Potential, das heißt eine biologische Prädisposition für diese Krankheit beizutragen; andere Faktoren sind notwendig, um dieses Potential zu einer manifesten Krankheit werden zu lassen. Wenn Gene diese Prädisposition in sich tragen, dann müssen sie durch andere Faktoren, möglicherweise in der späteren Entwicklung des Individuums, aktiviert werden" (Arieti, zit. in: Finzen 2008, S. 88).

Demnach bietet die Vererbungsforschung kein befriedigendes und letztendlich gültiges Erklärungsmodell für die Entstehung der Psychosen aus dem schizophrenen Formenkreis an. Schon Bleuler stellte treffend fest, dass Schizophrenie nicht vererbbar sei, sondern höchstens die „Fähigkeit" an ihr zu erkranken, eine zentrale Aussage, betrachtet man die dunkle Seite deutscher Geschichte mit Rassenwahn und Euthanasieprogrammen, die in biogenetischen Argumentationen gefährlich neu aufflammen.

1.3.2 Somatische Faktoren

Die biochemische Schizophrenieforschung hat in den letzten Jahren beachtliche Fortschritte erzielt. Es konnte nachgewiesen werden, dass bestimmten Symptomen wie Zerfahrenheit des Denkens und Halluzinationen mehr oder weniger spezifische Stoffwechselprozesse zugrunde liegen müssen. Transmitter, Botenstoffe, die für die Übertragung von Nervenreizen im Gehirn von großer Bedeutung sind, rücken in das Interesse der Forschung. Bislang wurden fünfzig solcher Botenstoffe bekannt; über 300 werden vermutet (vgl. Finzen 2008, S. 86). Der Transmitter 'Dopamin' rückt dabei besonders in das Interesse der Forschung, da von ihm bekannt ist, dass die gegen schizophrene Störung eingesetzten Psychopharmaka, die Antipsychotika (s. Kap. 1.5.1 Somatische Behandlungsformen), wirksam werden, indem sie die Rezeptoren in den reizaufnehmenden Nervenzellen blockieren. Daraus leitet sich die sogenannte Dopamin-Hypothese der Schizophrenie ab, die besagt, dass bei Schizophrenien eine erhöhte Dopaminkonzentration vorhanden ist. Neuere Erkenntnisse lassen darauf schließen, dass Unterschiede in den neuronalen Verbindungen, die Dopamin als Transmitter verwenden, bestehen. So findet eine erhöhte Dopaminaktivität in den mesolimbischen Verbindungen statt. Vermutet wird, dass die mesokortikalen Dopaminneuronen im präfrontalen Kortex hingegen wenig aktiv sind und dementsprechend keine hemmende Wirkung und Kontrolle auf die Dopaminneuronen im limbischen Bereich ausüben, wie Abbildung 2 verdeutlicht. Daraus resultiert eine Überaktivität des mesolimbischen Dopaminsystems, das für die positiven Symptome der Schizophrenie verantwortlich gemacht wird. Es wird ein Zusammenhang zwischen geringer Aktivität der Dopaminneuronen im präfrontalen Kortex und den negativen Symptomen der Schizophrenie vermutet.

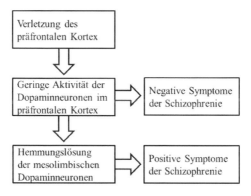

Abbildung 2: Dopamintheorie der Schizophrenie
(aus: Davison/Neale/Hautzinger 2007, S. 385)

Die Veränderungen im Dopamin-Stoffwechsel können sicherlich mit den Schizophreniesymptomen in Zusammenhang gebracht werden, jedoch sind diese ausschließlich als biochemischer Prozess einer psychotischen Symptomatik zu werten und klären nicht die Ursachen für die Erkrankung selbst.

1.3.3 Psychosoziale Faktoren

Eine frühe soziologische und sozialpsychiatrische Theorie, die Vorstellungen zur Entstehung psychischer Erkrankungen formulierte, ist der Labeling-Ansatz. Im Rahmen der Etikettierungstheorie wird zunächst davon ausgegangen, dass Menschen, die später als schizophren bezeichnet werden, eine unspezifische Form abweichenden Verhaltens an den Tag legen, die nicht mit den sozialen Normen übereinstimmt. Hauptthese der Labeling-Theorie ist, dass Devianz sozial vorgeschrieben und nicht objektiv vorhanden ist. Dadurch, dass die klinische Psychologie und Psychiatrie Verhaltensstörungen zur Krankheit erklären und ggf. die Diagnose einer Psychose aus dem schizophrenen Formenkreis aussprechen, sind Betroffene unmittelbar als psychisch Kranke stigmatisiert. Diese Stigmatisierung beinhaltet nach Aussagen des Labeling-Ansatzes, dass Erkrankte die Rolle des Schizophrenen annehmen und ausle-

29

ben, da ihr Umfeld (Angehörige und behandelnde Ärzte) ihnen mit einer speziellen Verhaltenserwartung begegnet. Inzwischen besteht Übereinstimmung darüber, dass der Labeling-Ansatz zu einfach ist und nur unzureichend erläutern kann, wie Psychosen aus dem schizophrenen Formenkreis zu erklären sind.

Ein weiterer sozialpsychiatrischer Forschungsansatz untersuchte in den 1950er und 60er Jahren den Zusammenhang von sozialer Schichtzugehörigkeit und psychischer Krankheit. Die berühmte Studie „Social Class and Mental Illness" (1958) von Hollingshead und Redlich konnte nachweisen, dass soziale Faktoren, wie z. B. die Schichtzugehörigkeit, den Zeitpunkt, die Art der Behandlung sowie Verlauf und Prognose der Krankheit beeinflussen. In diesem Zusammenhang wird von sozialem Drift gesprochen (vgl. Finzen 2008, S. 76). Vermutlich „driften" Menschen, die an einer Psychose aus dem schizophrenen Formenkreis erkranken, im Verlauf ihrer sich entwickelnden Psychose in die ärmeren Stadtbezirke, da sie sich beispielsweise durch zunehmende kognitive und motivationale Probleme den Alltagsaufgaben, auch der regelmäßigen Arbeit, nicht mehr gewachsen sehen. Darüber hinaus ist auch denkbar, dass sich psychisch erkrankte Menschen bewusst für ein Leben in einer Umgebung entscheiden, die ihnen erlaubt, intensiven sozialen Beziehungen aus dem Weg zu gehen und somit sozialem Druck zu entkommen (vgl. Davison/Neale/Hautzinger 2007, S. 388). Ein Grund, warum Psychosen aus dem schizophrenen Formenkreis häufiger in unteren Sozialschichten zu finden sind, könnte damit einhergehen, dass Ärzte, d. h. Angehörige der oberen Mittelschicht, die Diagnose Schizophrenie schlichtweg häufiger in den unteren sozialen Schichten stellen, weil sie es vermeiden, eben jene Diagnose in ihrer „eigenen" sozialen Schicht zu stellen (vgl. Dörner/Plog/Teller/Wendt 2010, S. 171). Häufig sehen sich Menschen aus der unteren Schicht großen Belastungen ausgesetzt, wie Arbeitslosigkeit, Perspektivlosigkeit oder der Unmöglichkeit, an sozialem Leben teilzuhaben, was letztlich zur Isolation und Motivationslosigkeit führen kann. Zusammenfassend lässt sich sagen, dass die Social-Drift-Theorie, so die korrekte Bezeichnung, eine Korrelation zwischen Schichtzugehörigkeit, Zeitpunkt, Art der Behandlung, Verlauf und Prognose der Krankheit nachweisen konnte, eine Übereinstimmung zwischen Schichtzugehörigkeit und Einfluss auf das Erkrankungsrisiko ist jedoch bis heute nicht bestätigt.

Die Psychosen aus dem schizophrenen Formenkreis lassen sich als Erkrankung mit einer Mehrgenerationenperspektive bezeichnen. Das bedeutet, dass eine erhöhte Vulnerabilität in Zusammenhang mit einem verminderten sozialen Durchsetzungsvermögen bereits in der Elternfamilie vorzufinden sein könnte, so dass auch darin der soziale Abstieg begründet sein könnte.

Ein weiterer sozialpsychiatrischer Beitrag zur Ursachenforschung ist der Life-Event-Ansatz, der maßgeblich von den Engländern George Brown und Jim Birley (1968) vorangetrieben wurde. Hierbei wird der Blick auf die Bedeutung lebensverändernder Ereignisse im Vorfeld schizophrener Erkrankungen gerichtet. Jedoch ließ sich lediglich nachweisen, dass schizophrene Psychosen häufig in Übergangs-, Ablösungs- und Trennungssituationen beginnen oder erneut auftreten (vgl. Finzen 2008, S. 78f). Allerdings lassen sich auch im Vorfeld anderer psychischer Störungen derartige Lebensveränderungen feststellen. Besonders interessant erscheint, dass der Ausbruch schizophrener Psychosen gehäuft mit Veränderungen im zwischenmenschlichen Bereich, also Verlustsituationen, aber auch neuen und intensiven Beziehungen einhergeht. In diesem Zusammenhang könnte man von einem Ambivalenzkonflikt sprechen, den Tölle wie folgt umschreibt:

> „Die Angst vor der Gefahr, Mitmenschen übermäßig nahe zu kommen, bei gleichzeitig starkem Bedürfnis nach mitmenschlicher Nähe und Liebe, ist der charakteristische Ambivalenzkonflikt des Schizophrenen. Eine enge mitmenschliche Beziehung ohne Angst, ohne Gefahr für das eigene Ich erleben zu können, ist für diese Kranken ein kaum lösbares Problem. Distanzverminderung scheint häufiger als Distanzerweiterung eine Veranlassungssituation für die Erkrankung zu sein" (Tölle 1988 zit. in: Finzen 2008, S. 78).

Laut Finzen lässt sich festhalten, dass Anpassungs- und Umstellungssituationen, welcher Art auch immer, unabhängig davon, ob sie erfreulich oder unerfreulich sind, mit erheblichem Stress und psychischer Belastung einhergehen und insbesondere bei vulnerablen Menschen ein erhöhtes Erkrankungsrisiko darstellen (vgl. Finzen 2008, S. 79). Das bedeutet demzufolge, dass in der Biographie eines Menschen verschiedene Phasen existieren, wie der Übergang von Schule in die Lehre oder ins Studium, die Ablösung vom Elternhaus, der Beginn einer Partnerschaft oder das Scheitern einer solchen, Heirat, Scheidung, Geburt eines Kindes, Beginn der beruflichen Tätigkeit und so fort, die in Kombination mit erhöhter Verletzlichkeit den Ausbruch einer schizophrenen Psychose begünstigen. Somit lassen sich derartige Anpassungs- und Umstellungssituationen vielleicht als Krankheitsanlass bewerten, stellen aber nicht die Ursache für eine Psychose aus dem schizophrenen Formenkreis dar. Die Frage nach dem „warum" bleibt weiterhin ungeklärt. Darüber hinaus möchte ich kritisch anmerken, dass die Vorstellung von allgemein objektivierbaren Anpassungs- und Umstellungssituationen, die grundsätzlich mit Stress und psychischer Belastung einhergehen, schwer nachvollziehbar erscheint und meines Erachtens die Tatsache verkennt, dass jeder Mensch sein individuelles, subjektives Erleben, geprägt durch seine einzigartige Biographie, hat. Inwiefern critical bzw. stressful life events den Menschen beeinflussen und den Ausbruch von schizophrenen Psychosen begünstigen, kann, so denke ich, nur individuell geäußert und geklärt werden entsprechend der je individuellen Verletzlichkeit bzw. Belastbarkeit. Darüber hinaus bleibt zu fragen, ob ein speziell stressvolles Lebensereignis überhaupt in der Lage ist, eine Psychose in Gang zu setzen bzw. ihren Ausbruch zu begünstigen.

Neben den bisher vorgestellten psychosozialen Faktoren, die eine Psychose begünstigen, lässt sich weiterhin darauf verweisen, dass dem Umgang innerhalb der Familie besonders im Hinblick auf den Verlauf von Psychosen aus dem schizophrenen Formenkreis eine bedeutsame Rolle zukommt. Zum einen gilt als gesichert, dass ein freundlich-entspanntes Familienmilieu den Verlauf und die Prognose einer Heilung der Psychose aus dem schizophrenen Formenkreis deutlich verbessert. Demgegenüber zeigt sich, dass eine feindselig-gespannte Atmosphäre Verlauf und Prognose verschlechtern. Daraus resultiert, dass das Familienmilieu nicht als Ursache für eine schizophrene Psychose gelten kann, sehr wohl aber als krankheits- und verlaufsgestaltender Faktor anerkannt wird.

Das Konzept der Expressed Emotion (EE) lässt sich als Theorie verstehen, die Aussagen über den Therapieverlauf bei Psychosen aus dem schizophrenen Formenkreis innerhalb der Familienbindungen empirisch belegt. Hierbei wird insbesondere der Einfluss der Angehörigen auf den Krankheitsverlauf überprüft. Im Rahmen eines Testverfahrens wird ermittelt, ob sie eher einem high-expressed-emotion Status oder einem low-expressed-emotion Status angehören. Unter high-expressed-emotions (HEE) versteht man ein emotionales Überengagement oder auch das übermäßige Äußern von Kritik gegenüber dem schizophren Erkrankten. Im Gegensatz dazu meint low-expressed-emotion einen verständnisvollen Umgang, ein vorsichtiges Sprechen über die Krankheit. Hierbei konnte nachgewiesen werden, dass Patienten aus high-expressed-emotion Familien eine höhere Rückfallquote haben als Patienten aus low-expressed-emotion Familien. Als Ursache für dieses Phänomen dienen zwei Erklärungsmodelle: 1. Die Coping-Mechanismen, auf die ich zu einem späteren Zeitpunkt genauer eingehen werde, die bei schizophrenen Psychosen ohnehin reduziert sind, werden durch HEE-Familien überstrapaziert und 2. Patienten aus HEE-Familien gelten als initial gestört. Die Frage, ob rückfällige Patienten Familien kritisch machen oder anders herum kritische Familien Patienten rückfällig machen, bleibt unbeantwortet.

Die Double-Bind Theorie der amerikanischen Psychiater und Kommunikationsforscher Bateson und Kollegen (1956) gilt als kommunikationstheoretische Vorstellung zur Entstehung schizophrener Psychosen. Sie beschreibt Double-Bind-Kommunikationen, also Kommunikationen, die zur Kommunikationsfalle werden, weil sie zwei Botschaften zeitgleich vermitteln, die jeweils unterschiedliche Beziehungsaussagen beinhalten. Auf der Grundlage dieser Theorie wurde versucht, Beziehungsstrukturen zu identifizieren, der bestimmte Verhaltensformen folgen können, die als schizophren bezeichnet werden. Demnach können ambivalente Bindungen zur Ich-Schwäche des Kindes führen, indem dem Kind, aufgrund widersprüchlicher Aussagen und Gefühlsbotschaften sowie einer unklar strukturierten psychosozialen Gesamtsituation die Sicherheit fehlt (vgl. Dörner/Plog/Teller/Wendt 2010, S. 170). Schlimme psychische Folgen, insbesondere für die Eltern schizophren Erkrankter hatten Theorien, die die Mütter oder beide Eltern beschuldigten, für die schizophrene Psychose ihrer Kinder verantwortlich zu sein. Das Verhältnis zwischen gesunden Eltern und krankem Kind wurde als Täter-Opfer-Beziehung interpretiert (vgl. Finzen 2008, S. 80). 1948 prägte die Psychoanalytikerin Frieda Fromm-Reichmann den Begriff der schizophrenogenen Mutter und meinte damit, dass übertriebene und erstickende Mutterliebe Kinder in die Schizophrenie treibe. Nach ihrer Auffassung ist die ablehnende und zugleich überfürsorgliche Mutter für die schizophrene Psychose ihres Kindes verantwortlich. Anteile dieser Haltung sind noch heute im therapeutischen Alltag vorzufinden (vgl. Deger-Erlenmaier 1994, S. 80).

Der Psychoanalytiker Paul Federn setzte sich 1952 intensiv mit der Erklärung schizophrenen Verhaltens auseinander und konzentrierte sich hierbei insbesondere auf die Ich-Schwäche des Schizophrenen. Demnach sollen verdrängte unbewusste Inhalte und Reize den Betroffenen überfluten. Sein Ich kann sich demgegenüber nicht behaupten, was dazu führt, dass der Erkrankte nicht zwischen inneren und äußeren Reizen differenzieren kann. Reinhard Lempp, ein Kinderpsychiater, ist ähnlicher Ansicht und sieht entwicklungspsychologisch die Ich-Schwäche bereits in der Kindheit. Im Lebensverlauf kann das Ich den Lebensanforderungen nicht mehr Stand halten und es kommt zur psychotischen Entgleisung. Für den Psychose Erkrankten ist ein Wechsel zwischen gemeinsamer, allgemeiner Realität und individuellen Vorstellungswelten nicht möglich, so dass die Ich-Grenzen verschwimmen und der Betroffene in eine Traumwelt abgleitet. Zu den psychoanalytischen Autoren jüngerer Zeit gehört Silvano Arieti (1985), der sich wohl am intensivsten mit den psychologischen Ursachen der Schizophrenie beschäftigt hat (vgl. Finzen 2008, S. 81).

„Zusammenfassend kann man sagen, dass die Frühentwicklung des Kindes zweifellos wichtig ist und sich auf sein ganzes Leben auswirkt, einschließlich dessen Neigung, an Schizophrenie zu erkranken. Dies ist jedoch nur ein Teil des Gesamtbildes. Zu den psychologischen Ursachen der Schizophrenie müssen wir auch die Art und Weise zählen, wie das Kind seine Umwelt erlebt. Eine außergewöhnliche Empfindsamkeit oder eine besondere biologische Prädisposition ließen es wahrscheinlich auf bestimmte Reize, insbesondere auf unerfreuliche, zu stark reagieren. Außerdem müssen wir uns ansehen, wie das Kind seine Erfahrungen mit der Umwelt assimiliert, d. h., wie sie zu Bestandteilen seiner Seele wurden" (Arieti 1985 zit. in: Finzen 2008, S. 82).

Nach Arieti können ungünstige psychologische Bedingungen für sich genommen keine schizophrenen Psychosen auslösen, wenn keine biologische Prädispositionen vorhanden sind. Vielmehr verhält es sich so, dass bei vorhandener biologischer Disposition ungünstigen psychologischen Bedingungen als zusätzliche Faktoren eine entscheidende Rolle zukommt. Aus meiner Sicht erscheint es in diesem Zusammenhang lohnenswert und viel versprechend, die Verletzlichkeit als individuelles Maß und Grenze der Belastbarkeit gegenüber interdependenten Faktoren genauer zu untersuchen.

1.3.4 Vulnerabilität

Das Diathese-Stress-Modell lässt sich als Paradigma der klinischen Psychologie verstehen, das nicht auf eine spezielle Schule festgelegt ist, sondern sowohl biologische, psychologische Faktoren und Umweltfaktoren miteinander verknüpft. Dieses Modell geht davon aus, dass die Ursache für die Entstehung einer seelischen Störung in der Wechselbeziehung und -Wirkung von Krankheitsbereitschaft und Stress liegt. Im Jahr 1977 entwickelte Zubin eine Sonderform des Diathese-Stress-Modells und formulierte das Vulnerabilitätskonzept.

Die Vulnerabilitätshypothese lässt sich als Versuch interpretieren, die unterschiedlichen Entstehungsfaktoren der schizophrenen Psychose in ein einheitliches Konzept zu integrieren. Es wird davon ausgegangen, dass konstitutionelle Faktoren mit umwelt- und milieubedingten Faktoren zusammenwirken müssen, um eine schizophrene Erkrankung auszulösen. Im Regelfall sind weder Erbanlagen noch Umweltfaktoren alleine dazu imstande. Laut Zubin entsteht die Schizophrenie durch das Zusammenwirken einer besonderen Vulnerabilität, also Verletzlichkeit des Individuums und der Belastungen, die bei diesem Individuum Stress auslösen, sogenannte Stressoren. Verletzlichkeit und Stress bedingen sich insofern, als dass schon geringfügige Stressoren bei einer sehr hohen Vulnerabilität eine akute Psychose auslösen können. Im Gegensatz dazu führt bei einer geringen Vulnerabilität erst starker Stress zur Erkrankung (vgl. Zubin u. Steinhauer, in: Wienberg 1997, S. 31). Unter dem Begriff Vulnerabilität versteht Zubin eine Schwellensenkung gegenüber sozialen Reizen. Für ihn ist Stress primär das Ergebnis psychosozialer Belastungen. Verfügt das Individuum über ein stabiles soziales Umfeld, gute Selbstkompetenzen und emotionale Ressourcen kann die Wirkung von Stressoren vermindert werden. Das Coping- bzw. Bewältigungsverhalten des Betroffenen kann u. a. entscheidend dafür sein, ob es zu einer psychotischen Entgleisung kommt oder nicht. Infolgedessen kann das Vulnerabilitätskonzept als Vulnerabilitäts-Stress Coping-Modell oder als Verletzlichkeits-Stress-Bewältigungs-Modell verstanden werden (vgl. Olbrich, in: Wienberg 1997, S. 31f). Ciompis Drei-Phasen-Modell (siehe Abb. 3) ist eine spezielle, weiterentwickelte Form des Verletzlichkeits-Stress-Modells (vgl. Wienberg 1997, S. 33). Eine zentrale Rolle kommt demnach beim Ausbruch der Psychose emotionalen Spannungen und Widersprüchen zu, welche von den verletzlichen, also dünnhäutigen psychosegefährdeten Menschen weniger gut ertragen werden als von Durchschnittspersonen. Aktuelle psychische, soziale oder auch körperliche Belastungen (darunter auch hormon- oder drogenbedingte Veränderungen) können bei ihnen zu plötzlichen, umfassenden Verschiebungen, sozusagen Verrückungen des normalen Fühlens, Denkens und Verhaltens in psychotische Muster führen.

„Das Drei-Phasen-Modell (...) beansprucht, die Vielzahl der bekannten Fakten und wissenschaftlichen Erklärungsansätze in ein widerspruchsfreies Modell zu integrieren, statt sich nur auf partielle Aspekte zu beziehen. Insbesondere beabsichtigt es die Wechselwirkung zu klären zwischen:

- biologisch-körperlichen und psychosozialen Faktoren
- intrapsychischen und zwischenmenschlich-kommunikativen Prozessen
- kognitiven und affektiven Prozessen (Denken und Fühlen)
- strukturellen und dynamischen Aspekten
- akut-produktiven und chronisch unproduktiven Zuständen"
(vgl. Ciompi, in: Wienberg 1997, S. 33).

Die Vulnerabilität wird von Ciompi hauptsächlich als Störung der Informationsverarbeitung verstanden. In der Weiterentwicklung des Vulnerabilitätsmodells hat Ciompi die ätiologischen Merkmale und Verlaufscharakteristika der Schizophrenie berücksichtigt. Ciompi differenziert zwischen einer praemorbiden (Verletzlichkeit), einer morbiden (akute Psychose) und einer postmorbiden (chronische Entwicklung) Phase.

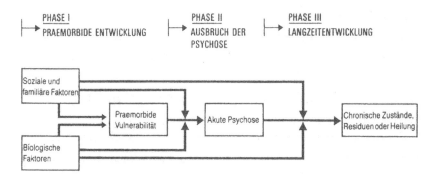

Abbildung 3: Dreiphasiges biologisch-psychosoziales Modell zum Langzeitverlauf der Schizophrenie in drei Phasen (aus: Ciompi 1988, S. 327)

Nach Ciompi bilden sich in der präemorbiden Phase, die sich von der Geburt bis zum Ausbruch der Erkrankung erstreckt, zunächst Krankheitsdisposition oder Vulnerabilität aus. Neben Erbfaktoren scheinen gleichermaßen und in Wechselwirkung mit ihnen bereits zu dieser Phase ungünstige soziale und familiäre Konstellationen eine entscheidende Rolle zu spielen. Einfluss von Stress- und Überforderungssituationen führen neben dem Fortbestehen der erhöhten Vulnerabilität zum Ausbruch der akuten oder schleichenden Psychose in Phase II. Der Übergang zur postmorbiden Phase erfolgt fließend, ist aber keineswegs obligatorisch. Nach heutigem Forschungsstand kommt es vielmehr im günstigsten Fall zur definitiven Heilung, im weniger günstigen zu wiederholten Rückfällen und Restzuständen verschiedener Symptome, und nur im schlimmsten Fall zur schweren und dauerhaften psychischen Invalidität (vgl. Ciompi 1988, S. 328).

Neben dem eindeutigen Verdienst, ein in sich stimmiges, widerspruchsfreies Konzept entwickelt zu haben, drängt sich doch der Verdacht einer sehr starken und einseitig kognitivistischen Orientierung an bzw. einer Dominanz von Kommunikationsmodellen auf, die die Gefahr bergen, Abläufe mechanistisch ohne den hier dringend notwendigen Blick auf den Einzelnen in seiner subjektiven Gestimmtheit in besonderen Lebenssituationen darzustellen. Hierin sieht Bittner zu Recht eine Gefahr der Reduktion des Menschen auf die Kognition, die er auch tendenziell in der Entwicklung zu empirisch zunehmend rein quantifizierender Forschung insgesamt als dem Menschen in seiner Ganzheit unangemessen kritisiert, wenn er sagt:

„Coping richte den Blick auf das Gesunde und Rationale im Menschen, auf sein erfolgreiches und sozial adäquates Verhalten in schwierigen Lebenssituationen. Außerdem sehe Psychoanalyse den Menschen als von Emotionen und Trieben, kurz: vom „Unbewussten" gesteuert an. Demgegenüber lenke die Coping-Perspektive den Blick auf Kognition und zielgerichtetes Verhalten; wo Emotionen ins Spiel kommen, werden sie eher kritisch beäugt. Eine psychoanalytische Gegenkritik könnte hier einwenden, dass der „Coping-Man" (Herzog 1991) als ein einseitiges verkopftes Wesen erscheint, das überwiegend mit Kognitionen auf die Herausforderungen des Lebens antwortet und keine adäquate Emotion zu Stande bringt. Je empirisch quantifizierender sich die Coping-Forschung entwickelt hat, desto mehr hat sie die Einführung in die je individuellen Kontexte vernachlässigt, die sich der Natur der Sache nach nicht quantifizieren lassen" (Bittner 2001, S. 202f).

Zusammenfassend lässt sich also sagen, dass die Ursachen für Psychosen aus dem schizophrenen Formenkreis noch immer weitgehend im Dunkeln liegen. Trotz weltweiter wissenschaftlicher Bemühungen existiert keine letztendlich umfassend befriedigende Erklärung, wodurch die Psychosen aus dem schizophrenen Formenkreis verursacht werden. Es gibt keine isolierten Einzelgründe, die für den Ausbruch einer schizophrenen Psychose verantwortlich gemacht werden können. Mit großer Sicherheit lässt sich sagen, dass es sich bei den Ursachen um ein multifaktorielles Bedingungsgefüge handelt, also dass zahlreiche unterschiedliche Einflüsse von Bedeutung sind (vgl. Bäuml 2008, S. 30). Nach dem heutigen Stand der Forschung lässt sich sagen, dass Menschen, die an einer Psychose aus dem schizophrenen Formenkreis erkranken, empfindsamer gegenüber Innen- und Außenreizen sind (vgl. Finzen, 2008, S. 73). Daran anknüpfend lässt sich nach der je individuellen Empfindsamkeit fragen, um ein Verständnis für das Auftreten einer Psychose zu gewinnen. Einen geeigneten Zugang zum kontextuell bedingten Empfinden des Einzelnen, zu seinem Erleben und seinen Bearbeitungs- und Verarbeitungsstrategien bietet der biographische Ansatz.

1.4 Verlauf und Prognose

Hinsichtlich des Verlaufs der Psychosen hat in früheren Jahrzehnten eher Pessimismus vorgeherrscht. Seit den Ergebnissen der drei wichtigsten Verlaufsstudien von Manfred Bleuler in Zürich (1972), Ciompi und Müller in Lausanne (1976) und Huber und Gross in Bonn (1979) hat sich das geändert. In einem Zeitraum von 22 bis 37 Jahren wurden über tausend Patienten nachuntersucht. Seit den Ergebnissen der Verlaufsstudien, die in ihren Schlussfolgerungen in bemerkenswerter Weise übereinstimmen, lässt sich sagen, dass ein Drittel der Erkrankten nach einer Phase der Erkrankung als geheilt gilt; ein Drittel sich deutlich gebessert hat und ein Drittel aufgrund der Auswirkungen der Psychose invalide war (vgl. Finzen 2008, S. 108). Der Beginn einer Psychose aus dem schizophrenen Formenkreis verläuft meist subakut und kann sich demnach über Monate bis Jahre hinziehen. Er ist oft schleichend und für die Umgebung zunächst unmerklich. Mit anderen Worten heißt das, dass der Übergang von normalen Entwicklungskrisen und einer beginnenden Psychose aus dem schizophrenen Formenkreis fließend verläuft, so dass die Krankheitssymptome erst spät erkannt werden. Demzufolge werden die Chancen einer Frühbehandlung eingeschränkt (vgl. ebd., S. 96). Laut Finzen ist es zum besseren Verständnis des Krankheitsverlaufs zweckdienlich, ihn in einzelne Abschnitte zu untergliedern. Diese

Unterteilung ist als künstliche Gliederung zu verstehen, die ausschließlich dazu dient, ein besseres Verständnis herbeizuführen.

Im Folgenden orientiere ich mich an Conrads klassischer Beschreibung der beginnenden Schizophrenie (1987), in der der Verlauf in folgende Phasen untergliedert wird:

- Phase 1: Einige Monate bis Jahre dauernde prodromale Trema-Phase
- Phase 2: Akutes Einsetzen der apophänen Phase, unter Umständen in zwei Schritten, zunächst Apophänie des Raumes (abnormes Bedeutungsbewusstsein, Wahnwahrnehmung usw.), später des Inneren Raumes (Gedankenausbreitung, Stimmen usw.)
- Phase 3: Mehr oder weniger rascher Zerfall des situativen Feldes in rein bildhaftes (traumartiges) Erleben, als apokalyptische Phase bezeichnet.
- Phase 4: Langsam einsetzende rückläufige Bewegung durch schrittweisen Abbau der Apophänie, die Phase der Konsolidierung, abschließend mit der kopernikanischen Wendung: völlige oder partielle Korrektur des Wahns.

Hierbei sei darauf hingewiesen, dass die Rückkehr zum Gesunden nicht dem Ausgangspunkt entsprechen muss. Es ist denkbar, dass Restsymptome mit einem Übergang in einen chronischen Verlauf bestehen bleiben. Von diesem „Idealmodell eines schizophrenen Schubes" lassen sich vielfältige Abweichungen denken, die dadurch bedingt sind, dass sich eine Phase auf Kosten einer anderen verkürzt oder verlängert. Dementsprechend könnte eine Phase das „Hauptgewicht in dem Geschehnisverlauf bekommen" (Conrad 1987 zit. in: Finzen 2008, S. 98). Wie beschrieben, bestehen in der prodromalen Trema-Phase häufig über einen längeren Zeitraum leichtere psychische Symptome, denen die Ausbildung der eigentlichen schweren schizophrenen Symptomatik in Phase 2 und 3 folgt. Der weitere Verlauf schizophrener Erkrankungen nach Abklingen der Ersterkrankung ist nicht einheitlich. Wie bereits bei dem Langzeitverlaufmodell der Schizophrenie in drei Phasen von Ciompi erwähnt, kommt es nach heutigem Forschungsstand im günstigsten Fall zur definitiven Heilung, im weniger günstigen zu wiederholten Rückfällen und Restzuständen verschiedener Symptome. Nur im schlimmsten Fall kann es zu schweren, dauerhaften, also chronischen Verlaufsformen kommen. Die Chronifizierung von Psychosen aus dem schizophrenen Formenkreis hängt insbesondere von psychosozialen Einflüssen ab (vgl. Tölle 1994, S. 220). Gegebenenfalls kann es selbst nach jahrelangem

Krankheitsverlauf zu einer Besserung und Heilung kommen. Entscheidend scheinen für die Prognose auch die Coping-Strategien des Erkrankten. Nachweislich wird die Rückfallquote bei regelmäßiger Beratung des Betroffenen und seiner Angehörigen deutlich reduziert (vgl. Kipp/Unger/Wehmeier 1996, S. 38). Ebenfalls als empirisch gesichert gilt, dass high-expressed-emotions seitens der Angehörigen das Rückfallrisiko erheblich erhöhen (vgl. ebd., S. 13). Zusammenfassend lässt sich sagen, dass eine sinnvolle Kombination von somatischen, psychotherapeutischen und psychosozialen Maßnahmen bei zeitgleicher Einbeziehung der Angehörigen das Rückfallrisiko nachhaltig verringert (vgl. Bäuml 2008, S. 62). Im weiteren Verlauf werde ich auf die verschiedenen Therapien der Psychosen aus dem schizophrenen Formenkreis eingehen und zeige auf, inwiefern der Kombination somatischer und psychologischer Behandlungsformen eine entscheidende Rolle zukommt.

1.5 Therapie der Schizophrenie

Im Widerspruch zu dem verbreiteten Vorurteil sind Psychosen aus dem schizophrenen Formenkreis gut behandelbar. Therapien können sie nicht heilen, jedoch die Symptome beeinflussen und auf lange Sicht häufig ganz beseitigen. Durch eine konsequente Behandlung und Rückfallprophylaxe kann der Verlauf gemildert werden (vgl. Finzen 2008, S. 125). Durch die aktive Mitarbeit der Erkrankten und ihrer Angehörigen lassen sich soziale Folgen abfedern und überwinden. Der Behandlung von Psychosen aus dem schizophrenen Formenkreis geht immer die Diagnose voraus, die besonders entscheidend ist, da die moderne Pharmakotherapie, die Therapie mit Medikamenten, die Symptomatik meist schnell und nachhaltig verändert. Deshalb ist die nachhaltige Sicherung der Diagnose unter Umständen schon kurze Zeit nach Behandlungsbeginn nicht mehr möglich. Die Behandlung schizophren Erkrankter lässt sich als Balanceakt zwischen Beruhigung und Stimulierung verstehen. Einerseits sollen die Krankheitssymptomatiken beruhigt werden, was meist mit medikamentöser Unterstützung erfolgt. Auf der anderen Seite spielt die soziale Stimulierung zur Vermeidung von Rückzug und Apathie, die durch soziotherapeutische Maßnahmen erfüllt wird, eine wichtige Rolle. Darüber hinaus sind psychotherapeutische Hilfen zur Verarbeitung des Krankheitserlebens unabdingbar (vgl. ebd., S. 126). Bei der Behandlung der Psychosen aus dem schizophrenen Formenkreis existiert als grundlegendes Problem, dass viele Schizophrene selbst kein Verständnis für ihren beeinträchtigten Zustand haben und die Behandlung verweigern (vgl. Amador et al. 1994, S. 826-836). Insbesondere lässt sich das für paranoid Schizophrene sagen, da sie eine Therapie meist als Bedrohung und Einmischung feindseliger Kräfte wahrnehmen.

1.5.1 Somatische Behandlungsformen

Ende der 1950er Jahre kamen verschiedene Antipsychotika, die auch Neuroleptika genannt werden, auf den Markt, die zweifellos bedeutsame Fortschritte in der Behandlung schizophrener Psychosen herbeiführten. In zahlreichen Studien konnte nachgewiesen werden, dass die Behandlung mit Antipsychotika die Minus- und Plussymptome bei Psychosen günstig beeinflussen (vgl. Bäuml 2008, S. 64). Antipsychotika haben einen regulierenden Einfluss auf die Neurotransmitter-Systeme, wie in Abbildung 4 veranschaulicht wird. Psychotische Erlebniswelten werden durch die blockierende Wirkung der Antipsychotika deutlich abgeschwächt, so dass der Erkrankte Abstand zu seinen wahnhaften Erlebnisinhalten gewinnen kann.

Wie bereits in Kapitel 1.3.2 Somatische Faktoren erwähnt, wird im Rahmen der Dopamin-Hypothese von einem Dopaminüberschuss im mesolimbischen System ausgegangen, der den eintreffenden Reiz um ein Vielfaches verstärkt. Idealer Weise filtern Antipsychotika bei richtiger Dosierung den Dopaminüberschuss weg, so dass sich die Reizleitung normalisiert.

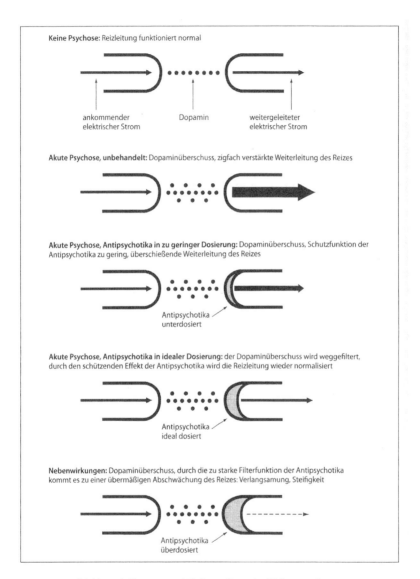

Abbildung 4: Synapsenmodell, Darstellung der Wirkungsweise von Antipsychotika bei unterschiedlichem Dopamingehalt (aus: Bäuml 2008, S. 74)

Menschen, die an einer Psychose aus dem schizophrenen Formenkreis erkranken, müssen demnach in der Regel Medikamente einnehmen, um die Symptome kontrollieren zu können. Da die Medikamente sehr individuell wirken, kommt es vor, dass medikamentöse Behandlungsschemata mehrfach geändert werden müssen. Häufig treten auch unerwünschte Nebenwirkungen wie Mundtrockenheit, Ruhelosigkeit, Benommenheit, Steifheit, um nur einige zu nennen, auf. Als wichtigste und meist eingesetzte Medikamente zur Behandlung der Psychosen aus dem schizophrenen Formenkreis gelten in der klinischen Psychologie u. a. Haloperidol, Clozapin und Risperidon (vgl. Davison/Neale/Hautzinger 2007, S. 399). Die Tabelle in Abbildung 5 gibt einen Überblick über die gängigsten Medikamente:

Kategorie	Wirkstoffe	Handelsnamen
Phenothiazine	Chlorpromazin, Fluphenazin, Perazin u. a.	Taxilan, Lyogen, Neurocil, Atosil, Melleril
Butyrophenone	Haloperidol, Benperidol	Haldol
Thioxanthene	Chlorpraxithen, Flupentixol	Truxal, Fluanxol
Dibenzodiazepin	Clozapin	Leponex
Thienobenzodiazepin	Olanzapin	Zyprexa
Benzisoxazole	Risperidon	Risperdal

Abbildung 5: Die wichtigsten Medikamente zur Behandlung
der Schizophrenie (aus: Davison/Neale/Hautzinger 2007, S. 399)

Im Folgenden wird exemplarisch kurz die 'Wirkungsweise' von Risperidon erläutert: Risperidon gehört zur Gruppe der sogenannten atypischen Neuroleptika und dient der Behandlung von Psychosen aus dem schizophrenen Formenkreis. Es ist verschreibungspflichtig und darf demnach ausschließlich auf ärztliche Anweisung hin verabreicht werden. Das Medikament wird zur Behandlung bei akuten psychotischen Schüben, die insbesondere mit Positivsymptomen einhergehen, und zur Vorbeugung bei stabil eingestellten Patienten angewendet. Über die Dosierung entscheidet der Arzt. Nebenwirkungen, die häufig auftreten, sind u. a. Kopfschmerzen, Schlaflosigkeit, Angstzustände und Müdigkeit. Zu Behandlungsbeginn wurde beim Wechsel vom Liegen zum Stehen sowohl von gelegentlich niedrigem Blutdruck mit Schwindelgefühl und beschleunigtem Herzschlag berichtet als auch von Blutdrucksteigerung. Bei längerer Behandlungsdauer mit Risperidon können tardive Dyskinesien, das heißt, rhythmische Bewegungen vor allem von Gesicht und Zunge auftreten.

Es lässt sich zusammenfassend sicherlich sagen, dass somatische Behandlungsformen mit Antipsychotika, trotz vielfältiger Nebenwirkungen, einen unersetzlichen Bestandteil der Behandlung von schizophrenen Psychosen darstellen, jedoch muss, wie Kopelowicz & Liberman 1998 treffend anmerken, die Behandlung von Psychosen aus dem schizophrenen Formenkreis in „einem biopsychosozialen Kontext gesehen werden - lässt man einen dieser drei Bestandteile unberücksichtigt, (...) sind Wirkung und Effizienz der Behandlung eingeschränkt" (Kopelowicz u. Liberman 1998, S. 192). Um diesem multifaktoriellen biopsychosozialen Kontext gerecht zu werden, stelle ich im Folgenden die psychotherapeutischen Behandlungsformen sowie die soziotherapeutischen Hilfen bei Psychosen aus dem schizophrenen Formenkreis vor.

1.5.2 Psychotherapeutische Behandlungsformen

Über lange Zeit hinweg bestand das Vorurteil, dass Menschen, die an einer Psychose aus dem schizophrenen Formenkreis erkrankt sind, unzugänglich für die Psychotherapie seien. Psychoanalyse und tiefenpsychologisch orientierte Psychotherapie gelten als Verfahren, die konfliktorientiert und aufdeckend arbeiten, so dass es zur Wiederbelebung alter Konflikte und Ängste kommen kann. So werden ausschließlich ausreichend stabile und psychisch gefestigte Patienten als dafür geeignet angesehen. Bedenkt man, inwieweit lebensgeschichtlich bedingte innerseelische Konflikte, die u. a. auf Enttäuschungen und Kränkungen in der frühsten Kindheit zurückgeführt werden können, bei Wiederaktivierung das aktuelle Befinden des Menschen beeinflussen können, scheint ein besonders behutsames Vorgehen von großer Wichtigkeit (vgl. Finzen 2008, S. 134f). Dies gilt meines Erachtens darüber hinaus auch grundsätzlich in der Auseinandersetzung und Arbeit mit psychisch Erkrankten und in einem erweiterten Kontext generell im zwischenmenschlichen Umgang und Austausch, was nicht bedeuten soll, Konfrontation aus dem Weg zu gehen, sondern vielmehr eine behutsame, in gewisser Weise 'geschützte-beschützte-behütete' Konfrontation herbeizuführen. Wichtig erscheint grundlegend in der Psychotherapie von Schizophreniekranken die Rücksichtnahme auf den jeweiligen Seelen- und Gesundheitszustand des Kranken. Psychotherapie meint empathische Zuwendung, Unterstützung und Führung, Zuhören und Beraten. Insbesondere haben sich bei der Behandlung von schizophrenen Psychosen verhaltenstherapeutische Behandlungstechniken bewährt, da diese ohne übermäßige Aktivierung alter Ängste einen beachtlichen Zuwachs an sozialer Kompetenz mit positiver Auswirkung auf das Selbstwertgefühl erzielen können (vgl. Bäuml 2008, S. 130). Die Bemühungen der Verhaltenstherapie lassen sich als Versuch deuten, durch den Ausbau schon vorhandener Möglichkeiten die Selbst-Zufriedenheit und das Selbstvertrauen in eigenes Können zu erhöhen und zu stabilisieren. Psychotherapie lässt sich für Psychosekranke als Hilfe zur Ich-Findung deuten, die zeitgleich eine Hilfe zur Abgrenzung von anderen Menschen mit deren persönlichen Wertesystemen darstellt. Darüber hinaus bietet sie Hilfestellung bei der Überprüfung und Bewältigung der Wirklichkeit.

Die psychoanalytische Psychotherapie bei schizophrenen Psychosen wurde schon früh insbesondere von Frida Fromm-Reichmann (1939) vorangetrieben. Sie unterschied hierbei drei Phasen der Entwicklung der psychoanalytischen Psychotherapie: „1. eine des Verstehens, aber unmäßigen Deutens; 2. eine Kontaktaufnahme mit dem Kranken; 3. eine Phase, in der man gelernt habe, wie diese Kontaktaufnahme zu handhaben sei" (vgl. Finzen 2008, S. 135). Im Rahmen der Psychotherapie begegnete Fromm-Reichmann ihren schizophrenen Patienten mit großer Geduld und viel Optimismus. Sie vermittelte ihnen, und das halte ich für eine besonders nennenswerte Errungenschaft, dass Erkrankte ihre Therapeuten weder in ihre Eigenwelt mitnehmen, noch ihre Krankheit aufgeben müssten, wenn sie nicht vollständig dazu bereit seien. Fromm-Reichmann besaß ein besonders ausgeprägtes Gespür für die symbolische und unbewusste Bedeutung von Verhalten. Sie war der Ansicht, dass in der Abgeschlossenheit der Schizophrenen der Wunsch zum Ausdruck komme, die in früher Kindheit erlittenen und später für unvermeidlich gehaltenen Zurückweisungen zu vermeiden (vgl. Davison/ Neale/Hautzinger 2007, S. 400). Eindrucksvoll geschildert wird in dem Roman „Ich habe dir nie einen Rosengarten versprochen" die einfühlsame Auseinandersetzung Frieda Fromm-Reichmanns mit ihrer Patientin Joanne Greenberg, die an einer schizophrenen Psychose erkrankte. Hanna Green, so das Pseudonym von Joanna Greenberg, beschreibt in ihrem ermutigenden autobiographischen Roman, der 1978 erschienen ist, den mühevollen Kampf eines Mädchens, Deborah Blau, um ihre Heilung. Es handelt sich dabei um die Flucht aus der unvollkommenen Realität mit ihren Härten, der familiären Isolation in den Rückzug und die

Sicherheit der Krankheit - ihrer persönlichen und privaten Wirklichkeit. Dabei gewährt Joanna Greenberg einen bewegenden und erschreckenden Einblick in die alptraumhaft fragmentarische Welt psychotischen Fühlens und Erlebens, der nachhaltig prägt. Die schließliche Heilung und Überwindung mit ihrer einhergehenden Ablegung der psychotischen Eigenwelt und dem Wiederfinden, hier ist auch ein 'Sich wieder Finden' in der allgemeinen Wirklichkeit gemeint, erlaubt ihr am Ende der Therapie, die Erkrankung nicht als ein Stück abgelehnter Vergangenheit, sondern nachträglich akzeptierter persönlicher Geschichte in ihre Biographie einzugliedern. Deborah ist geheilt, als sie wieder bereit ist, den Herausforderungen des Lebens zu begegnen und ihnen standzuhalten. Es lässt sich in diesem Zusammenhang sicherlich sagen, dass Psychosen aus dem schizophrenen Formenkreis als Rettungsversuch oder Flucht aus einer unvollkommenen und als unerträglich erlebten Realität in die eigene, private, heimliche, beizeiten auch unheimliche Eigenwirklichkeit hinein gedeutet werden können. Insbesondere wenn man die These vertritt, dass Krankheit nicht urplötzlich aus dem Nichts erwacht, sondern Faktoren auch jeweils biographiegeprägt begründet werden können.

Ziel der analytischen Aufarbeitung, wie von Benedetti, Müller, Winkler und Fromm-Reichmann geprägt, sind erlebnisbedingte Elemente der Psychose, wie die affektiven Störungen, Autismus, Regression, Depersonalisation und die Ambivalenz. Laut Finzen haben Untersuchungen dieser Störungen ergeben, dass ihre Verknüpfung mit frühen Entwicklungsstadien möglich ist. Wie Müller 1972 treffend erläutert, stellt die Psychotherapie von psychotischen Menschen eine besonders schwierige Aufgabe für den behandelnden Therapeuten dar, denn „zahlreich sind die Anforderungen, die an ihn gestellt werden. Betz verlangt, dass er wohlwollend, fest und gerecht sei. Sullivan fordert, dass er die Fähigkeit habe, ein gerütteltes Maß an Versagung auszuhalten. Eissler betrachtet als eine der wichtigsten Eigenschaften, emotionales Mitschwingen mit Objektivität zu vereinigen" (Müller 1972 zit. in: Finzen 2008, S. 137). Insbesondere der letzte Punkt erscheint von großer Bedeutung. Ein Gleichgewicht und besonders die Vereinigung zwischen menschlicher Emotionalität, Empathie einerseits und Objektivität andererseits ermöglichen erst eine Ebene des Verstehens und der Kontaktaufnahme, denn nur so kann eine stützende Psychotherapie entstehen und wachsen. Mit anderen Worten, wer sich seinem Gegenüber verschließt, sich nicht emotional berühren und vielleicht situationsabhängig sogar mitreißen lässt, wird keinen Zugang zu der 'fremden Welt' des Gegenüber finden. Nicht vorgefertigte Norm- und Mustertheorien und Handlungen sind maßgebend, sondern Gespür und Feingefühl, auch Neugierde bei zeitgleicher Wahrung von Professionalität sind Schlüssel zur Kontaktaufnahme, zum Verständnis, zu pädagogischem und therapeutischem Handeln im Allgemeinen. Ob Gespür und Feingefühl, wenn unzureichend vorhanden, überhaupt erlernt werden können, gilt es zu diskutieren. Hier beschränke ich mich zunächst weiterhin auf die Darstellung der psychotherapeutischen Behandlungsmethoden und schließe mich Müller an, der betont, dass für die Psychotherapie im weitesten Sinne, also auch für Gruppentherapie, Familientherapie und Soziotherapie die gleichen theoretischen Grundlagen wie für die Einzelpsychotherapie schizophrener Patienten gelten (vgl. Finzen 2008, S. 138). Im klinischen Bereich wird heute meist eine Kombination aus psychotherapeutischen, soziotherapeutischen und somatischen Therapieverfahren ermöglicht. Wie Finzen betont, ist die Ära des Entweder/Oder längst überwunden, denn im klinischen Bereich wird

„durchwegs kombiniert behandelt nach dem Prinzip, dass nichts außer Acht gelassen werden dürfe, das in irgendeiner Weise dem Kranken nützlich sein könne. Gewiss wird je nach der grundsätzlichen Einstellung, Ausrichtung, aber auch Begabung der Verantwortlichen die Akzentsetzung verschieden sein. Während in der einen Institution somatische Therapie den ersten Rang einnimmt und die Psychotherapie als akzessorisches Hilfsmittel betrachtet wird, ist die Situation andernorts gerade umgekehrt. Das Hauptgewicht wird auf die Psycho- und Soziotherapie im weitesten Sinne gelegt und die Somatotherapie nur als Unterstützung betrieben." (Müller zit. in: Finzen 2008, S. 138).

Es ist von großer Notwendigkeit, psychisch Kranke über die somatische Therapie hinaus durch umfassende Betreuungsangebote zu unterstützen. Bedenkt man, dass psychische Erkrankungen im Zeitablauf vielfach Schwankungen unterworfen sind und diese sich gravierend auf die Selbstverwirklichungsmöglichkeiten der Betroffenen auswirken, ist es ein Leichtes, diese Forderung nachzuvollziehen. Häufig entstehen gerade bei jüngeren Kranken mit schizophrenen Psychosen erhebliche soziale Folgeschäden, die mit tiefgreifenden Störungen im zwischenmenschlichen Bereich einhergehen. Die Psychiatrie vermag es häufig nicht, genau so wenig wie die Medizin, Erkrankungen zu heilen. Jedoch kann einer Vielzahl von Erkrankten dennoch ein „verhältnismäßig beschwerdefreies Leben im eigenen Lebensumfeld" (Finzen 2008, S. 139) ermöglicht werden. Diese Aussicht lässt sich als unzureichend auffassen, doch sei darauf hingewiesen, wie Finzen anmerkt, dass Schizophrenie nicht dem Schnupfen oder den Masern gleicht, sondern vielmehr Erkrankungen wie dem Rheuma oder der Diabetes.

Chronisch psychisch erkrankte Menschen sind häufig nicht in der Lage, Leistungen, auf die sie ein Anrecht haben, ohne fremde Hilfestellung in Anspruch zu nehmen. Hier setzt Soziotherapie an und unterstützt den Prozess, der dem Betroffenen einen besseren Zugang zu seiner Krankheit ermöglicht, indem Einsicht, Aufmerksamkeit, Eigeninitiative, soziale Kontaktfähigkeit und Kompetenzen intensiv gefördert und trainiert werden. Soziotherapie findet überwiegend im sozialen Umfeld des psychisch kranken Menschen statt. Als weiteres Therapieangebot lässt sich die Gruppentherapie nennen, die sich u. a. der Mittel der sogenannten Psychoedukation bedient. Sie dient der Stabilisierung, Konfliktbearbeitung, der Stärkung des Durchsetzungsvermögens und der Bewältigung von Realitätsanforderung und nicht zuletzt der Verbesserung von Krankheitseinsicht und dementsprechend dem verantwortlichen Umgang mit Krankheitsfolgen. Die Angehörigengruppe lässt sich in diesem Kontext nennen, die nicht im eigentlichen Sinne eine therapeutische Gruppe darstellt, sondern vielmehr als Selbsthilfegruppe beratenden Charakter hat. Nicht nur der Patient, sondern auch die Familie ist häufig extrem belastet und bedarf der Unterstützung, da Angst und Ratlosigkeit, Schuld- und Schamgefühl, Vereinsamung und Überforderung, Unverständnis und Vorurteile, Ungerechtigkeiten oftmals die Not der Angehörigen kennzeichnen. Im Rahmen der Angehörigenarbeit wird in der Gruppe über mögliche Hilfsangebote informiert und ein intensiver Austausch über Erfahrungen, Sorgen und Ängste eben auch mit anderen Familien hilft den Angehörigen in der Regel sehr. Die Solidarität der Gruppe ermöglicht es, gegen Ungerechtigkeiten und Missstände anzugehen, denen die einzelnen Familien sich häufig hilflos ausgeliefert fühlen. Programme der Ergotherapie, Musiktherapie, der Kunst- oder Tanz- bzw. Bewegungstherapie setzen sich meist aus verschiedenen Gruppen- und Einzelangeboten zusammen, deren Ziel es ist, vorhandene Ressourcen zu fördern und kreative Fähigkeiten frei zu setzen.

1.5.3 Ein Praxisbeispiel

Als Ausdruck einer lebendigen, an den Bedürfnissen der Menschen orientierten therapeutischen Arbeit möchte ich den als gemeinnützig eingetragenen Verein für Sozialpsychiatrie [T.], in dem ich im Jahr 2008 als Praktikantin und Tanzpädagogin tätig war, vorstellen, so dass ich direkten Einblick in therapeutischen Ansatz und Arbeitsweise gewinnen konnte. Diese nach der Auflösung zentraler psychiatrischer Kliniken dezentral arbeitende Institution hat über vielseitige Therapieangebote wie die geschilderten hinaus in einem überschaubaren Umfang ein vielfältiges, den unterschiedlichen Neigungen und Interessen der Rehabilitanden entsprechendes Betätigungsfeld aufgebaut. Dieses umfasst eine Kreativwerkstatt, eine Holzwerkstatt, eine Demeter-Gärtnerei und einzelne Hauswirtschaftsgruppen in den jeweiligen dezentralen Wohnstätten. In diesem Zusammenhang spielt das Arbeitstrainingsprojekt eine wichtige Rolle, dessen Ziel die stufenweise berufliche Wiedereingliederung in das Arbeits- und Berufsleben darstellt. Demnach werden einzelne Praktikumsstellen in unterschiedlichen Betrieben und Gewerbebereichen den Interessen und Neigungen der Betroffenen entsprechend angeboten. Hierbei werden gering belastbaren BewerberInnen Betriebspraktika vermittelt, sogenannte Arbeitstrainingsplätze, damit Arbeitsfähigkeit erprobt und trainiert werden kann. Laut bisherigen Erfahrungen berichten sowohl Arbeitgeber als auch TeilnehmerInnen überwiegend positiv und ermutigend über ihre Erfahrung im Rahmen des Projektes. Aus der reichen Vorerfahrung in meinem Praktikum im Umgang mit den Erkrankten ist mein Vorhaben gereift, in dieser Einrichtung, die aus meiner Sicht wertvolle Arbeit am Menschen leistet, mein Vorhaben durchzuführen und zwei an Schizophrenie Erkrankten in biographisch-narrativen Interviews ihren Lebens- und Leidensweg nachzeichnen zu lassen und mit ihnen gemeinsam den Versuch zu unternehmen, Schlüsselereignisse als mögliche auslösende und prägende Momente ihrer Biographie aufzuspüren und die je eigenen Anteile an ihrer Lebensgestaltung zu erkunden.

In diesem umfassenden ersten Kapitel habe ich notwendige Wissensgrundlagen für mein Vorhaben gelegt. Meine Absicht war zu zeigen, dass ich medizinische, klinische und empirische Forschungsergebnisse als Voraussetzung für meinen Arbeitsprozess für unabdingbar halte. Ich erkenne an, dass der Forschung auch mit ihren Kategorisierungen und der zunehmenden Spezialisierung der Humanmedizin große Verdienste auf dem Erkenntnisweg zukommen. Andererseits sehe ich in der unaufhaltsamen Tendenz wissenschaftlicher Forschung zur Spezialisierung auch die Gefahr, den Blick für das Ganze zu verlieren, sich über die jeweilige Fachsprache hinweg auf das Gemeinsame des Forschungsgegenstandes nicht mehr verständigen zu können, in unserem Fall den Blick auf den Menschen in seiner Ganzheit zu verlieren.

Für meinen Untersuchungszusammenhang erscheint es mir sinnvoll, eine ganzheitliche Sicht auf den Menschen zu wahren, im Bemühen, den einzelnen Menschen in seinem besonderen Wesen zu begreifen, das empirisch Zerlegte, Gegliederte in der Ganzheit des menschlichen Wesens auch wieder zusammen zu denken. Für eine solche Zusammenschau scheint mir die Herangehensweise der Biographieforschung geeignet, wie im nachfolgenden Kapitel begründet wird. Selbstverständlich kann es nicht darum gehen, den Wert wissenschaftlicher Erkenntnis in Einzeldisziplinen zu leugnen, vielmehr geht es darum, den eigenen Standort zu reflektieren. Der gedankliche Zusammenhang für meinen Ansatz erwächst aus der Frage, was Biographieforschung im qualitativen Forschungsbereich über das hinaus leisten kann, was empirische Forschung von ihrem Ansatz her nicht leistet und daher auch nicht zu leisten beanspruchen kann.

Ich wähle eine Herangehensweise, vielleicht vergleichbar mit der Arbeit eines Archäologen, der die Scherben einer antiken Vase vor dem Hintergrund seines ethnologischen, soziologischen und historisch-geographischen Wissens zu einem neuen Konstrukt als Ganzes zusammensetzt. Hier muss die Analogie auch schon enden, da die 'Konstruktion' des Menschen sich nicht an einem Objekt vollzieht, sondern mit dem Menschen in all seiner Entwicklungsfähigkeit einen wertvollen Schatz in ständiger Veränderung birgt.

2. Biographieforschung

„Erzählst Du mir ein Märchen?" bat Momo leise. „Gut", sagte Gigi, „von wem soll
es handeln?" „Von Momo und Girolamo am liebsten", antwortete Momo. Gigi über-
legte ein wenig und fragte dann: „Und wie soll es heißen?" „Vielleicht – das
Märchen vom Zauberspiegel?" Gigi nickte nachdenklich. „Das hört sich gut an. Wir
wollen sehen, wie es geht."

Michael Ende

Die Biographieforschung setzt sich grundlegend mit der Frage auseinander, was Lernen und Bildung in Abhängigkeit zur geistigen Situation der Zeit, also heute im Kontext hochkomplexer Gesellschaften sind. Menschliche Entwicklung wird aus der
Perspektive der qualitativen Biographieforschung wesentlich über das Studium von
Lernmustern und Bildungsfiguren im jeweiligen lebensgeschichtlichen Horizont zugänglich und bearbeitbar. Geleitet von der zentralen Frage „Was kann man heute über
einen Menschen wissen?" (Sartre 1977, S. 7) wird unter Bezugnahme auf den Symbolischen Interaktionismus insbesondere das Wechselspiel des Individuums mit der
Gesellschaft als interpretativer Prozess gesehen, der sich im Medium signifikanter
Symbole, also beispielsweise der Sprache abspielt. Wie Hoffmann-Riem (1980) formuliert, gilt die „Prämisse von der Interaktionsbedingtheit individueller Bedeutungs-
zuschreibungen". Das heißt, dass der Mensch die Welt und sich selbst immer als in
interaktionsvermittelten und interaktionsgebundenen Deutungen kennen lernt. Der
moderne Mensch bedient sich metaphorischer und bedeutungshaltiger Bildsprache,
um seine eigene Lebenswirklichkeit zu konstruieren und zu verstehen, auch im Abgleich mit anderen (vgl. Nießeler 2003, S. 311). Laut Bittner wird der Zusammenhang, das Verweben einzelner Lebensereignisse zu dem, was wir Biographie nennen,
nicht erst im Erzählen und der Versprachlichung der Geschichte hergestellt. Die Le-
bensergebnisse nimmt der Mensch bereits in einem vorgefundenen Bedeutungs- und
Ordnungszusammenhang wahr, vor jeder sprachlichen Symbolisierung. Versprachlichung und Reflexivität scheinen erst die letzte Stufe der Verarbeitung von Lebenser-
fahrungen darzustellen (vgl. Bittner i.E., S. 18).

Die Biographie des Einzelnen lässt sich immer auch als soziales Konstrukt begreifen,
jedoch nicht ausschließlich als solches. Darüber hinaus fokussiert die Biographiefor-

schung vor allem individuelle Formen der Verarbeitung gesellschaftlicher und milieu-spezifischer Erfahrungen. Hierbei sind individuelle Variationen und die Erzeugung neuer Strukturen der Erfahrungsverarbeitung als emergenter und teilweise auch kontingenter Prozess gerade nicht aus gesellschaftlichen Vorgaben ableitbar (vgl. Marotzki, in: Flick/von Kardorff 2005, S. 176). In diesem Zusammenhang meint Emergenz, dass die Entscheidungen des Menschen durch Umweltfaktoren nie ganz programmierbar bzw. deterministisch vorhersehbar sind. Im Rahmen biographischer Entscheidungen spielt immer auch ein Element von Freiheit eine Rolle, das sich eben gerade nicht als ethischer Algorithmus rekonstruieren lässt. Unter Kontingenz ist die existenzielle Erfahrung des Endlichen und Zufälligen zu verstehen, die den Menschen auf sich zurück wirft. Betrachtet man die Frage, wie Menschen lernen in Bezug zu ihrem zeitdiagnostischen Rahmen, so lässt sich sagen, dass Kontingenzsteigerung ein Merkmal hochkomplexer Gesellschaften darstellt. Wie Peukert betont, wird die „Zufälligkeit des Faktischen (...) nicht mehr durch eine intuitiv einsehbare Wesensordnung aufgefangen." (Peukert 1984, S. 130). Dementsprechend wird es immer komplizierter, Vorhersagen über menschliche Biographien zu machen. Denkt man die Entwicklung zu zunehmender Komplexität und Diversität weiter, stellt sich zwangsläufig die Frage, ob es überhaupt möglich ist, Entwicklungen als 'normal' im Sinne von 'normgerecht' bzw. an einer 'Norm' ausgerichtet zu beschreiben oder zu erwarten. In der Ausdifferenzierung gesellschaftlicher Strukturen lassen sich vielfältige individuelle Lebensführungen und Wertevorstellungen finden, die differenziert betrachtet werden wollen. Vielleicht besteht gerade darin die Chance der Biographieforschung, dass sie sich der Komplexität des Einzelfalls stellt. Im Folgenden werden zwei zentrale Aspekte vorgestellt, denen ein hoher Stellenwert zukommt, will man die Konstitution von Biographien erläutern: Prozesse der Bedeutungs- und Sinnherstellung und Prozesse der Erzeugung von Selbst- und Weltbildern.

Mit seiner Grundlegung der Geisteswissenschaft hat Wilhelm Dilthey (1852-1911) ein Verständnis des menschlichen Lebenslaufs eröffnet. Seine Maxime „Die Natur erklären wir, den Menschen verstehen wir" lässt sich als Konzept interpretieren, das es erlaubt, den Menschen durch seine menschlichen Manifestationen, also sowohl künstlerischer Produktion als auch jeglicher Art ordnenden Tuns und Verhaltens in gesellschaftlich-sozialen Kontexten zu verstehen. Demnach versucht die Geisteswissenschaft historisch-kulturelle Geschehnisse zu verstehen.

Das Verstehen beruht dabei in einem Nacherleben eines fremden Daseins, wie es u. a. in Sprache, Gestik, Mimik, Kunst ausgedrückt wird. Diese Symbole werden jedoch nicht passiv rezipiert, sondern erfordern ein aktives Nacherleben. Der Verstehensprozess ist für Dilthey eng mit der Tradition der Hermeneutik verknüpft, die sich mit der Auslegung von Texten und Kommunikationssituationen auseinandersetzt. Auf die erkenntnistheoretische Begründung, dass 'Verstehen' ein 'Erlebnis' voraussetzt, rekurriert auch Blankertz mit einem erweiterten Textbegriff, wenn er betont, dass menschliche Objektivationen und Manifestationen im weitesten Sinne als Text aufzufassen seien, den es im Verstehensprozess auszulegen gelte (vgl. Blankertz 1982, S. 219). Folgt man dem Dilthey'schen Gedanken besteht die zentrale Aufgabe der Geisteswissenschaft darin, gesellschaftlich aufeinander bezogene individuelle Lebenseinheiten zu verstehen, indem der Mensch nacherlebt und denkend erfasst (vgl. Dilthey 1982, S. 340). Hierbei ist begriffliches Denken nur bedingt in der Lage, Menschen in ihrem individuellen Gewordensein zu verstehen. Wichtiger erscheint Sinnbildung als Herausstellung von Zusammenhängen als zentrale Kategorie des Lebens. Laut Dilthey ist die Zusammenhangsbildung eine Leistung des Bewusstseins, das Beziehungen zwischen Teilen und einem Ganzen beständig herstellt und in neuen biographischen Situationen überprüft und modifiziert. Somit gilt es, die Lebensgeschichte als ein vom Subjekt hervorgebrachtes Konstrukt zu verstehen, das als eine Einheit die Fülle von Ereignissen und Erfahrungen des gelebten Lebens zu einem Zusammenhang organisiert. Nur wo solche vom Subjekt gestifteten Sinnzusammenhänge vorhanden sind, ist auch Entwicklung möglich (vgl. ebd., S. 218). Demnach bezeichnet der Begriff 'Biographisierung' jene Form der bedeutungsordnenden, sinnherstellenden Leistung des Subjekts in der Besinnung auf das eigene gelebte Leben. Demzufolge sind menschliche Entwürfe nur bedingt verallgemeinerbar, da sie immer die Signatur des Individuellen tragen. Oder wie Dilthey es formuliert: „Jedes Leben hat einen eigenen Sinn. Er liegt in einem Bedeutungszusammenhang, in welchem jede erinnerbare Gegenwart einen Eigenwert besitzt, doch zugleich im Zusammenhang der Erinnerung eine Beziehung zu einem Sinn des Ganzen hat. Dieser Sinn des individuellen Daseins ist ganz singulär, dem Erkennen unauflösbar, und er repräsentiert doch in seiner Art, wie eine Monade von Leibniz, das geschichtliche Universum." (Dilthey 1968, S. 199). Die Perspektive der individuellen Sinn- und Bedeutungserzeugung führt zum Ansatz moderner Biographieforschung (vgl. Marotzki in: Flick/von Kardorff 2005, S. 180).

Laut Marotzki greift ein Verstehensansatz, der sich ausschließlich der Sphäre der sozialen Interaktion verpflichtet, zu kurz. Hierbei scheint nicht nur die Frage nach intersubjektiven Bedingungen von Subjektivität von Interesse, sondern zeitgleich auch nach den subjektiven Bedingungen von Intersubjektivität. Infolgedessen muss eine konsequente Perspektive des Individuellen eingenommen werden, die zur Kategorie der Biographie führt. So forderte Sartre in seiner Marxismuskritik die hermeneutische Aufmerksamkeit dem Einzelnen zuzuwenden und Individuen zu verstehen, indem deren Wirklichkeitsverarbeitungsformen studiert werden (vgl. ebd., S. 180f). Entgegen einer Eindeutigkeit im Sinnverstehen setzte Sartre auf prinzipielle Vielfältigkeit und Vieldimensionalität, indem er postulierte: „Man muss auf der Vieldeutigkeit der verflossenen Tatsachen bestehen" (vgl. Sartre 1964, S. 100). Hierbei stellt die Wiedergewinnung eines Wissens über den einzelnen Menschen Sartres Ziel dar und demzufolge wird die Biographie in besonderer Ausprägung Zentralkategorie. Sartre folgt in hermeneutischer Absicht den Spuren des Individuums und untersucht in verschiedenen existenzialphilosophisch angelegten Fallauslegungen u. a. Flaubert, Genet und Baudelaire aus seiner philosophischen Perspektive. Hiermit zeichnet er den Weg der modernen Biographieforschung, beruhend auf qualitativer Auslegung von Einzelfällen, vor.

Zusammenfassend lässt sich demnach sagen, dass die Sinn- und Bedeutungsherstellung für die menschliche Existenz charakteristisch ist und der Prozess der Biographisierung diese Dimension unmittelbar ausdrückt. Mit anderen Worten könnte man spezifizieren, dass Sinn- und Bedeutungsproduktion das kreative Zentrum menschlicher Existenz darstellen. Der Mensch ist also ein weltentwerfendes und interpretierendes Wesen, das Wirklichkeit erzeugt. Wie Prozesse der Selbst- und Welterzeugung vonstatten gehen, wird im Folgenden näher erläutert.

Wie wird soziale Welt sinnhaft konstruiert? Wie lässt sich der subjektive Sinn fremden Verhaltens verstehen? Diese Fragen stellen ein zentrales Denkmotiv im Rahmen der wissenssoziologischen Position von Alfred Schütz dar, der ich im Weiteren nachgehe. Laut Schütz baut der Mensch unterschiedliche innere Haltungen gegenüber sich selbst und der Welt auf. Demzufolge kann der Mensch nur aus einem Ensemble vielfältiger Formen des Zugangs zu sich und der Welt verstanden werden. Ein und derselbe Gegenstand kann auf verschiedene Weise gedacht werden und der Mensch hat die Wahl, welcher Gedanke ihn angeht, relevant wird, welcher Ansicht er sich an-schließt bzw. welche er vernachlässigt. Dementsprechend „existiert eine ganze Reihe, wahrscheinlich eine unendliche Anzahl von verschiedenen Realitätsbereichen, jede mit ihrem eigenen speziellen und besonderen Erkenntnisstil (...)." (Schütz 1972, S. 102). Das heißt, es existiert eine Vielzahl an möglichen Welten, weit über die Vorstel-lung und das Erleben der Alltagswelt hinaus. Neben der Welt der Wissenschaft lassen sich Traum- und Phantasiewelten, die Wahnwelt der Psychose, die Welt des Rausches halluzinogener Drogen oder auch 'virtual realities' als Parallelwelten der Computer-freaks nennen, um nur eine kleine Auswahl aufzuzählen. Laut Marotzki bildet jede dieser Welten einen eigenen Sinnhorizont und ist auf ihre eigene Weise real (vgl. Ma-rotzki in: Flick/von Kardorff/Steinke 2005, S. 183). Die Vorstellung vom Menschen als „Weltenwanderer" (ebd., S. 184) erscheint mir in der Balance eine hohe Kunst, auf den jeweiligen Seiten des Pendels sowohl beflügelnd wie auch beängstigend. Ich stimme zu, dass es zum menschlichen Vermögen gehört, zeitweise die Alltagswelt zu verlassen und in fremden Welten beispielsweise von Büchern Zuflucht, Ablenkung, Freude, Inspiration etc. zu finden. Doch scheint es in diesem Zusammenhang von im-menser Bedeutung, den 'Rückweg' in die vertraute und vom täglichen Leben geprägte Welt zu kennen und zu finden. Eben dies funktioniert bei Erkrankungen wie Psycho-sen aus dem schizophrenen Formenkreis nur sehr bedingt, wenn überhaupt. Fremde Welten stellen die Selbstverständlichkeiten der Alltagswelt in Frage und bedrohen diese direkt oder indirekt, so dass häufig Ängste damit einhergehen. Infragestellungen und Überschreitungen der Alltagswelt lösen häufig notwendige Krisen aus, die in der Regel zu speziellen Biographisierungsprozessen führen. Wenn das Leben des Men-schen bzw.

„das, was ihm als Sinn seines Lebens gilt, bedroht erscheint, muss er sich fragen, ob denn das, was gerade noch so dringlich und wichtig schien, noch immer so dringlich und wichtig ist. Er unterzieht die bisher so selbstverständlich wirksamen Relevanzen einer ausdrücklichen Deutung in dem Licht, das die gegenwärtige Krise auf sein bis-heriges und das in Frage gestellte zukünftige Leben wirft. Was das Ergebnis dieser Deutung ist, ist eine andere Sache: die Relevanzen können je nachdem für nichtig oder doch immer noch für richtig befunden werden. Das Ergebnis seiner Überlegun-gen kann der Mensch als ein Memento mori für seinen weiteren Lebenslauf festhalten oder - vor allem dann, wenn sich die Krise verflüchtigt - so schnell als möglich wieder vergessen." (vgl. Schütz u. Luckmann 1984, S. 175).

Demzufolge kann Umstrukturierung subjektiver Relevanzen zu einer Transformation des Welt- und Selbstverhaltens führen. Neben der Alltagswelt lassen sich also weitere subjektive Welten finden, die als innere Bereicherung verstanden werden können. Wenn sich ein Mensch jedoch ausschließlich im Sinne einer Grenzüberschreitung auf eine seiner subjektiven Welten bezieht und sich in ihr häuslich einnistet, droht das tägliche Leben seinen Realitätsakzent einzubüßen und zu verlieren (vgl. auch Kapitel 1: „Man kann sich total verrennen, wenn sich die Seele plötzlich irrt.“). Der Mensch schwebt in der Gefahr der Dissoziation, wenn die Alltagswelt als archimedischer Punkt der Existenzorganisation außer Kraft gesetzt wird. Aus dieser Perspektive könnte man sagen, dass menschliches Leben als ständig abzugleichender, spannender, aber auch gefährdeter Prozess der Erzeugung und Aufrechterhaltung von Welten zu verstehen ist. Ich zitiere Marotzki, der meines Erachtens treffend anführt, dass wir Menschen „Weltenwanderer, Grenzgänger, Fremde und Heimkehrer" (Marotzki zit. in: Flick/von Kardorff/Steinke 2005, S. 184) sind, deren „Fragilität" als Signatur der menschlichen Existenz zu verstehen ist. Demnach sind Welten also nicht vorgegeben und vorstrukturiert, sondern müssen handelnd, kommunizierend und biographisierend erzeugt und aufrecht erhalten werden. In Prozessen der Biographisierung entwirft der Mensch sich selbst und die Welt vom Blickwinkel seiner individuellen ihm eigenen Seinsweise aus. Ein solches Selbst- und Weltverhalten kann berechtigter Weise mit dem Begriff der 'Bildung' bezeichnet werden. In erziehungswissenschaftlicher Absicht interessiert sich die moderne Biographieforschung für konkrete 'Bildungsfiguren', ihre Entstehung und ihre Wandlungen (vgl. ebd., S. 185). Demnach sind der Austausch über neuartige Perspektiven und Sinnzusammenhänge sowie das Ergründen, wie unterschiedliche Menschen scheinbar eindeutige Fakten wahrnehmen und welche Sinnzuschreibungen ihnen zugrunde liegen, Hauptaufgaben der modernen qualitativen Bildungsforschung. Dabei sei erwähnt, dass keine wahren oder falschen Sichtweisen existieren können, sondern vielmehr die konkrete Erfahrungswelt der Menschen als eigenständiger Bedeutungs- und Sinnzusammenhang für Kreativitäts- und Problemlösungsprozesse systematisch berücksichtigt und aufgenommen werden müssen. Dabei ist eine Flexibilität von Welt- und Selbstreferenzen, ohne der Beliebigkeit anheim zu fallen, als Gelingensbedingung von zentraler Bedeutung.

In Anlehnung an Bittner (vgl. Bittner, i.E.) möchte ich im Folgenden zusammenfassend erläutern, dass es, wie zuvor erwähnt, eine Sinn-Entnahme aus und Verarbeitung von biographischen Ereignissen „unterhalb" der Ebene sprachlich explizierter Reflexion gibt, die nach Bittner die primär-symbolische Ebene genannt wird. Darüber hinaus lässt sich sagen, dass das Leben selbst ein permanenter, informeller Bildungsprozess ist, vor aller und grundlegender als alle formelle Bildung. Reflexion über das eigene Leben lässt sich als Ergänzung, die sicher auch bildungsbedeutsam, aber keineswegs das A und O des Bildungsprozesses ist, verstehen. Der Bildungsprozess verläuft häufig unbemerkt, unreflektiert und unbewusst ab (vgl. ebd., S. 22). Die heutige pädagogische Biographieforschung richtet ihre Aufmerksamkeit überwiegend „der (auto-) biographischen Wahrnehmung, die 'reflexiv', sich distanzierend von vorangegangenen 'routinierten Sinnstiftungen' Sinnzusammenhänge 'konstruiert' (vgl. ebd). Laut Bittner ist die traditionell verankerte pädagogische Hochschätzung des kognitiven Elements hier mit modischem Konstruktivismus eine problematische Allianz eingegangen. Dabei soll die Bedeutung des reflexiven Moments im Umgang mit der eigenen Biographie keineswegs geleugnet bzw. geschmälert werden, jedoch ist mit Bittner in Erinnerung zu rufen, dass, wie Dilthey seinerzeit schon erörterte, es sich bei der Reflexion auf die eigene Lebensgeschichte nicht um das Ganze, sondern lediglich um die „andere Hälfte" autobiographischen Selbst-Innewerdens handelt.

Der Begriff der Bildung ist heute „ein, wenn nicht der Grundbegriff der Pädagogik in Deutschland. Da sich in ihm das jeweilige Selbst- und Weltverständnis des Menschen widerspiegelt, kann er nicht zeitlos definiert, sondern nur in seiner historisch-dynamischen Vielschichtigkeit erschlossen werden" (Böhm 2005, S. 90). Was jedoch nicht in diesem einschränkenden Bildungsbegriff hervorgehoben wird, ist in der Bittnerschen Kritik das, was eigentlich von Interesse ist: Der Lebenslauf als der eigentliche und grundlegende Bildungsprozess. „Bildung - das ist der Gang meines Lebens, meiner persönlichen Biographie, unter dem Gesichtspunkt betrachtet, was ich aus meinem Leben gemacht habe bzw. was mein Leben aus mir gemacht hat" (Bittner 1996, S. 63f). Die Bildungsprozesse, um die es sich dabei handelt, spielen sich überwiegend in einem vorsprachlichen Bereich ab: In den Frühphasen sowieso, in denen noch keine elaborierte Sprache zur Verfügung steht (vgl. Schäfer 1995); aber auch im späteren Leben: Vieles Lebensentscheidende „bildet sich" während des gesamten Lebensverlaufs subliminal unterhalb der Schwelle sprachlicher Reflexion, zum Teil unterhalb der bewussten Wahrnehmung. Im vorsprachlichen Bereich entstehen Bilder von sich und der Welt, Symbole, die sich leitmotivisch durch das gesamte Leben ziehen, auch

„Arbeitsmodelle" lebenspraktischen Handelns. Das „Proto-Subjekt" ist nach Bittner etwas, das sich biographisch in ständiger Um- und Neugestaltung befindet, sich fortwährend im ganzen Verlauf des Lebens weiter „bildet". Das Leben verändert den Menschen durch extreme Erfahrungen aller Art, z. B. durch Liebes-, Krankheits-, Endlichkeitserfahrungen. Alles dies und vieles andere, das nicht 'zur Sprache kommt', rechnet Bittner zur „Bildung des Proto-Subjekts". Reflexion bezieht sich immer auf etwas ihr Vorausliegendes mit individuell prägendem Erlebnischarakter: eben auf die biographischen Primärgeschehnisse, die die Basis biographischen Reflektierens darstellen.

Mit seiner zentralen Akzentuierung auf den subjektiven Lebenslauf als Bildungsprozess: „Das Leben bildet! Der Lebensverlauf selbst ist der grundlegende Bildungsprozess" widerspricht Bittner dem Ansatz von Henningsen und Marotzki, Bildung basiere wesentlich auf autobiographischer Reflexion und sprachlicher Selbstvergegenwärtigung vehement. Er lenkt die Aufmerksamkeit der Bildungsforscher von einer bisher dominanten Kognitivierung bzw. Mentalisierung (vgl. Bittner i.E., S. 34) von Bildungsprozessen hin zum Aufspüren des 'Offensichtlichen, das gerade im Verbogenen liegt', um mit einem Lacanschen Paradoxon zu sprechen. In der Konsequenz bringt diese Forderung eine veränderte Therapeutenrolle mit sich, die vielleicht mit der Metapher, wertfreier Resonanzboden zu sein, umschrieben werden kann, eine Rolle, die „gleichschwebende Aufmerksamkeit" (vgl. ebd., S. 170) verlangt als Voraussetzung, um „Unerwartetes zu Tage zu fördern" (vgl. ebd., S. 169).

Biographieforschung, in diesem umfassenden Sinne verstanden, interessiert sich gleichermaßen für alle Bildungsprozesse, durch die ein Mensch zu dem wird, was er ist. Biographieanalyse, nach Bittners Verständnis, sieht den Menschen teils als Geschöpf, vor allem aber als Schöpfer seiner Biographie; den Lebensverlauf als Resultat sowohl vorgefundener Umstände als auch eigener aktiver Suchbewegungen. In seinem komplexen Verständnis von Leben gehören bei Bittner die drei Ebenen Leben als lebensbiographische 'vita', als biologische Grundlage und Antriebskraft und als Bewusstsein über das eigene menschliche Leben und seine Endlichkeit zusammen und führen zu der Forderung, dass sie in der Biographieforschung auch mit ganzheitlichem Blick als zusammengehörig gesehen werden müssen. Die Akzentuierung in seiner zentralen These, dass uns Lebensereignisse vor aller sprachlichen Reflexion als bildhaft gestaltete, symbolisch bedeutungshaltige begegnen, wird bestärkt durch jüngere Untersuchungen von Nießeler über die symbolische Weltaneignung als Kern des Bildungsgeschehens. Er beschreibt Prozesse individueller Sinnstiftung, „die belegen, dass sich auch der moderne Mensch weiterhin metaphorischer und bedeutungshaltiger Bildsprache bedient, um sich seine Lebenswirklichkeit verständlich zu machen" (Nießeler 2003, S. 311).

Was den derzeitigen Forschungsstand der pädagogischen Biographieforschung angeht, so lässt sich zusammenfassend ein Spannungsverhältnis zwischen zwei Tendenzen erkennen: Einerseits das Streben der Empiriker nach „Objektivität", andererseits das Bemühen der Hermeneutiker nach Fruchtbarkeit und Transparenz der Interpretationen (vgl. Bittner i.E., S. 171), ein aus meiner Sicht hoch spannendes Verhältnis wissenschaftlichen Erkenntnisstrebens, das der wechselseitigen Vermittlung bedarf.

Meinen Standpunkt in dieser Frage vermag vielleicht ein eigenes biographisches Erlebnis, auch jenseits der Möglichkeit einer deckungsgleichen Versprachlichung veranschaulichen: Frühjahr 2009 verbrachte ich im hohen Norden Schwedens, genauer gesagt in Kiruna, einem Ort, an dem zu dieser Jahreszeit Schnee und Kälte das Leben dominieren. Im Vorfeld meines Aufenthaltes hatte ich mich u. a. durch Reiseliteratur über das Land, die Menschen und dortige Naturphänomene informiert. Nun, meinen Wissenshorizont erweitert, erlebte ich eines Nachts tatsächlich das Phänomen der Nordlichter, der Aurora Borealis. Euphorisch, nahezu berauscht von diesem Lichtphänomen am nächtlichen Himmel, vermag ich noch heute, mit leuchtenden Augen davon zu erzählen. Mit Sicherheit kann ich behaupten, dass nicht die Aneignung von physikalischem Wissen im Vorfeld mich und mein Leben geprägt haben, sondern das Erleben der Nordlichter selbst einen bleibenden Eindruck hinterlassen hat, den ich nie vergessen werde. Dieses Erlebnis hat mir, wenn man so möchte, anschaulich vor Augen geführt, inwiefern Phänomene unseres Planeten Erde in einen größeren Kontext eingegliedert werden können. Das führt letzten Endes auch zu der existentiellen Frage, wie der Einzelne sich mit seinem Leben in der Zeit und im Raum positionieren und definieren kann. Das Überwältigende im Erleben gewinnt eine eigene Qualität, die im Wissen und mittels Sprache nicht eins zu eins deckungsgleich übersetzbar und ausdrückbar ist, analog zu Musik und Kunst, die eine je eigene

Ausdrucksweise haben. Das Erleben prägt hier tiefgreifender als rational erschließbares Wissen.

Im besonderen Blick auf das Thema meiner Studie kann ich sagen, dass nicht vorrangig die Aneignung von Wissen über psychische Erkrankungen selbst, sondern der Kontakt und Austausch mit Erkrankten mich, mein Mitgefühl, mein Interesse, meine Einstellung und insgesamt meinen Verstehenshorizont geprägt und erweitert haben. Dementsprechend lässt sich sagen, dass die Aneignung von rational erschließbarem Wissen zwar ein notwendiger Baustein für verantwortliches Handeln ist, aber nicht hinreicht, um psychische Prozesse auf der Erlebnisebene erschließen zu können. Für mich handelt es sich nicht um eine Dichotomie sich ausschließender Erkenntniswege, sondern vielmehr geht es darum, einen Standpunkt zu finden, um dem Symbolcharakter von Schlüsselerlebnissen auf die Spur zu kommen.

2.1 Krankheit im biographischen Bildungsprozess

Ausgehend von der zuvor erläuterten bildungsbiographischen Perspektive konzentriere ich mich nun auf das Auftreten von Krankheit als biographisches Schlüsselerlebnis. Unter Schlüsselerlebnis wird in Anlehnung an Bittner ein Erlebnis verstanden, das mehr an Bedeutung komprimiert und transportiert, als ihm auf den ersten Blick anzusehen ist (vgl. Bittner i.E., S. 115). Bereits Freud erwähnte, dass hinter jedem psychischen Krankheitsfall ein ganzer Lebenszusammenhang stehe, der erzählt werden müsse, wenn der Patient bzw. die Patientin verstanden und geheilt werden soll (vgl. ebd., S. 85). Verallgemeinernd könnte man sagen: Hinter jeder Krankheit steht ein komplexer subjektiver Lebenszusammenhang, denn Krankheit hat ihren Sitz im Leben und kann, möchte man den Erkrankten verstehen und ihm helfen, nicht unabhängig davon betrachtet werden. Das Proto-Subjekt, so Bittner, das keinesfalls als feststehender Kern der Persönlichkeit verstanden werden soll, positioniert sich in der Welt und wird durch hinzukommende Schlüsselerlebnisse modifiziert. „Diesen Prozess, der in der frühen Kindheit beginnt, aber sich durch das ganze Leben hin fortsetzt, bezeichne ich als die Bildung des Proto-Subjekts. (...) das Proto-Subjekt ist dieser Prozess (...)" (vgl. ebd., S. 116). Bittner betont, dass das Leben und damit zugleich das Proto-Subjekt des Lebens aller autobiographischen Erzählbarkeit vorausliegt, da sich uns das Leben ausschließlich in beständiger Annäherung, von verschiedenen Standpunkten aus betrachtet, zeigt. (vgl. ebd.). Erkrankt ein Mensch an einer Psychose aus dem schizophrenen Formenkreis, könnte man davon sprechen, dass sich das Proto-Subjekt in einem extremen Ich-Zustand befindet, bei dem eine Grenzüberschreitung aus der Alltagswelt hinaus in eine subjektive (Wahn-)Welt hinein, abgekapselt von Realitätsbezügen vonstatten geht. (vgl. auch Kapitel 1 „Man kann sich total verrennen, wenn sich die Seele plötzlich irrt.“). Hier übernimmt sozusagen das limbische System oder, wie Bittner treffend formuliert, das „limbische Ich (...) unmaskiert die Szene“, so dass das „Alltags-Ich mit seiner Alltagsvernunft suspendiert“ (Bittner i.E., S. 117) wird.

Eine außerordentlich beeindruckende und bewegende Schilderung der psychotischen Wahnwelt und des 'in die Krankheit Driftens' lässt sich im autobiographischen Text „Denkwürdigkeiten eines Nervenkranken“ (1903) von Daniel Paul Schreber finden, der als Jurist Senatspräsident am Oberlandesgericht Dresden war. Freud schrieb 1910/11, basierend auf Schrebers Fallstudie, den Aufsatz „Psychoanalytische Bemerkungen zu einem autobiographisch beschriebenen Fall von Paranoia (Dementia Paranoides)“, der 1911 veröffentlicht wurde. Die „Denkwürdigkeiten eines Nervenkranken“ gelten als einer der klassischen Fälle der Psychoanalyse, bedenkt man die zahllosen Schriften, die dazu verfasst wurden. Darüber hinaus lässt sich die Autobiographie Schrebers auch als 'Hardcore'-Literatur zum Thema 'Psychosen' lesen, die dem Leser erlaubt, einen tiefen Einblick in Wahnvorstellungen, Halluzination und psychotisches Erleben insgesamt zu gewinnen. Dies ist insbesondere dadurch gekennzeichnet, dass sich Schreber beim Schreiben noch in seiner Wahnwelt befindet und sich folglich nicht von ihr distanziert. Im Rahmen seiner wahnhaften Welt war Schreber davon überzeugt, dass es sich um eine göttliche Prüfung und Berufung handele, mit dem Ziel, ihn zu einem heiligen Medium, einer Frau, zu machen, um mit dem Gottvater selbst eine neue Menschheit ins Leben zu rufen. Zu Beginn eines erneuten Krankheitsschubs berichtet Schreber von Schlaflosigkeit, die mit dem vermeintlichen, wiederkehrenden Knistern in der Wand einhergehe. Er beschreibt sein Erleben und seinen Zustand wie folgt:

> „In mehreren Nächten, in denen ich keinen Schlaf zu finden vermochte, machte sich in unserem Schafzimmer ein in kürzeren oder längeren Pausen wiederkehrendes Knistern in der Wand bemerkbar, welches mich jedes Mal, wenn ich im Einschlafen begriffen war, aus dem Schlaf wieder erweckte. Wir dachten damals natürlich an

eine Maus, obwohl es immerhin ziemlich auffällig erscheinen mußte, daß eine Maus sich in dem ersten Stockwerk eines durchaus massiv gebauten Hauses eingeschlichen haben sollte. Nachdem ich aber ähnliche Geräusche inzwischen unzählige Male gehört habe und jetzt tagtäglich bei Tag und bei Nacht in meiner Nähe höre, die ich nunmehr unzweifelhaft als göttliche Wunder erkannt habe - zumal auch die mit mir redenden Stimmen sie als solche, als sogen. „Störungen" bezeichnen - kann ich, ohne eine ganz bestimmte Behauptung darüber aufstellen zu wollen, wenigstens den Verdacht nicht abweisen, daß auch damals schon ein solches Wunder in Frage gewesen sei (...)" (Schreber 2003, S. 27f.).

Es lohnt sich, das Erleben in dieser Ausführlichkeit wiederzugeben, weil sich hier nachlesen lässt, wie Schreber sich zunehmend aus der realen Alltagswelt verabschiedet und in die psychotische Wahnwelt abdriftet. Nicht mehr Mäuse sind Grund für das Knistern in der Wand, sondern es handelt sich „unzweifelhaft" um göttliche Wunder, die in einen größeren Gesamtkontext eingegliedert werden. Wie Schreber weiterhin schildert, verlief die darauf folgende Nacht trotz Einnahme von Schlafmitteln

„in der Hauptsache schlaflos und ich verließ während derselben auch bereits einmal in Angstzuständen das Bett, um vermittelst eines Handtuchs oder dergleichen Vorbereitungen zu einer Art Selbstmordversuch zu machen, woran meine darüber erwachte Frau mich hinderte. Am anderen Morgen lag bereits eine arge Nervenzerrüttung vor; das Blut war aus allen Extremitäten nach dem Herzen gewichen, meine Stimmung aufs Aeußerste verdüstert und Professor Flechsig, nach dem bereits am frühen Morgen geschickt wurde, hielt daher nunmehr meine Unterbringung in seiner Anstalt für geboten (...)" (ebd., S. 29).

Demzufolge wird sein Abdriften in die Wahnwelt neben akustischen Halluzinationen, die er wahnhaft deutet, von depressiven Gedanken und einer Todessehnsucht begleitet, wie seine „Vorbereitung zu einer Art Selbstmordversuch" verdeutlichen, so dass er erneut in die Klinik eingewiesen werden muss. Wie Bittner schildert, entwirft Schreber zur Erklärung seiner inneren Vorgänge die Theorie von den zwei Sprachen (vgl. Bittner i.E., S. 118). Neben der gewöhnlichen menschlichen Sprache existiert laut Schreber eine „Nervensprache, deren sich der gesunde Mensch in der Regel nicht bewußt wird" (Schreber 2003, S. 34). Zum Gebrauch dieser Nervensprache oder inneren Sprache, ähnlich einem „stillen Gebet", versetzt der Mensch seine Nerven in Schwingungen, „welche dem Gebrauch der betreffenden Worte entsprechen". Weiter erläutert Schreber, dass der „Gebrauch dieser Nervensprache (...) unter „normalen (weltordnungsmäßigen) Verhältnissen natürlich nur von dem Willen desjenigen Menschen (...), um dessen Nerven es sich handelt", abhängt (vgl. ebd.). Er führt weiter aus, dass bei ihm „seit der (...) kritischen Wendung" seiner „Nervenkrankheit der Fall eingetreten" ist, dass seine „Nerven von außen her und zwar unaufhörlich ohne jeden Unterlaß in Bewegung gesetzt werden." Daraus schlussfolgert er, dass die „Fähigkeit, in dieser Weise auf die Nerven eines Menschen einzuwirken, (...) vor allen Dingen den göttlichen Strahlen eigen" sei. Die Sphäre der „Nervensprache" ist Schrebers bewusster Kontrolle entglitten, so dass er sich selbst als „von außen" gesteuert erlebt. Darin besteht letztendlich seine Krankheit (vgl. Bittner i.E., S. 118). Die auslösenden Schlüsselerlebnisse steuern, ob der Mensch in der Alltagswelt zurecht kommt und sich behaupten kann oder sich in einer Wahnwelt als geschlossenem System 'verrennt'. An dem extremen Fall Schreber veranschaulicht Bittner Mechanismen von Fremdbeeinflussung und zeigt, wie der Erkrankte sich in seiner Wahnwelt eine pseudo-rationale Welt als inneres Erklärungsmuster aufbaut, die abgekapselt von der Alltagswelt rational nicht mehr beeinflussbar ist. Hierbei findet ein Umdeutungsprozess statt, indem die Fremdbeeinflussung als äußere Steuerung vom Erkrankten imaginiert wird.

Ein Fazit kann lauten, weiterhin in Anlehnung an Bittner, dass das Leben als der biographische Prozess den Menschen bildet. Und zwar zu einem Menschen, der mit seiner individuell subjektiven Weise mehr oder weniger zurecht kommt, „mit der Welt, vielleicht aber auch zum seelisch Kranken, zum Amokläufer, oder einem, der unter übermenschlichen Belastungen sich selber zeitweise abhanden kommt." (ebd., S. 125). Dieser biographische Prozess greift laut Bittner am Proto-Subjekt an. Eine „Gestimmtheit zum Leben hin kristallisiert sich zum symbolisch aufgeladenen Schlüsselerlebnis" (ebd., S. 126), wie beispielsweise das bedeutsame Knistern in der Wand zu Beginn von Schrebers Erkrankung. Es handelt sich dabei um einen prä-reflexiven Zustand, der sich schein-rational zu begründen sucht (vgl. ebd.).

2.2 Plädoyer für eine biographische Perspektive

Die subjektive Erlebnisseite der Betroffenen ist von entscheidender Bedeutung, möchte man sich einem Sachverhalt und Prozess annähern, ihn verstehen und nach-vollziehen. Deshalb plädiere ich im Rahmen meiner Studie für die Sicht von Krankheit als biographisches Schlüsselerlebnis in einem individuellen Lebenszusammenhang, wenn es darum geht, wie sich das Individuum in den komplexen Zusammenhang seiner Lebensgeschichte, seiner Interaktionsfähigkeit und seines Hineingeborenseins in gesellschaftliche Verhältnisse verortet und selbst erfindet. Hierbei wird das Ziel verfolgt, der Erzählung, der Narration des Menschen über seine Krankheit im Kontext seines Lebens einen systematischen und zentralen Stellenwert einzuräumen. Mit anderen Worten soll der Mensch mit seiner jeweils individuellen Geschichte und seinen gegenwärtigen Lebensumständen im Mittelpunkt des Interesses stehen.

In der Psychoanalyse kommt der Krankengeschichte von Beginn an (zum Beispiel bei Freud, Jasper, Binswanger) ein zentraler Stellenwert zu. Ebenso lässt sich im Rahmen der somatischen Medizin sagen, dass die Krankengeschichte von Anbeginn eine wichtige Rolle eingenommen hat, jedoch in der modernen naturwissenschaftlichen Ära zu einer reinen Krankheitsgeschichte zusammengeschrumpft ist, die nur unmittelbar auf die Krankheit Bezogenes ausdrückt.

Wie Bittner anführt, sind „Fälle" heute überwiegend von didaktischem Interesse, so dass Medizinstudenten daran ihren diagnostischen Scharfsinn einüben können (vgl. Bittner 2001, S. 203ff). Von wissenschaftlichem Interesse sind Krankengeschichten allenfalls dann noch, wenn es um die Dokumentation einzelner Fälle geht.

Es wäre wünschenswert, dass eine neue, biographisch orientierte medizinische Forschung sich den Kranken intensiver zuwendet als bisher üblich. Somit würden die jeweils individuellen Geschichten eines erkrankten Menschen, eines Subjekts, ins Zentrum der Aufmerksamkeit gerückt. Solche Geschichten könnten Aufklärung darüber verschaffen, wie Menschen mit ihrer Krankheit leben, wie sie sie erleben. Sie würden von unmittelbaren Beschwerden, den Auswirkungen auf die Stimmung im Alltag, auf Beruf, Partnerschaft, Freundschaft, von Leiden und Freuden handeln und nur, wenn all dies zur Sprache käme, könnte sich die Krankengeschichte zur Krankenbiographie erweitern.

3. Zentrale Fragestellungen unter biographischer Perspektive

Von der biographischen Perspektive ausgehend gilt mein besonderes Interesse im Rahmen dieser Studie den psychisch Leidenden. Genauer gesagt den Menschen, die an einer Psychose aus dem schizophrenen Formenkreis erkrankt sind. Mich interessiert ihre Krankenbiographie, ihre subjektive Erlebnisseite - die subjektive Erzählung ihrer individuellen Geschichte, ihre Sinnkonstruktion.

Dabei leitet sich mein vielseitiges Interesse aus folgenden Fragen ab:

• Was erfahre ich im Interview über Schlüsselerlebnisse, die das Proto-Subjekt geprägt haben?
• Wie wird diese Prägung subjektiv erlebt?
• Was erfahre ich über aktive Anteile der individuellen Lebensgestaltung?
• Wie sehen mögliche Faktoren, insbesondere die psychosozialer Natur aus, die nach subjektivem Empfinden den Ausbruch der Psychose begünstigt haben?
• Inwiefern hat sich die Weltsicht, auch auf die Alltagswelt, durch die Erkrankung verändert?
• Was wird im Interview offen ausgesprochen und was liegt auf einer zweiten impliziten Ebene des Noch Nicht Sagbaren bzw. Unsagbaren?
• Wie ergeht es dem Menschen zum Zeitpunkt des Interviews?

Um diese Fragen zu ergründen, analysiere und interpretiere ich im weiteren Verlauf zwei biographisch narrative Interviews von Psychoseerkrankten und versuche aufzuzeigen, welche biographischen Erlebnisse im jeweiligen biographischen Bildungsprozess als bedeutungsträchtig genannt werden. Die vorliegende Studie untersucht zwei subjektive Krankenbiographien auf der Basis ihrer Dokumentation im Interview. Es besteht also kein Anspruch auf allgemeine Gültigkeit und Objektivierbarkeit. Dennoch stellen diese narrativ biographischen Interviews eine geeignete Grundlage dar, um anhand der subjektiven Krankenbiographie aufzuzeigen, dass Schizophrenie im biographischen Bildungsprozess ein subjektives Schlüsselerlebnis darstellt und als solches das Individuum auf seinem Lebensweg bildet. Darüber hinaus untersuche ich insbesondere rückblickend auf die Interviewsituationen die Frage, welche aktiven

Anteile das Individuum in seinem Leben ausbildet, um sein Leben zu gestalten, in diesen beiden Fällen als Krankenbiographie.

4. Qualitative Forschungsmethoden

In jedem Detail
wohnt die Seele
des Ganzen.

Werner Heisenberg

Qualitative Forschung hat eine starke Anwendungsorientierung in ihren Vorgehens-weisen und Fragestellungen, wodurch ihrer Zugangsweise eine bedeutsame Rolle zukommt. Sie hat den Anspruch, Lebenswelten aus Sicht der handelnden Menschen, sozusagen von innen heraus zu beschreiben, und damit zu einem besseren Verständnis sozialer Wirklichkeiten beizutragen und auf Deutungsmuster, Abläufe und Struktur-merkmale hinzuweisen. In Abgrenzung zu anderen Forschungsstrategien, die mit standardisierten, dadurch auch stärker objektivistischen Methoden und normativen Konzepten arbeiten, ist die qualitative Forschung in ihren Zugangsweisen zu den un-tersuchten Phänomenen offener und dementsprechend näher am einzelnen Menschen. Im Ansatz geht es darum, mit dem Betroffenen zu sprechen und vor allem auch „Un-erwartetes zu Tage (zu) fördern" (Bittner i.E., S. 169) anstelle eines empirischen Ansatzes, in dem über den Betroffenen gesprochen wird, um eine vorher aufgestellte Hypothese zu überprüfen.

In biographischen Erzählungen entsteht häufig ein deutlich konkreteres und plasti-scheres Bild davon, was es aus Perspektive der Betroffenen bedeutet, beispielsweise mit einer chronischen Krankheit zu leben, als dies mit standardisierten Befragungen erreicht werden könnte. Es erscheint insbesondere in Zeiten, in denen sich festgefügte soziale Lebenswelten und -stile auflösen und sich das soziale Leben aus deutlich mehr und unterschiedlichen neuen Lebensformen und -weisen zusammensetzt, ent-scheidend, Forschungsstrategien zu nutzen, die eine möglichst genaue und dichte Beschreibung liefern. Entsprechend müssen die Sichtweisen der beteiligten Proto-Subjekte, die individuellen und sozialen Konstruktionen ihrer Welt Berücksichtigung finden, wie dies in der Biographieforschung geschieht (s. auch Kapitel 2).

4.1 Feldzugang

Der Weg ins Feld markiert keine fixe Grenze, nach deren Überschreitung sich das Innere des Feldes dem forschend neugierigen Blick offen und ungeschützt darbietet (vgl. Wolff in: Flick/von Kardorff/Steinke 2005, S. 334). Vielmehr sollen unter dem Begriff „Forschungsfeld" natürliche soziale Handlungsfelder verstanden werden, die nicht zum Forschungszweck künstlich situativ arrangiert werden. Hieraus ergeben sich laut Wolff zwei grundlegende Fragen: Erstens, wie kann es dem Forscher gelingen, mit seinem Forschungsfeld in Kontakt zu treten und sein Gegenüber zur Mitwirkung zu bewegen? Zweitens, wie kann der Forscher sich selbst im Verhältnis zum Feld so positionieren, dass die sachlichen, zeitlichen und sozialen Rahmenbedingungen für die sachgerechte Durchführung der geplanten Forschungsarbeit gewährleistet sind? (vgl. ebd., S. 336). Ein Patentrezept, nach welchen Kriterien der Weg ins Feld gesucht und gefunden werden kann, existiert nicht. Es scheint wenig sinnvoll, die situativen Unwägbarkeiten zu beklagen oder eine Illusion der Planbarkeit zu beschwören. Vielmehr sollte man meines Erachtens den Weg ins Feld als eine nie abgeschlossene Arbeitsaufgabe begreifen und gestalten. Das heißt, der Weg ins Feld, das Ankommen, die Kontaktaufnahme etc. stellen eine gemeinsame kooperative Aufgabe dar, die mit den jeweiligen Menschen, den vermeintlichen „Objekten" der Forschung entwickelt und gestaltet werden muss. Hierbei kommt meines Erachtens der emotionalen Grundgestimmtheit und der Offenheit in Begegnungen eine überaus wichtige Rolle zu. Gedanklich und in der Haltung habe ich mich stets für das offen gehalten, was mir in Situationen der Kontaktaufnahme und im Austausch mit den Menschen begegnet ist. Demnach war, auch rückblickend mein Zugang ins Feld, dem Verein für Sozialpsychiatrie in [T.], nicht sonderlich kompliziert oder schwierig. Sehr schnell fanden bereits zur Zeit meines Praktikums vor Ort die Rehabilitanden einen Zugang zu mir und ich zu ihnen, so dass ein intensiver Austausch in Gesprächen, aber auch in gemeinsamen Aktionen, wie Spaziergängen, Kochen, Malen im Atelier oder Tanzen während meiner Arbeit als Tanzpädagogin möglich waren und beidseitig anregend wirkten. Darüber hinaus halte ich an der Devise fest, dass der Rehabilitand dort abgeholt werden muss, wo er steht. Damit meine ich, dass ich ihm jeden Tag neu und mit offener Haltung begegne. Das heißt, dass es gerade in der Arbeit mit psychisch Kranken wichtig ist, zu prüfen, wie das jeweilig aktuelle Befinden des Patienten ist, damit es im Austausch zu keiner Überforderung kommt. Da viele der Rehabilitanden starken Stimmungsschwankungen unterliegen, sollte eine große Sensibilität und fürsorgliche Haltung den Umgang und Austausch in erster Linie prägen und mitgestalten. Ebenso halte ich eine „Wachheit" für menschliche Kommunikation (auch für nonverbale Symbole in Mimik, Gestik oder in einem plötzlichen Verstummen etc.) jeglicher Art für unabdingbar, möchte man die Psychiatrie als Forschungsfeld betreten und beispielsweise biographisch-narrative Interviews führen.

4.2 Biographisch-narrative Interviews

Die Form des narrativen Interviews wurde von Fritz Schütze im Zusammenhang mit einer Studie über kommunale Machtstrukturen entwickelt (vgl. Fischer-Rosenthal u. Rosenthal 1997, S. 412 ff.). Diese Interviewform wird insbesondere im Zusammenhang mit lebensgeschichtlich bezogenen Fragestellungen eingesetzt. Grundlegendes Element ist die von dem Befragten frei entwickelte angeregte Stegreiferzählung. Diese wird durch eine Eingangsfrage, die erzählgenerierende Frage angeregt. Die einzelnen Phasen des Interviews lassen sich laut Fischer-Rosenthal (1997) wie folgt charakterisieren:

„1. die Erzählaufforderung, die so formuliert sein muss, dass die Gesprächspartner nicht zu sehr gegängelt werden und dass ihnen dabei geholfen wird, Erinnerungen zu mobilisieren und frei zu erzählen; 2. die autonom gestaltete Haupterzählung oder - im Fall des biographisch-narrativen Interviews - die biographische Selbstrepräsentation; 3. erzählgenerierende Nachfragen: a) anhand der in Phase 2 notierten Stichpunkte, b) externe Nachfragen; 4. Interviewabschluss." (Hopf in: Flick/von Kardorff/Steinke 2005, S. 356).

Die Haupterzählung von den Befragten stellt hierbei das wichtigste Prinzip narrativen Interviewens dar und soll von dem Befragten autonom gestaltet werden. Der Interviewer nimmt dabei in erster Linie die Rolle des aufmerksamen Zuhörers ein und hilft dem Befragten durch unterstützende Gesten und nicht-direktive Kurzkommentare die Erzählung aufrecht zu erhalten. In der 3. Phase, dem Nachfrageteil, kann der Forscher aktiver mitgestalten und offen gebliebene Fragen aufgreifen, die sich aus der Erzählung ergeben. Hierbei sollten die Fragen möglichst offen formuliert werden, um die Befragten zu weiteren Erzählungen anzuregen. In Anlehnung an Fischer-Rosenthal und Rosenthal (1997, S. 418) werden insbesondere bei biographisch-narrativen

Interviews drei Typen narrativen Nachfragens unterschieden: 1. Das Ansteuern einer bestimmten Lebensphase: Können Sie mir über diese Zeit (z. B. die Kindheit) noch etwas mehr erzählen? 2. Das Ansteuern einer in der Haupterzählung erwähnten Situation: Sie erwähnten vorhin ... (die betreffende Situation). Können Sie mir diese Situation einmal genauer erzählen? 3. Das Ansteuern einer Belegerzählung zu einem Argument: Können Sie sich noch an eine Situation erinnern, (in der Ihr Vater autoritär war; in der Sie nicht mehr an Ihren Erfolg glaubten etc.)? Laut Fischer-Rosenthal und Rosenthal stellen auf die Erzählung bezogene Nachfragen bereits ein vorsichtiges Prüfen von Annahmen dar, die sich während der Erzählung der Befragten aufdrängten, sich jedoch durch die Narration alleine nicht klären ließen (vgl. Fischer-Rosenthal u. Rosenthal 1997, S. 416). Die 4. Phase des Interviews, der Schlussteil bzw. Abschluss kann mitunter sehr kurz gehalten werden. Hierbei steht die Einschätzung des Interviews und der Interviewsituation im Zentrum. Im Zusammenhang mit biographisch-narrativen Interviews spricht Fritz Schütze (1983) von einem Bilanzierungsteil, in dem die Befragten zu Generalisierung und Selbstinterpretation befragt werden, sofern derartige Selbstdeutungen bereits im Erzählteil angelegt waren. Grundsätzlich lässt sich sagen, dass narrative Interviews und insbesondere biographisch-narrative Interviews aus Forscherperspektive besonders dienlich sind, da Befragte, die frei erzählen, hierbei ggf. auch Gedanken und Erinnerungen preisgeben, die sie auf direkte Fragen nicht äußern könnten oder wollen. Schütze erklärt dieses Phänomen aus den 'Zugzwängen' des Erzählens und meint damit konkret die „Prinzipien des Gestaltschließungs- und Detaillierungszwangs" (Schütze 1977, S. 10). Darüber hinaus spielt meines Erachtens die Vertrauensebene zwischen Befragtem und Zuhörer im Rahmen biographisch-narrativer Interviews eine entscheidende Rolle. Entsteht beim Befragten das Gefühl, sich anvertrauen zu können, sich in der Situation rundum wohl zu fühlen ohne Gefahr vor emotionaler Verletzung und Bloßstellung, scheint das Ausbreiten und Erzählen der eigenen Lebensbiographie sehr viel einfacher. Demnach sollte der Forscher sehr deutlich darauf achten, ob die Gefühlsebene stimmig ist und sich der Befragte wohl fühlt.

Im Kontext der biographisch-narrativen Interviews, die ich im Rahmen der Studie durchgeführt habe, war ich stets um eine vertrauensvolle, respektvolle Begegnung bemüht. Mein Vorhaben wurde sicherlich durch den Tatbestand vereinfacht, dass ich beide Interviewpartner bereits aus der Praktikumszeit kannte. Im Rahmen meiner Arbeit habe ich zwei psychisch erkrankte Menschen interviewt. Zum einen [S.P.], der an einer chronischen Psychose aus dem schizophrenen Formenkreis leidet, zum anderen [A.K.], die während ihrer Jugendzeit an einer Schizophrenie litt und deren Erkrankung mittlerweile als schizoaffektive Störung diagnostiziert wurde.

4.3 Begründung der Methodenwahl

Warum ich mich im Kontext dieser Studie für das Forschungsfeld „Sozialpsychiatrie" [T.] entschieden habe, um dort biographisch narrative Interviews zu führen, liegt einerseits im Thema selbst begründet, werden doch hier hauptsächlich Menschen mit einer Psychose aus dem schizophrenen Formenkreis betreut. Andererseits spielen sicherlich meine sehr positiven Erfahrungen und Erinnerungen an mein Praktikum vor Ort eine entscheidende Rolle. Wie zuvor erläutert, habe ich im Jahr 2008 dort ein mehrwöchiges Praktikum absolviert und bin in vielfältiger und vielgestalteter Weise mit den Rehabilitanden in Kontakt getreten. Daraus hat sich u. a. ein Briefwechsel mit einem der Rehabilitanden, [S.P.], ergeben, den ich im Rahmen meiner Studie um ein biographisch narratives Interview gebeten habe. Er hat sich schnell, gerne und motiviert dazu bereit erklärt und sich meines Erachtens auch über mein Interesse an seiner Biographie gefreut bzw. sich geschmeichelt oder beachtet gefühlt, bedenkt man, dass er insgesamt eher wenig soziale Kontakte hat. Die zweite Interviewpartnerin, [A.K.], habe ich ebenfalls 2008 kennengelernt, jedoch eher flüchtig, da sie nicht im Intensiv betreuten Wohnen lebt, sondern in einer eigenen Wohnung ambulant betreut wird. [Herr L.], der verantwortliche Psychologe hat mir in vielfacher Weise unterstützend den Weg geebnet, um erneut mit ihr in Kontakt treten zu können. Auch hier verlief die Kontaktaufnahme sehr respektvoll und unproblematisch. Ich schilderte kurz mein Anliegen und sie erklärte sich schnell dazu bereit, mir ein Interview zu geben.

Warum ich mich als Forschungsmethode für das narrative Interview mit einer deutlichen biographischen Akzentuierung entschieden habe, liegt wohl in erster Linie darin begründet, dass, wie zuvor beschrieben, die Haupterzählung, die Narration von dem Befragten autonom gestaltet wird und er hiermit den notwendigen Spielraum erhält, die Anteile seiner Biographie zu betonen, die für ihn selbst von Bedeutung sind. Grundsätzlich halte ich es im zwischenmenschlichen Austausch für überaus wichtig, sich einerseits die Zeit zu nehmen, einander aktiv zuzuhören und darüber hinaus sich gegenseitig die Spielräume zu eröffnen, die es einem aufmerksamen Zuhörer erst erlauben, fremde Welten nachzuvollziehen und in diese einzutauchen, wodurch ein vertieftes Verständnis für den anderen mit seinem ganz individuellen Welterleben erst möglich wird. Auch im Kontext der Zusammenarbeit mit an Schizophrenie Erkrankten bieten biographisch narrative Interviews den Befragten die Möglichkeit, Gedanken und Erinnerungen preiszugeben, die sie ggf. auf direkte Fragen nicht äußern könnten oder äußern wollen. Ich denke, gerade im Aufspüren des Individuellen liegt eine der Stärken des biographisch narrativen Interviews, auch wenn in dieser Zusammenarbeit klar wird, dass kein ganz symmetrisches Kommunikationsverhältnis entstehen kann. In der Narration ist der Erzähler dominant und erst in der zweiten Phase des Nachfragens steuere ich auf mir relevant erscheinende Themen der Biographie. Während meiner Interviewerfahrung habe ich erlebt, dass die Befragten sehr offen Privates, auch unschöne Erinnerungen an negative Schlüsselerlebnisse ihrer Kindheit preisgeben konnten. Nicht nur das hat mir gezeigt, dass sie sich in der Situation des Interviews in einem geschützten, vertrauensvollen Raum gut aufgehoben fühlten, sondern auch die Tatsache, dass sie sich im Anschluss an das Interview bei mir bedankten. Es hat ihnen scheinbar gut getan, mir ihre Lebensgeschichte zu erzählen, in mir für diesen kurzen beschränkten Zeitraum des Interviews eine Zuhörerin zu finden. In ihren Erzählungen und Schilderungen haben sie mich an ihrem Leben teilhaben lassen. So wurden mir in beiden Interviews in sehr unterschiedlicher und individuell subjektiver Weise zwei Krankenbiographien näher gebracht, die ich im Folgenden erläutern werde.

5. Analyse und Auswertung

Erzählung ist Offenbarung. In jeder Geschichte, auch wenn sie ganz real ist, muss es eine Offenbarung geben. Man muss etwas anderes sehen können als das Kanonisierte. Der Blick des Lesers muss etwas entdecken können vom Menschen, was er vielleicht geahnt hat, was ihm aber nicht deutlich war. Erzählen heißt Offenbarung, auch für den, der erzählt. Auch er muss überrascht werden von dem, was er erzählt.

Peter Handke

Die Fülle, sowohl was den Umfang des Materials selbst betrifft als auch im Blick auf die Vielfalt inhaltlicher Analyseaspekte, erlauben mir einen tiefen Einblick in die Biographien von [S.P.] und [A.K.]. In meiner Grundhaltung bin ich offen für das, was mir aus dem Text, den ich interpretiere, entgegen kommt (vgl. Bittner i.E., S. 185). Darüber hinaus spielen die Interviewsituationen selbst eine bedeutsame Rolle, denen ich mich im Rahmen der Analyse nicht entziehen kann.

Um der Vielfalt des Gesagten Raum zu geben, habe ich mich dafür entschieden, meine Analyse thematisch an den Lebenssituationen zu orientieren, die die Erzähler mir in ihrer Narration anbieten. Hierbei stütze ich mich auf die grundlegende These, die F. Schütze für seine sozialwissenschaftlich ausgerichtete Biographieforschung nutzt, dass dem individuellen Lebenslauf elementare Prozessstrukturen zugrunde liegen, die das menschliche Leben in Phasen wie Kindheit, Adoleszenz etc. gliedern und allen Menschen gemeinsam sind. Im Kontext meiner Fragestellung wird diese universelle Annahme interessant, wenn ich untersuche, wie der einzelne Biographieträger seine individuelle Lebensgeschichte zeitlich und thematisch in Lebensphasen und Übergängen strukturiert, die er durch deren Erzählen sowie durch die Erzählweise als für seine Lebensführung relevant erachtet.

Als Indikatoren zur zeitlich-gedanklichen Strukturierung des Erzählflusses in der autobiographischen Anfangserzählung sowie in der Phase des Nachfragens dienen mir neben den verwendeten Zeitadverbien (z. B. oft, immer, dann, jetzt,...) und expliziten Hinweisen auf Zeitabschnitte (z. B. die siebziger, die achtziger Jahre,...) als Gliederungselemente gerade auch Zeitsprünge, Wiederholungen, Verzögerungspausen als Hinweise auf Ausblendungen, Unausgesprochenes, Nicht Sagbares. Formen der

Selbstkorrektur, der Selbstkommentierung und Aufmerksamkeitslenkung lassen sich als Ausdruck des Ringens um die Darstellbarkeit innerer Erinnerungsarbeit begreifen im Abgleich von wachgerufenen äußeren Ereignisabläufen mit innerem Erleben und inneren Zuständen. Diese verbalen und nonverbalen Elemente zur Strukturierung von Kommunikation und kommunikativer Situation habe ich als wichtige Indikatoren in der Entscheidung für die gewählten thematischen Schwerpunkte meiner Analyse der beiden Erzähltexte berücksichtigt. Ich verzichte bewusst auf eine rein formalsprachliche Analyse und untersuche verbale und nonverbale Gestaltungsmittel an geeigneten Stellen exemplarisch im Zusammenhang mit der Analyse mir dargebotener Themen, da sie erst im inhaltlichen Kontext der Kommunikationssituation in der Entsprechung von Form und Inhalt ihre volle Wirkung entfalten.

Mein vorrangiges Interesse zielt auf die Deutungsmuster und Interpretationen, die der Erzähler mir im Zusammenhang mit der individuellen Re-Konstruktion seiner Lebensgeschichte anbietet. In Anlehnung an F. Schützes Vorschlag zu Aufbau, Ablauf und zur Analyse des biographisch-narrativen Interviews habe ich ein sequentielles Verfahren gewählt, das mir ermöglicht, Fragen nach den Prozessstrukturen des individuellen Lebenslaufes zu stellen, das Leben im Erleben der Erzähler aufzuspüren in seinen Wendepunkten und Brüchen, um die von den Erzählern dargebotenen und von mir wahrgenommenen zentralen Themen herauszuarbeiten und genau zu analysieren. In Abgrenzung von einem vorrangig sozialwissenschaftlich geprägten Forschungsinteresse bei F. Schütze dient mir im Verstehenszugang die Hermeneutik als Bezugswissenschaft der Biographieforschung. Sie bietet mir auf der Ebene des Verstehens und Deutens einen stringenten Schlüssel, um meiner Forschungsfrage nachzugehen, wie und welchen Lebenssinn der Biographieträger für sich findet, wie er sich auch immer wieder neu erfindet und welche Schlüsselereignisse ihn bilden.

In Kapitel 2 wurde der hermeneutische Ansatz des Verstehens, auf den ich mich in meiner Analyse stütze, ausführlich herausgearbeitet. Fragen der gesellschaftlichen Relevanz des erzählten Lebens- und Wirklichkeitsentwurfs werden im Rahmen hermeneutischer Erklärung an geeigneten erzählten Lebenssituationen in ihren gesellschaftlichen Kontext eingebettet und in der Analyse der Interviews thematisiert, auch in ihrer möglichen Abweichung und im Abgleich mit als typisch geltenden Lebenssituationen.

Im Rahmen der Biographieforschung kommt dem Ansatz von Bittner das besondere Verdienst zu, den Menschen ganzheitlich zu betrachten, das heißt, den Menschen gerade nicht in seinem So-geworden-Sein zum Objekt einer Untersuchung, sprich zu einem Fall werden zu lassen, sondern sich vor allem für ein Subjekt mit seinen aktiven Anteilen von Lebensgestaltung zu interessieren. Dieser Ansatz weitet den Blick auf die Erzählung eines Lebens, nicht eines Falles, und stellt die Frage, welchen Weg der Mensch selbst aktiv geht, um sich zu dem zu bilden, der er heute in der Interviewsituation ist. Die subjektive Erlebnisseite des Interviewten in den Mittelpunkt des Interesses zu rücken, hat für mich den Vorteil, den Weg des Verstehens des Anderen offener und intensiver mit ihm gehen zu können und mir auch fremde Welten erschließen zu können. Die Offenheit dieses Ansatzes bietet auf der Subjektseite dem Erzähler selbst erst die Möglichkeit, das zu Erzählende in einer selbst gewählten Strukturierung gestalten und darbieten zu können. Im Interview folge ich deshalb im ersten Teil den mir dargebotenen Themen, die in der Phase des Nachfragens von meinen Interviewpartnern über gezielte Nachfragen zum besseren Verständnis der jeweiligen Lebenssituation präzisiert und vertiefend dargestellt werden. Die Relevanz zentraler Themen als Schlüsselerlebnisse ergibt sich häufig über im Erzählfluss wiederkehrende, sich verdichtende Motive, die symbolisch aufgeladen sind und denen ich gefolgt bin. Ich habe versucht, mir relevant erscheinende und im Interview offenbarte Themenbereiche in den Einzelanalysen in 5.1 und 5.2 möglichst im Rückgriff auf Formulierungen der Erzähler zu erarbeiten und zu deuten, auch auf der Ebene von Aussagegehalten, die möglicherweise hinter dem Gesagten bzw. Sagbaren, häufig auf präreflexiver Ebene liegen mögen.

Um Krankheitsbilder aus dem Formenkreis 'Schizophrenie' angemessen analysieren und deuten zu können, stütze ich mich in einem zweiten Erklärungszugang auf Erkenntnisse der Psychopathologie, die ich in Kapitel 1 ausführlich entwickelt habe.

Es scheint sicherlich ein Stück weit vermessen, der Biographie eines Menschen und der Suche nach möglichen Faktoren, die zur Erkrankung Schizophrenie führen, im Rahmen einer Fallstudie gerecht werden zu wollen. Natürlich kann hier kein Anspruch auf Allgemeingültigkeit bestehen, sondern eben ausschließlich der Versuch unternommen werden, aus meiner subjektiven Perspektive wichtige und entscheidende Aspekte, die einerseits [S.P.] und [A.K.] in ihrem Leben ausgebildet haben und andererseits das Leben des [S.P.] und das Leben der [A.K.] geprägt haben, aufzuspüren und ans Tageslicht zu bringen.

Der Anspruch, ein ganzheitliches Menschenbild möglichst zu wahren und der Wunsch, den Perspektiven des Erzählenden in Annäherungen begegnen zu können, haben meine Arbeit begleitet. Diese Auseinandersetzung erscheint mir sehr spannend und vielschichtig, jedoch wird mir während meines Arbeitsprozesses auch deutlich bewusst, wie emotional mitreißend die Biographie eines Menschen, der an einer Psychose aus dem schizophrenen Formenkreis erkrankt ist, sich äußern kann und welche Wirkungen dieser Analyseprozess auch bei mir als Anteil nehmender Beobachterin hervorrufen kann und hervorgerufen hat.

Die Basis der Analyse und Interpretation bilden die jeweiligen Transkriptionen (s. Anhang) der biographisch narrativen Interviews. Darüber hinaus nutze ich den Text „Weisse Rose" von [S.P.], den er im Jahr 1983 schrieb, bevor seine Psychose ausbrach.

5.1 Analyse und Auswertung, [S.P.]

Desorientierung „irgendwie, irgendwo"

„Seine Augen waren groß und braun und allmählich wurde er sich dessen bewußt. Keine Wirkung ohne Ursache und er war in gewisser Hinsicht ein Held, ein partisan d'amour, der sich eines Tages selbst in die Luft sprengen würde. Er fühlte sich ausgetrocknet wie ein Schwamm, ein Frosch, der sich im eitlen Sonnenschein des Erfolges sonnen wollte und den richtigen Zeitpunkt zur Rückkehr ins Wasser verpasst hatte. Und er wußte, es mußte sich etwas ändern. Diese verzweifelten Versuche, Sinn und Halt zu finden, in den Wüsten, in den grasbewachsenen Steppen, schlugen fehl." [S.P.], 30. Oktober 1983

Das Zitat stammt aus dem autobiographischen Text „Weisse Rose" von [S.P.], den er mir Anfang Oktober 2010 postalisch zukommen ließ. Wir sprachen bereits im Rahmen des Interviews über seine Texte aus den 80er Jahren. Hier erlaubt er, wie ich finde, einen sehr anschaulichen und tiefen Einblick in seine Gefühlswelt. Er, der Erzähler mit stark autobiographischen Zügen eines [S.P.], kann selbstverständlich nicht mit dem real lebenden Menschen gleichgesetzt werden. [S.P.] hat diese Figur im kreativen Schreibprozess vermutlich mit der therapeutisch entlastenden Wirkung, sich Belastendes von der Seele zu schreiben, erfunden. Er vergleicht sich mittels dieser Erzählfigur mit einem verzweifelt tragischen Helden, der Sinn suchend in der Alltagswelt, den „Wüsten" und „grasbewachsenen Steppen" vergeblich „Halt" sucht und als letzten Ausweg den dramatischen Freitod ankündigt, indem er sich „eines Tages selbst in die Luft sprengen würde." Er fühlt sich ausgetrocknet, wie ein trockener Schwamm. Man könnte in dem Zusammenhang vermuten, dass er sich auch blutleer gefühlt haben könnte, im Sinne von 'das Blut nicht im Körper pulsieren spüren', demnach keinen Körperrhythmus, kein Lebensgefühl, nur noch Stillstand empfindet.

Auf der einen Seite begegnet uns also ein Mensch, der am Leben teilhaben, sich präsentieren, der umjubelte Held und „Star" sein möchte und sich als „partisan d'amour" nach Liebe sehnt, wie die Metapher des Frosches, der sich im eitlen Sonnenschein des Erfolges sonnt, anschaulich versinnbildlicht. Auf der anderen Seite endet diese Heldengeschichte mit einem tragischen Schicksal. Der Frosch verpasst den richtigen Zeitpunkt des Rückzugs ins lebenspendende Wasser, seine Privatsphäre, und stirbt ausgetrocknet. Eine Gefahr, die dem begegnet, der sich in die Szene der Öffentlichkeit und des Erfolges begibt?

Inwieweit [S.P.] sich zerrissen fühlt, zwischen dem Wunsch nach Anerkennung, Beliebtheit, Berühmtheit, Freundschaft und der Angst vor Veränderung, davor, sich Mitmenschen zu öffnen, Vertrauen zu fassen, kurz: zu leben, versuche ich im weiteren Verlauf anhand seiner biographischen Erzählung zu verdeutlichen. Es handelt sich um die Zerrissenheit zwischen zwei Extremen, um nur einen Aspekt seiner Biographie zu nennen, die für ihn, auch krankheitsbedingt, kaum zu ertragen ist.

Kindheit, Eltern, Aufbruch in neue Welten

„Wir waren eigentlich relativ situiert * also zu Hause ne * ja also relativ situiert * (lachelt). Ja, aber da-da hat's dann oft, wo ich dann auch immer dazwischen stand und auch nie exakt wusste, zu wem, ja zu wem halt ich jetzt irgendwie (stottert stärker), wo ich jetzt steh', wo dann die Schuld ist, * also von so 'nem Ehekrach irgendwie, aber so was, ja. * Ich weiß nicht, inwieweit so was prägend ist, aber es ist mit Sicherheit 'ne Erwähnung wert, denk' ich. Ja, und ich selber äh * ja *6* es waren ja so die siebziger Jahre."

[S.P.] wird im Jahr 1959 in einem kleinen Ort geboren, wo er nach eigener Darstellung eine „schöne Kindheit" verlebt und viel Zeit mit Spielkameraden in der Natur verbringt. Die Beziehung zwischen seinen Eltern beschreibt er hingegen als kompliziert und konfliktreich. In der Ehe gab es „häufiger mal Krach" und er wusste nie, welche Stellung er selbst dabei einnehmen sollte und zu wem er „halten" sollte. Es scheint darüber hinaus erwähnenswert, dass die Eltern, insbesondere der Vater eine Erwartungshaltung gegenüber seinen Schulleistungen hatten, die ihn offensichtlich unter Druck gesetzt hat. Die Anerkennung durch die Eltern stellt für ihn einen wichtigen Maßstab dar, der sich durch sein gesamtes Leben zieht. Während der siebziger Jahre verläuft sein Leben weitgehend in geregelten Bahnen. Er trifft sich mit Bekannten und Freunden, geht zur Schule, spielt Fußball im Verein, beginnt, sich für Politik zu interessieren, und unternimmt Ende der Siebziger seine erste große Reise gemeinsam mit einem Schulfreund nach London. Die Reiselust prägt sein gesamtes Leben, wie im weiteren Verlauf gezeigt wird. Im Jahr 1979 macht [S.P.] sein Abitur mit einer Durchschnittsnote von 2,6, die er selbst als „halbwegs brauchbar" bezeichnet. Im selben Jahr folgen mehrere Reisen, u. a. nach Marokko, Israel und 1980 nach Kreta. Im Herbst 1980 verlässt er das Elternhaus, was er selbst als „halbwegs normal, (...) weder zu früh, noch zu spät" bezeichnet und zieht in eine Wohngemeinschaft nach [W.]. Er lebt dort in einem Altbau mit fünf anderen Studenten „von überall her" und scheint diese erste, eigene Wohnerfahrung sehr zu genießen. Er sagt: „(...) zum ersten Mal (...) hatte ich so ein Gefühl, ja, jetzt ist man total frei, also von zu Hause gekommen. (...) Da war ich dann auch (...) schnell integriert worden und da hat sich auch der Bekanntenkreis und alles (...) ziemlich unüberschaubar, ziemlich schnell" entwickelt und erweitert. Mir scheint, während er erzählt, badet er regelrecht in der Erinnerung an internationale Begegnungen, an Situationen, in denen er von (jungen) Menschen umgeben ist. Er hat das Gefühl, „endlich mal auf eigenen Beinen zu stehen" und sein Leben selbst gestalten zu können. Der Auszug kann auch als Befreiungserlebnis, hinaus aus dem konfliktreichen Elternhaus, interpretiert werden. Mit der räumlichen Distanz entsteht ebenso eine Distanzierung im Kontakt, da er seine Eltern weniger sieht und seltener besucht. Statt dessen beginnt er im Herbst 1980 sein Studium der Philosophie, mit dem Ziel, in den Studiengang Psychologie quer einzusteigen, was ihm ein Semester später auch gelingt. Die darauf folgende Zeit ist geprägt durch das Psychologiestudium, das ihm inhaltlich Freude bereitet, durch das Studentenleben,

Kontakte zu Kommilitonen und erste Drogenerfahrungen, die damals, so sagt er, „dazu gehört" haben. Im Frühjahr 1983 erwirbt er sein Vordiplom, welches er zu seinem Entsetzen nicht so gut abschließt, wie erwartet. Er fühlt sich enttäuscht und sagt, er habe „sich höher eingearbeitet" und vergleicht seine 'Fehlleistung' und seine Enttäuschung darüber mit dem 'Scheitern' bei einer Weltmeisterschaft. Wenn „ich denke, ich mach' wenigstens Bronze und ich werd' nur Zehnter, da sind die Leute alle enttäuscht". Das Gefühl des Versagens ist laut [S.P.] „eine Sache, (...) die wiederum mit seiner „Erziehung zusammenhängt", da er es „nicht anders gekannt hat" und immer „so Druck (...) nicht direkt ein Leistungsdruck", sondern die „Erwartung", insbesondere von seinem „Alten" bestanden hat. Das Gefühl, den Erwartungen seiner Eltern und besonders seines Vaters nicht gerecht werden zu können und in seiner Wahrnehmung zu versagen, scheint ihn auch nachhaltig zu quälen, wenn man bedenkt, dass er bei der Darstellung seiner Laufbahn als Schüler und Student auffällig stark zu stottern beginnt.

Indien und die Folgen

„Schreib' dein Leben auf ein Stück Papier und merke, wie die Zeit vergeht."

Im Winter des Jahres 1983 begibt er sich auf eine Reise nach Indien, die sein gesamtes weitere Leben prägt und als biographisches Schlüsselerlebnis gedeutet werden kann. Hier erlebt er das erste Mal einen akut psychotischen Zustand, den er selbst nicht als solchen deutet, da er keine Krankheitseinsicht zeigt. Der Auslandsaufenthalt ist gemeinsam mit einem „Kumpel, der auch Psycho studiert" für ein halbes Jahr, bis Sommer 1984 geplant und ist laut [S.P.]s Aussagen im Rückblick „in jeder Hinsicht" eine „ziemliche Selbsterfahrungssache". Aus nicht erwähnten Gründen trennen sich die beiden dann „vor Weihnachten dreiundachtzig" und [S.P.] „zieht (...) alleine los", u. a. nach Südindien und nach Goa, „dem Hippieparadies". Die Trennung der beiden Reisenden erscheint mir, auch wenn [S.P.] hierzu im Interview keine klare Stellung bezieht, bedeutsam zu sein. Möglicherweise erlebt er die Distanzierung seines Reisegefährten als Verlust, da sie ihn zunehmend orientierungslos werden lässt. Er ist dann „alleine weiter" und beschreibt in diesem Zusammenhang lebhaft das bunte Treiben am großen Omnibusbahnhof und berichtet von einem Treffen mit anderen „Rucksack"-Reisenden, mit denen er gemeinsam den Weihnachtsabend verbringt. Er sagt:

„Wir saßen da irgendwie (...) abends in Südindien in so einem winzigen Ort fest. Es hat geregnet (...) und wir saßen schon den ganzen Nachmittag in so (...) 'nem Lokal und tranken Tee und haben Shit geraucht und abends (...) ist dann so 'ne winzige Prozession durch den Ort (...) gekommen und (...) dann auch schon 'ne Hand voll Leute (...) reingekommen und die haben dann mit Weihrauch (...) in der ganzen Kneipe dann versprüht. (...) Das war Heiligabend (...) und zuerst hab' ich gedacht: Ey, was ist denn da jetzt los?"

Die Art, wie er von diesem Weihnachtsabend berichtet, berührt mich, denn er wirkt verloren, die Augen weit weg gerichtet in der Ferne der Erinnerung. Auf meine Frage, wie er sich dabei gefühlt habe, kann er nicht antworten, da er „auch an dem Tag so breit" war und „an so Sachen überhaupt nicht denken" konnte. Sehr erregt berichtet [S.P.] im Rahmen des Interviews von einer für ihn dramatischen Verlustsituation, die ihm während des Indienaufenthaltes widerfahren ist. Es handelt sich um den Verlust einer Ledertasche, die ihm auf einer „Strandparty (...) irgendwie abhanden gekommen ist. (...) Da waren zwei oder drei Filme drin (...), ein Tagebuch, Adressbuch, Kamera". Aufgrund dieses Verlustes konnte er den Kontakt zu den Mitreisenden nicht halten (Adressbuch) und hat auch keine Beweise (Filme), die seine Reise dokumentieren könnten. Insbesondere der letzte Aspekt scheint schwerwiegend.

Durch ein informatives Gespräch mit dem Abteilungsleiter des Intensiv betreuten Wohnens, weiß ich, dass [S.P.] aufgrund seines auffälligen Verhaltens und des psychotischen Zustandes von der deutschen Botschaft in Indien aufgefordert wurde, nach Deutschland zurück zu reisen. Meines Wissens wurde für ihn der Rückflug etc. organisiert. Ob er unmittelbar nach Ankunft in Deutschland in eine Psychiatrie kam und ärztlich oder therapeutisch behandelt wurde, ist mir nicht bekannt. Er selbst überspringt dieses Kapitel im Rahmen des Interviews. Sein Verhalten deutet hier auf eine Ausblendung hin, weil vermutlich die Rückkehr in eine westliche Alltagswelt auch im Erinnern daran immer noch als traumatisierend erlebt wird. Das Nicht Gesagte lässt sich damit als (Noch) Nicht Sagbares, also Nicht Bewältigtes begreifen. [S.P.] berichtet jedoch stark stotternd und stöhnend darüber, wie „total anders irgendwie" auf „einmal die Welt war", als er „nachher noch mal zurückkkam". Die Rückkehr aus Indien stellte für [S.P.] eine „Zäsur" dar und gestaltete sich „ziemlich hart". Er benötigt „nochmal ein halbes Jahr, um irgendwie (...) wieder rein zu kommen." Auf meine Frage, inwiefern er die Welt anders erlebt habe und wie sich diese Veränderung äußere, schildert er eindrucksvoll: „Ich hatte so ein Gefühl gehabt, als ob ich mit einem

Mal irgendwie die Welt (...) richtig sehe, und irgendwie so 'n Gefühl gehabt, die ganzen letzten Jahre völlig sonst wo gelebt" zu haben und nun zu verstehen, was „eigentlich in der Gesellschaft ist" und „was für ein Spiel gespielt wird". Er beschreibt, dass er wesentlich mehr sehen und erkennen konnte, wird allerdings auch auf mehrfaches Fragen hin nicht präziser. An der Universität fühlte er sich wie ein „Idiot, der da irgendwie rumrennt", wie ein „Idealist". Diese „erste Zäsur", die Rückkehr aus Indien, hat ihn „getroffen" und mit Sicherheit stark geprägt und verletzt. Er selbst spricht zusammenfassend von einer „Bewusstseinserweiterung" und meint damit sowohl den Aufenthalt in Indien als auch die Rückkehr nach Deutschland und „die Wahrnehmung überhaupt". Um sich seine Welt erträglich zu machen, scheint [S.P.] hier in seiner Konstruktion von Weltsinn eine Umdeutung vorzunehmen, auch um die Indienreise und die damit verbundenen Drogenerfahrungen vor sich selbst zu legitimieren. Als erweiternd dient ihm sowohl die Erfahrung einer fremden Kultur als auch die Einnahme halluzinogener Drogen, über die er im Interview nicht ausführlich spricht. Die mit dem Drogenkonsum erlebte Ich-Entgrenzung wird als subjektive Erfahrung von [S.P.] als bewusstseinserweiternd erlebt und als Möglichkeit genutzt, an einer als engstirnig wahrgenommenen westdeutschen Gesellschaft Kritik üben zu können. Aus psychopathologischer Sicht könnte es sich genau so gut um eine Bewusstseinsverzerrung handeln, die das Alltagsbewusstsein von [S.P.] und seine Fähigkeit zur sozialen Eingliederung und Selbstkontrolle stark beeinträchtigt. Während des Interviews hatte ich den Eindruck, dass [S.P.] vor sich selbst in der Schwebe lässt, ob es sich um eine Bewusstseinserweiterung oder eine Bewusstseinsverzerrung handelt. Als ich weiter darauf eingehe und frage, wie genau sich die Wahrnehmung verändert habe, wird [S.P.] plötzlich unruhig und beginnt tief und heftig aus- und einzuatmen. Er beschreibt mir, dass er die Gesellschaft, „Politik, Radio" anders wahrgenommen habe und auch heute noch „kaum Nachrichten gucken kann (...) oder Radio anmachen" könne, ohne zu denken „Ey, ist das eine Scheiße!". Bei dieser Schilderung gerät er plötzlich in Rage und seine Stimme wird lauter, aber er beruhigt sich schnell wieder. Er schildert, dass die Wahrnehmungsveränderung in dieser Weise das erste Mal „da", während der Indienreise und bei der Rückkehr, also zum Zeitpunkt der akuten Psychose, aufgetreten sei. Nehme ich die Perspektive von [S.P.] ein, lässt sich durchaus nachvollziehen, dass die Medienlandschaft kritisierbar ist und in der Tat häufiger ein Unbehagen auslösen kann. Seine Reaktion und seine Sichtweise erscheinen jedoch als eine extrem überspannte Wahrnehmung der tatsächlichen „Scheiße" im Fernsehen oder Radio. Nehme ich eine pathologische Betrachtungsweise ein, so vermute ich, dass er im Rahmen der positiv Symptomatik akustische Halluzinationen erlebt hat, also Stimmen, die aus dem Radio oder Fernsehen zu ihm und/oder über ihn gesprochen haben. Darüber hinaus ist sein gesamtes Auftreten auch heute noch durch Misstrauen und paranoide Gedanken geprägt, die er während der akuten Psychose sicherlich sehr heftig empfunden haben muss.

Die Talfahrt

„Und bei mir ist es irgendwann exakt in die andere Richtung gegangen. Also, irgendwie anstatt also irgendwie ** ja, Beruf ist das irgendwie also, was weiß ich, Tal bergab gegangen irgendwie ** ja."

Spätestens ab Herbst 1984 war [S.P.] nach seinem Verständnis „noch mal total im Leben (...) drin" und hat in einer Zweizimmerwohnung in [W.] zur Miete gelebt. Die darauf folgenden Jahre waren wieder, so berichtet er im Interview, durch sein Studium, Jobs, Drogen, Bekannte und Freundinnen geprägt. Er bezeichnet sich im Zusammenhang mit seinen „tollen Beziehungen" als „relativ erfolgreich", fügt jedoch lachend hinzu, auch „wenn's nur ein paar Tage waren", was die Bezeichnung „tolle Beziehung" meines Erachtens relativiert und die Bedeutung des Wortes Beziehung entwertet. Auch hier spart [S.P.] aus, was die kurzen Beziehungen für ihn so „toll" gemacht hat. Welches subjektive Erleben und welche Wahrheit sich hinter den Erfahrungen verbirgt, bleibt unbeantwortet. War es der Wunsch nach sozialer Einordnung, die Suche nach Geborgenheit oder das Ringen um Anerkennung? Er hatte in der „Zwischenzeit" die „eine oder andere Freundin". Das Wort „Zwischenzeit" erscheint aussagekräftig. Es stellt sich die Frage, wie es genau zu verstehen ist. Möglicherweise spielt [S.P.] auf die Zeit zwischen dem ersten und zweiten akut psychotischen Schub an.

Ende der achtziger Jahre stirbt sein Vater, was er sehr beiläufig in einem Nebensatz erwähnt. Diese kurze und nebensächliche Erwähnung mag darauf hindeuten, dass [S.P.] tatsächlich den Tod seines Vaters als wenig relevant für seine eigene Biographie einordnet. Ich denke hingegen, dass genau das Gegenteil der Fall ist. Das 'Nicht-Aussprechen' und 'Nicht-Thematisieren' deutet eher darauf hin, dass er den Verlust des

Vaters möglicherweise deshalb verdrängt, weil dieser ihn zu Lebzeiten unter Druck gesetzt hat, was bei [S.P.] nachhaltig Angst auslöste. Denkbar ist auch, dass er mir im Interview keine genaue Auskunft über traumatisches Erleben geben möchte. Ausführlicher berichtet [S.P.] hingegen über die „Räumung" seines „Schuppens", die ihn sehr entsetzt und mit einem Mal obdachlos macht. Da er „kaum mehr Geld" hat und das Haus, in dem er eine Zweizimmerwohnung bewohnt, renoviert werden soll, muss er ausziehen.

Er findet „keine neue Wohnung" und so bietet sein Vermieter ihm an, sein „Zeug" im „Hinterhaus" unterzustellen. Ab Sommer 1990 lebt [S.P.] demnach im Hinterhaus und schafft es innerhalb von zwei Jahren nicht, „ne Wohnung zu checken", wohl wissend, dass das Hinterhaus abgerissen werden soll. Diese Wohnsituation markiert einen deutlichen sozialen Abstieg. Er zieht vom Vorderhaus ins Hinterhaus, das er selbst als „Schuppen" bezeichnet. Man könnte auch sagen, er verschwindet von der 'Bildfläche', vom Sichtbaren (Vorderhaus) ins Verborgene (Hinterhaus). Dieser reale Prozess des Umzugs spiegelt in gewisser Weise sein innerseelisches Erleben und Empfinden. Die Verbindung zwischen allgemein objektivierbarer Alltagswelt und individuell subjektiver Wirklichkeitsverzerrung, die sich im Rahmen der Erkrankung manifestiert, reißt ab. Eindrucksvoll und stark stotternd berichtet [S.P.], dass er eines Morgens „um halb sieben wach" wurde und „in zehn Minuten schnell" „noch so ein paar Sachen (...) aus dem Schuppen (...) rausziehen" konnte, bevor das Hinterhaus gänzlich geräumt wurde. Die Abrissbirne zertrümmerte regelrecht seine Realität, aus der er unter Schock nur einige wenige „Platten" und „Texte" „retten" kann. Etliche „Kassetten mit Dias", „ein Karton mit Tagebüchern" und „alte Schränke" kommen bei der Räumung abhanden. Dieses Verlusterlebnis hat ihn „ziemlich getroffen" und „total geschockt", so dass er sich in den Folgejahren gänzlich blockiert fühlte und weder „schreiben" noch „fotografieren" konnte. Während [S.P.] erzählt, fühlt er sich merklich aufgewühlt und sagt immer wieder: „alles weg" und stöhnt dabei. Er scheint noch immer emotional getroffen von diesem Schlüsselereignis und hat den Verlust nicht verwunden. Als besonders bedauerlich erlebt er das Abhandenkommen der „Fotografien", die ihm als „'ne Art Beweis" für sein Leben gelten. Er scheint sie als Rechtfertigung zu benötigen, um seine erzählte Geschichte, seine Biographie mit Bildmaterial zu unterfüttern. Er geht davon aus, dass Mitmenschen seine Aussagen anzweifeln und ihn für ein „Großmaul" halten. Auch hier zeigt sich seine misstrauische Grundhaltung gegenüber der Außenwelt, der objektiven Alltagswelt und den Menschen. Er befindet sich immer auf der Hut und ist besorgt, was andere von ihm halten und über ihn denken könnten. Genau an dieser Stelle des Interviews wird [S.P.] plötzlich nervös, unruhig, steht auf und geht durchs Zimmer. Ich biete ihm an, eine Pause einzulegen, er bejaht, beginnt jedoch unmittelbar darauf weiter zu erzählen. Einige „so Beziehungen hatten sich dann total auseinander (...) entwickelt", „die Jahre lang noch so ein Halt irgendwie waren", so dass „zum Schluss überhaupt nichts mehr da" war. Der Verlust vielfältiger Beziehungen und Bindungen, der sich als Prozess über einen längeren Zeitraum erstreckt, stellt ein zentrales Element in [S.P.]s Biographie dar.

Er selbst scheint nicht verstehen und erkennen zu können, woher die Abwendung und Distanzierung rührt und führt diesen Prozess ausschließlich auf die Gesellschaft und das Verhalten seiner Mitmenschen zurück, ohne auch nur annähernd die 'Erkrankung' selbst und seine verzerrte Weltwahrnehmung als einschneidende Schlüsselereignisse dafür in Betracht zu ziehen. Inwiefern ein Erkennen und Anerkennen der Erkrankung für [S.P.] überhaupt möglich ist, erscheint fraglich und ist für mich im Rahmen dieser Arbeit auch nicht letztlich aufschlüsselbar. [S.P.] erzählt im Verlauf des Interviews, dass „da (...) ein paar Sachen zusammen gekommen" seien. Damit meint er den Wohnungsverlust (1990), die Räumung seines Schuppens (1992) mit einhergehendem Verlust von Möbeln, Tagebücher, Texten und Fotografien, den finanziellen Absturz, den Verlust von Beziehungen und vermutlich auch den Verlust des Vaters, der Ende der 80er Jahre stirbt. Im Jahr 1992 bricht [S.P.] sein Studium ab, obwohl ihm „irgendwie bewusst war", dass mit dieser Entscheidung „alles rum ist". Er spricht davon, dass er den Abbruch „irgendwie immer herauszögern" wollte, weil er dachte „ich kriege das irgendwie noch geregelt", aber als dann, wie zuvor beschrieben, „einige Sachen zusammen" kommen, bricht er sein Studium ab und fühlt sich als Versager. Er beschreibt dieses Erlebnis rückblickend als „ziemlich einschlagend", schließlich hat er sich „in einem Alter" befunden, indem „'ne normale Karriere irgendwie angefangen hätte". Statt dessen ging es in seinem Leben „exakt in die andere Richtung" und somit „Tal bergab". Während er von dieser Talfahrt erzählt, atmet er laut und auffällig angespannt. Diese einschlagende und prägende Erkenntnis, dass sein Leben „Tal bergab" verläuft und „alles rum ist", zeigt einerseits die große Not, in der sich [S.P.] befunden haben muss, verknüpft mit dem Gefühl der völligen Ausweglosigkeit und insbesondere der Endgültigkeit, die für ihn damit einhergeht. Er erlebt sich selbst als Versager, als Außenseiter, als unverstanden von der Außenwelt. Dieses Erleben geht mit einschneidenden Verlustgefühlen einher, nicht nur materieller Art, wie dem Verlust seines Eigentums (Schränke, Texte, Dias usf.) bei der Räumung, sondern insbesondere dem Verlust von Selbstwert, von Selbstbewusstsein und dem Verlust des Selbstbildes. Im Verlust materieller Art drückt sich der Verlust nicht materieller psychosozialer Werte aus. Seine Weltwahrnehmung und damit einhergehende Ich-Wahrnehmung, werden diese doch hauptsächlich durch das Spiegeln der Außenwelt erzeugt, verzerren und entfremden sich zusehends. Meines Erachtens stellen die vielfältigen Erlebnisse, die die Talfahrt beeinflusst haben, allesamt Faktoren dar, die den Ausbruch der Erkrankung bzw. den erneuten Krankheitsschub begünstigt haben. Dementsprechend stellt der Drogenkonsum, den [S.P.] selbst zwar thematisiert, jedoch verharmlost, nur einen Faktor dar, der möglicherweise das I-Tüpfelchen für den erneuten Psychoseschub liefert und das Fass sozusagen zum Überlaufen brachte. Jedoch kann, so denke ich, der Drogenkonsum selbst nicht als alleinige Ursache für die Erkrankung verstanden werden, vielleicht ist er sogar auch nur Symptom einer dahinter liegenden Erkrankung. Es handelt sich um multifaktorielle Komponenten, die, wie in Kapitel 1 ausführlich entwickelt, auch mit psychosozialen Faktoren einhergehen, wie beispielsweise der soziale Abstieg (s. auch Kapitel 1, Sozial Drift Theory). Demzufolge lässt sich meines Erachtens die Lebensphase (Ende der 80er bis 1993) von [S.P.], vor Ausbruch der akuten Psychose als zweite wesentliche Zäsur deuten. 1993 „schleppt" seine „Mama" ihn zum Psychiater. Auffällig ist, dass [S.P.]s Mutter im Verlauf der Narration wenig thematisiert wird, an dieser Stelle jedoch in der krisenhaften Situation übernimmt sie die Funktion einer tragenden Säule und Konstante in seinem Leben. Die kindliche Benennung als „Mama" (mit Betonung auf der ersten Silbe) lässt auf das Bedürfnis nach Vertrautheit und Schutz schließen, im Rückgriff auf frühkindliche, vielleicht vorbewusste Erfahrung. Zudem symbolisiert das Wort „schleppt" seine Passivität und zeigt deutlich, wie apathisch und hilflos er sich gefühlt haben muss. Nicht er konnte seinen Lebensweg aktiv gestaltend lenken, sondern seine Mutter musste für ihn entscheiden und handeln. Der Psychiater weist ihn in die Psychiatrie ein, „erstmals" (demnach wurde er während oder nach seinem ersten psychotischen Schub, der Rückkehr aus Indien, nicht psychiatrisch behandelt), wo er acht Wochen bleibt. Im Interview spricht [S.P.] zögerlich über die Begegnung mit dem Psychiater und beschreibt fast rechtfertigend, dass dieser ihm die „Bestätigung" geliefert habe, dass sein „Gefühl (...) jetzt tut alles nur noch bergab gehen, (...) das war alles umsonst", stimmte. Er habe plötzlich „ohne alles da gestanden" und zog nach dem achtwöchigen Klinikaufenthalt für kurze Zeit zurück ins Elternhaus zu seiner Mutter. Die folgenden zwei Jahre lebt [S.P.] in einer betreuten Wohngruppe des Sozialdienstes, die er sehr negativ in Erinnerung hat. Alles sei „mit einem Schlag, zack, (...) total anders" gewesen als vorher. Auch hier zeigt sich deutlich die subjektiv erlebte Differenz zwischen 'Vorher' und 'Nachher', zwischen beiden Welten. Im Anschluss an die zwei Jahre lässt er sich motivieren, für ein halbes Jahr an einem Arbeitstraining in [W.] teilzunehmen, um erneut in einen Beruf „reinzukommen". Doch diese Zeit stellt eine „Tortur" für ihn dar, weil er sich von den Mitmenschen wie „gerade von der Hilfsschule gekommen" behandelt fühlt. Darauf folgt wieder eine Zeit, die er zu Hause bei seiner Mutter verbringt, bis er im Sommer 1998 in den Verein für Sozialpsychiatrie in [T.] zieht. Rückblickend sagt [S.P.], könne er die „gesamten neunziger Jahre (...) total abhaken". Während des Interviews ringt er nach Luft und trommelt nervös und gestresst mit den Fingern auf den Tisch, was mir zeigt, wie emotional involviert er sich beim Erzählen an die schwere Zeit der 90er Jahre erinnert. Er sei so „emotional" und „sozial (...) total am Arsch" gewesen. Nicht ausschließlich „psychisch angeschlagen", sondern „auch so von draußen überall (...) man bekommt überall gezeigt, (...) was man für ein Verlierer ist". Er differenziert deutlich zwischen 'Vorher' und 'Nachher', also vor Ausbruch des ersten Psychoseschubes und der nachfolgenden Zeit. Er sagt stöhnend, er sei „in den achtziger Jahren (...) total da (...) und relativ erfolgreich" (auch im Bezug auf Frauen) gewesen und „dann auf einmal gar nichts mehr". Er sagt darüber hinaus, er sei „immer noch derselbe" und trotzdem „überhaupt nicht mehr angesagt". Zudem sei „all die Jahre vorher (...) alles irgendwie so locker und (...) easy" gewesen. Der Verlust des 'Angesagtseins' und überhaupt der Verlust seines früheren Lebens quält ihn sehr, und er scheint bei der Suche nach möglichen Ursachen bis heute sehr orientierungslos. Für die Frage, ob das 'Nicht Mehr Angesagtsein' als ein Auslöser für die Erkrankung gelten kann oder ob umgekehrt die Diagnose 'drogeninduzierte Psychose' als Ursache für Gesichtsverlust und zunehmende soziale Isolierung angenommen werden kann, gibt [S.P.] mir im Interview keine Anhaltspunkte. Das spricht dafür, dass [S.P.] seine Erkrankung nicht akzeptieren kann. Die Art, wie die Außenwelt und Mitmenschen ihn spiegeln, scheint für ihn unstimmig. Er interpretiert das Verhalten seiner Mitmenschen als „feindselig" und beschreibt auch die Anfangszeit im Verein für Sozialpsychiatrie als „Kampf". Er hatte „nach draußen (...) keinen, niemanden mehr", zu dem „er noch Vertrauen gehabt hätte." Unfähig sich seinen Mitmenschen zu öffnen, meines Erachtens ein Anzeichen von Angst vor Verletzung, vereinsamt [S.P.] zusehends. Er fühlt sich als Versager, als tragischer Held, dem es nicht gelingt, das Innen und Außen übereinstimmend wahrzunehmen. Er erlebt sich als gescheitert, unbeliebt, ausgelacht, verloren, verfolgt und enttäuscht. Im Text „Weisse Rose" erfindet er schon im Jahr 1983 die Figur des vertrockneten Frosches, der allzu lang im Genuss der eitlen Sonne verweilte. Es scheint in diesem Kontext interessant, dass [S.P.] die Sonne einerseits als Energielieferant, als Lebenselixier, als Lebensenergie, Wärme und Wohlgefühl hervorhebt. Andererseits zeigt er auch ihren lebensbedrohlichen und vernichtenden Charakter, indem sie das Wasser verdampfen lässt und der Frosch in dessen Folge elendig vertrocknet. Sonne und Wasser bilden starke Gegenpole, wobei die Sonne 'den Kampf' gewinnt. Darüber hinaus stellen Sonne und Wasser (See, Teich) auch eine Grenzziehung dar. Einerseits das an der Oberfläche, im Sonnenlicht stattfindende Leben, das pulsiert, ersichtlich, scheinbar offensichtlich und zugänglich erscheint und einer stringenten Logik unterliegt. Andererseits das, was unter der Oberfläche, im Wasser, im Verborgenen vor sich geht. Das Sprichwort „stille Wasser gründen tief" drängt sich auf, welches meint, dass introvertierte Menschen evtl. geheimnisvoll für die sie umgebende Außenwelt sind und sicherlich ein großes, möglicherweise auch kompliziertes seelisches Innenleben beherbergen. Das Wasser wird in diesem Fall auch deutbar als Sehnsucht nach einem sie schützenden Raum, letztlich auch im Sinne einer Regression als Rückkehr in den Zustand des Foetus im schützenden Fruchtwasser. Um in der Deutung noch weiter zu gehen, könnte man sagen, dass die Sonnenwelt das bewusste Erleben und Handeln symbolisiert und das Wasser, der tiefe See, für das Innerseelische, für das Unbewusste stehen kann. Hier scheint auch die etymologische Verwandtschaft der Wörter 'im See' als unterhalb der Oberfläche mit 'Seele' als die in der altgerm. Grundbedeutung 'die zum See Gehörende' mit der Vorstellung, die Seelen der Ungeborenen und Toten wohnten im Wasser, einen interessanten Sinnzusammenhang zu „inner-see-lisch" darzustellen.

Darüber hinaus lässt sich sagen, dass die Wasseroberfläche das Sonnenlicht reflektiert und sinngemäß, wenn man bei der Deutung bleiben will, die Alltagswelt spiegelt. Aber das, was unterhalb der Wasseroberfläche stattfindet, bleibt undurchschaubar und kann unter Umständen innerseelisch ganz anders interpretiert werden. Damit will ich sagen, dass Ereignisse und Erlebnisse in der Alltagswelt (Sonnenwelt) sich in der Handlung und Reaktion des Individuums spiegeln, jedoch können sie innerseelisch im Verborgenen (im tiefen Wasser des Sees) ganz anders verarbeitet werden, bzw. das Wasser aufwühlen, Schaden anrichten und demzufolge auch die Reflexion der Alltagswelt verzerren. Demnach kann die Fassade des Menschen (z. B. wirkt ruhig, entspannt) trügen und innerseelisch ist der Mensch angespannt, hat evtl. Angst. Auf das Motiv der Angst und ein besonderes, aus meiner Sicht viel sagendes Bedrohungs- und Schutzszenario, das [S.P.] während des Interviews aufgebaut hat und durchhält, möchte ich in der Situationsbeschreibung 'Das Symbolische Schutzschild' gesondert eingehen.

Meines Erachtens stellt der „vertrocknete Frosch" eine starke Metapher des 'Sich-Verirrens' (in fremde Welten?), 'Sich-Verrennens' (vgl. auch Kapitel 1) und letztlich des 'Sich selbst Verlierens', kurz: des Selbstverlustes dar. Die Außenwelt, im Text versinnbildlicht durch die Welt außerhalb des Wassers, die 'Sonnenwelt', bejubelt und bejaht sein Tun. Er aalt und suhlt sich in seinem Erfolg und plötzlich hat er „den Zeitpunkt" verpasst, deutbar auch als ein zu spätes Erkennen, eine Unfähigkeit zur Verhaltensänderung, es ist nicht mehr möglich, die Notbremse zu ziehen, und er kann nicht umkehren. Das Schicksal ist besiegelt, es liegt nach eigener Darstellung nicht mehr in seiner Hand.

Der Zusatztext vom 30. Oktober 1983 erscheint mir als Schlüsseltext zum Verständnis der psychischen Situation [S.P.]s, da er schon vor der Indienreise im Herbst 1983 datiert deutliche Anzeichen beginnender Schizophrenie zeigt, wenn man die Bilder ernst nimmt und deutet als Ausdruck einer bedrohlichen Außenwelt. Als hätte er die Schwelle überschritten, aus der es kein Zurück mehr gibt. Aus dem Text geht deutlich hervor, wie bedrohlich und gewaltvoll, bis hin zur Vernichtung, die Außenwelt 'Sonnenwelt' [S.P.] zeitweise erscheinen mag, bedenkt man, dass er selbst von „verzweifelten Versuche(n), Sinn und Halt zu finden" berichtet. Im Interview erwähnt [S.P.], dass für ihn der Stern (er trägt einen Stern als Tätowierung und als Amulett) einerseits etwas „Helles in der Finsternis" symbolisiert, andererseits auch die Assoziation des Stardaseins daran gekoppelt sei. Er wolle damit ausdrücken, dass er „auch gerne ein Star wäre", so sagt er.

Das symbolische Schutzschild

Im Verlauf des Interviews erhebt sich [S.P.] unerwartet von seinem Platz, um einen Apfel und ein kleines, scharfes Küchenmesser zu holen. Zuerst schenke ich dieser Aktion keine größere Bedeutung, da er sich beim Erzählen insgesamt mit einigen Ausnahmen entspannt zeigt. Eher nebenbei beginnt [S.P.] den Apfel zu schälen, den er während des Interviews zur Hälfte isst. Doch der Tatbestand, dass er auch nach Verzehren des Apfels das Küchenmesser nicht wieder aus der Hand legt, sondern es in einer festen Faust geschlossen hält, erscheint mir auffällig. Die scharfe Klinge hält er in meine Richtung und klopft während des Interviews immer wieder mit dem Messerknauf auf die Tischplatte. Innerlich etwas beunruhigt, konzentriere ich mich intensiv auf unser Gespräch und behalte das Messer währenddessen im Blick. Warum ich während des Interviews nicht auf die von dem Messer ausgehende Bedrohung eingehe und diese thematisiere, bedarf der Erläuterung.

Der Abteilungsleiter des Intensiv betreuten Wohnens erzählte mir im Vorfeld zum Interview von einem Erlebnis mit [S.P.], das höchst wahrscheinlich beide Beteiligten nachhaltig prägte. In etwa im Jahr 2003 suchte der Abteilungsleiter [S.P.] in seinem Zimmer auf, weil dieser sich unwohl fühlte und den ganzen Tag nicht am Geschehen der Wohngemeinschaft teilgenommen hatte. Während des Gesprächs lag ein offenes Taschenmesser auf dem kleinen Wohnzimmertisch, das der Abteilungsleiter in die Hand nahm, um es zu schließen und anschließend wieder zurückzulegen. Anscheinend muss sich [S.P.] durch diese Handlung bedroht gefühlt haben. Als das Messer wieder, nun in geschlossenem Zustand, auf dem Tisch lag, muss [S.P.] es blitzschnell ergriffen, geöffnet und es dem Abteilungsleiter drohend an den Hals gehalten haben. Rückwirkend wurde festgestellt, dass [S.P.] zu diesem Zeitpunkt seine Medikation selbstbestimmt eingestellt hatte. Diese Situation veranschaulicht treffend, wie schnell [S.P.] sich bedroht fühlen kann und dadurch möglicher Weise auch eine bedrohliche Situation für Mitmenschen entstehen kann.

Ich berichte von diesem Ereignis ausschließlich, um zu erklären, warum ich im Rahmen des Interviews zu [S.P.]s Handlung, ein scharfes Küchenmesser zu holen und es während nahezu des gesamten Interviews nicht aus der Hand zu legen, keine direkte Stellung bezogen habe. Natürlich hat mich diese Handlung innerlich angespannt, aber ich wusste, wenn ich dazu Stellung beziehe, wird sich die Interview-Situation ändern, und ich dachte auch, dass das Messer für ihn einen notwendigen Selbstschutz darstellt, der ihm hilft, Grenzen zu markieren, vielleicht in dem Sinne eines sichtbaren Schutzschildes vor Verletzungen. In dieser von ihm eigens gewählten nonverbalen Sprache signalisierte er mir eindeutig trotz des entgegen gebrachten Vertrauens: Bis hierhin und nicht weiter; Komm' mir mit deinen Fragen nicht zu nah; Meine Welt bröckelt, ich bin dafür nicht bereit; Bedroh' mich nicht; Ich behalte die Kontrolle. Das Messer symbolisiert einen starken, bedrohlichen Abstandhalter, den [S.P.] offensichtlich aus Angst benötigt und den er in gewisser Weise auch verbal praktiziert, indem er einerseits Dinge betont, die ihm wichtig sind, sie jedoch unmittelbar danach wieder entkräftet und neutralisiert. In anderen, vorangegangenen Gesprächen schien mir seine Haltung anderen Mitmenschen gegenüber teils auch übermäßig arrogant, er lästerte häufiger über deren Verhalten. Vielleicht ist dieses symbolische Schutzschild, unabhängig davon, ob es sich um ein Messer oder um eine 'verbale' Aktivität handelt, für [S.P.] 'überlebensnotwendig', um die Verantwortung für die entfremdete Wirklichkeit weiterhin außerhalb seiner Selbst suchen und sie anderen zuschieben zu können. Mit Sicherheit haben vielfältige Faktoren, die ich zum Teil bereits als Schlüsselerlebnisse in seiner Biographie herauskristallisiert habe, ihren Teil zum Ausbruch der Erkrankung beigetragen, allerdings verkennt [S.P.] konstant, dass auch er durch seinen Drogenkonsum einen Faktor zum Ausbruch der Psychose geliefert hat, wenn ich die Diagnose „drogeninduzierte Psychose" zugrunde lege. Drogenkonsum galt [S.P.] in den achtziger Jahren als gesellschaftsfähig, um aus seiner Perspektive in bestimmten Studentenkreisen anerkannt zu werden. Die erhoffte stimulierende Wirkung auf sein kreatives Schaffen in seinem Selbstverständnis als Künstler zusammen mit einem gewissen Lustfaktor im Sinne der intendierten Bewusstseinserweiterung können als weitere mögliche Motive aus den Aussagen im Interview geschlossen werden.

Sein Selbstbild und seine Wirklichkeit kann von [S.P.], so scheint es mir, nur aufrecht erhalten werden, solange er die Verantwortung für die Entfremdung außerhalb seiner Selbst, also in der „Gesellschaft" sucht und findet. Im Interview stellt er sich selbst die Frage: „Was hätte ich anders machen können?". Seine Antwort fällt knapp aus, indem er betont, dass er „hätte probieren können weiter zu studieren". Über seinen Drogenkonsum verliert er kein Wort und mir scheint, als würde er selbst im Rückblick keine Verbindung zwischen dem Konsum halluzinogener Drogen und dem Ausbruch der Psychose herleiten können oder wollen. [S.P.] scheint keinerlei Zusammenhang zwischen seinem Handeln und der Wirklichkeitsentfremdung herzustellen, sondern fühlt sich als Opfer der Gesellschaft, als Frosch, dessen Schicksal durch den verführerischen Charakter der Sonne besiegelt wurde. Inwiefern dieses 'Nichterkennen' ein 'Nicht-Können' oder 'Nicht-Wollen', aus Angst vor Verletzung, letztlich vor dem Leben selbst, darstellt, erlaube ich mir im Rahmen dieser Analyse nicht zu beurteilen. Jedoch so viel lässt sich meines Erachtens sagen: das 'Nicht Anerkennen' seiner Erkrankung, der 'drogeninduzierten Psychose', erlaubt ihm die Aufrechterhaltung seiner weltentfremdeten Wirklichkeit, indem er die Gesellschaft und die Mitmenschen für die Entfremdung verantwortlich macht. Er flüchtet aus der für ihn unerträglichen Alltagswelt in seine 'Wahrnehmungsverschiebung' und Verzerrung. Es scheint auch verständlich, dass er die Verantwortung für den Faktor „Drogenkonsum", der den Ausbruch der Psychose begünstigte, nicht anerkennen will, da es sich dabei um eine Art 'Schuldeingeständnis' handeln könnte und somit sein Selbstbild bröckeln und zusammenbrechen würde, ein für ihn sicherlich unerträglicher Gedanke.

Der Stern - Das Künstlerdasein

> „Ja, an sich der Stern irgendwie am Himmel, irgendwas Helles in der Finsternis irgendwie keine Ahnung ** oder der Stern als Assoziation zu dem Ausdruck Star, dass ich damit ausdrücke, dass ich auch gerne ein Star wäre."
>
> „Ich hab' auch oft so ein Gefühl, ich hab' auch gar kein richtiges Raum-Zeitgefühl mehr."
>
> „Aber ich-ich häng' halt noch ziemlich in den Achtzigern noch so zurück, ** irgendwie."
>
> „Also * zum einen ist man so alt, obwohl man irgendwie jugendlich ist."

Im Rahmen des Interviews berichtet [S.P.] begeistert, dass er im Jahr 2004/2005 erneut begonnen hat, sich kreativ zu betätigen. Anlass dafür war, dass er vom Verein für Sozialpsychiatrie einen „größeren Raum", ein Atelier zur Verfügung gestellt bekam.

Dort begann er „zu malen" und es entstanden „schöne Sachen", die „jetzt nicht irgendwie Blödsinn", sondern „eigentlich nicht übel" sind, wie er sagt. Dieser Prozess der aktiven „Selbstverwirklichung" als Kunstschaffender hat ihm Aufschwung gegeben und „psychisch noch mal einen Halt". Er führt mittlerweile „fast ne Art Künstlerdasein", wie er selbst sagt. Es ist ihm möglich, seine Zeit frei zu gestalten und sich kreativ zu betätigen, wann immer ihm der Sinn danach steht. Er betont darüber hinaus, wie wichtig es sei, „überhaupt Platz zu haben und etwas selber machen zu können", bemängelt jedoch, dass ihm häufig die Energie fehle und er sich zu „K.o." fühle, um beispielsweise das Leben in einer eigenen Wohnung managen zu können. In diesem Zusammenhang äußert er auch deutlich, dass man nicht verkennen sollte, dass „zehn oder zwanzig Jahre Psychopharmaka zu schlucken" etwas anders sei als „Saft" zu trinken. Er habe zeitweise sehr darunter gelitten, die Tabletten einnehmen zu müssen, da man in der Folge „total abgemeldet" sei. Er fügt hinzu, dass er im Verein für Sozialpsychiatrie „doch alles" habe. Gleichzeitig stöhnt er und wirkt unzufrieden. Meines Erachtens ist die Möglichkeit, Kunst zu schaffen, für [S.P.] ein sehr wichtiges Element und hilft ihm, sich selbst erneut zu positionieren, sein Selbstwertgefühl aufzubauen und auch von außen, also von Mitmenschen für seine Kunst Anerkennung zu gewinnen. Komplimente und Anerkennung von außen scheinen für [S.P.] sehr wichtig zu sein.

Das zeigt sich beispielsweise, wenn er begeistert davon berichtet, dass zwei Bekannte seiner Mutter ihn, angeregt durch einen Zeitungsartikel, in dem positiv über seine Ausstellung berichtet wurde, besuchen kommen und zwei seiner Collagen kaufen. Ich habe den Eindruck, dass [S.P.] diese Art der Zuwendung und Anerkennung sehr direkt mit seiner Mutter verknüpft. Als ich im Bezug auf seine Ausstellung das Wort „Erfolg" in den Mund nehme, entsteht eine interessante Situation. Einerseits fühlt er sich, so denke ich, geschmeichelt und bestätigt, muss aber, und das erscheint mir nahezu zwanghaft, widersprechen und den vermeintlichen Erfolg schmälern. Seines Erachtens seien die „Leute jetzt nicht" gekommen, „weil sie irgendwas Interessantes sehen können, sondern wegen dem kalten Büfett". Ich zweifele im Gespräch die Aussage vorsichtig an und betone, dass die Gäste seiner Ausstellung doch vermutlich schon an seiner Kunst interessiert gewesen seien. Er negiert erneut und sagt etwas empört und bestimmt: „Nee, aber absolut nicht."

Diese Gesprächssituation erscheint mir im Kleinen doch stellvertretend und kennzeichnend für die Denk- und Wahrnehmungsweise von [S.P.] zu sein. Einerseits durstet er nach Anerkennung und Zuwendung, wie bereits zuvor an anderen Lebenssituationen entwickelt, zeitgleich kann er aber eben dies nicht zulassen und ertragen und muss Positives negieren, weil es seine Weltwahrnehmung in Frage stellen könnte und diese evtl. im Kern sogar gefährdet. Er misstraut den Menschen und scheint häufig die direkten Aussagen und Verhaltensweisen von Menschen anzuzweifeln oder gar als feindselig zu missdeuten.

Im narrativ biographischen Interview finde ich weitere Beispiele, die diese Überlegungen stützen. Zum einen lässt sich die Beziehung zu seinem Psychotherapeuten nennen. [S.P.] interpretiert die wöchentlichen Therapiesitzungen als „nicht sehr heilend" und betont darüber hinaus, dass es sich von Seiten des Therapeuten möglicherweise um „gespieltes Interesse" handele. Er bemängelt, dass dieser sein Wissen ausschließlich „auf irgendeine Akte stützt, die irgendein Beamter (...) angefertigt hat und in der steht", dass [S.P.] „rauschgiftabhängig" sei. Über seinen individuellen Lebensweg habe [S.P.] während seiner Therapie hingegen kaum gesprochen, erläutert er. Ich selbst kenne den behandelnden Therapeuten aus der Zeit meines Praktikums und kann mit Sicherheit sagen, dass es sich nicht um geheucheltes Interesse handelt, sondern um den ernsthaften und vermutlich komplizierten und langwierigen Versuch, im Rahmen der Therapiesitzungen Hilfe zu leisten und Unterstützung anzubieten. Inwiefern die Lebensgeschichte in der Therapie thematisiert wurde und auch über den Drogenkonsum hinaus weitere Faktoren besprochen wurden, die für den Ausbruch und den Verlauf der Erkrankung verantwortlich sind, entzieht sich meiner Kenntnis. Festzuhalten bleibt, dass in [S.P.]s Aussagen im Interview bisherige Therapieanstrengungen stark verkürzt dargestellt werden. Interessant erscheint in diesem Zusammenhang, dass [S.P.] selbst den Faktor „rauschgiftabhängig" nur im Kontext der Akte erwähnt und ihn zeitgleich, so scheint es mir, als irrelevant deutet. Hier klaffen Selbstdeutung und Deutung durch den Therapeuten eklatant auseinander.

Als weiteres Beispiel für meine Überlegungen möchte ich auf die Schlusssituation des Interviews eingehen, in der [S.P.] deutlich macht, dass er sich ein erneutes Treffen mit mir wünscht. Ich reagiere darauf, indem ich verspreche, mich telefonisch innerhalb der nächsten Tage zu melden, um zu sagen, ob und wann ein weiteres Treffen von meiner Seite aus stattfinden kann. Anstatt darauf zu vertrauen, dass ich mich bei ihm melde und zu akzeptieren, dass ich seinem Wunsch nicht direkt und unmittelbar mit einer klaren Antwort nachkommen kann, spricht er davon, dass er „nicht allzu viel Hoffnung" habe und wirkt während dessen schon enttäuscht. Sein Verhalten erinnert mich an Verhaltensweisen eines störrischen Kindes, dessen Wunsch nicht direkt und unmittelbar erhört wird. [S.P.] misstraut meiner Aussage und meinem Versprechen und wirkt tatsächlich sehr überrascht, als ich mich am folgenden Tag telefonisch melde. Seine ersten Worte waren: „Damit hätte ich nicht mehr gerechnet." Das biographisch narrative Interview lag noch keine vierundzwanzig Stunden zurück. Auch diese Situation veranschaulicht meines Erachtens deutlich, wie ichbezogen und misstrauisch [S.P.]s Grundhaltung gegenüber seinen Mitmenschen ist. Einerseits lässt sich dieses Verhalten sicher auf die Erkrankung selbst und die damit einhergehenden Symptome zurückführen, andererseits stellen die Schlüsselerlebnisse in [S.P.]s Biographie die prägenden Rahmenbedingungen dar, die den Ausbruch der Erkrankung erst ermöglichten. Alle Verlustsituationen, Angstsituationen mit einhergehender Weltentfremdung und -Verzerrung, die ich zuvor erläutert habe, stellen Einzelfaktoren dar, die [S.P.] als Proto-Subjekt gebildet haben. Wie der Bildungsprozess in [S.P.]s Biographie aus meiner Sicht zu verstehen und zu deuten ist, werde ich in einem nächsten Schritt veranschaulichen, indem ich Beispiele aus Literatur, Film und aus meiner eigenen Lebensgeschichte hinzuziehe.

Im Rückblick - Eine Distanzierung

Unter Bildung verstehe ich, was mein Leben aus mir und was ich aus meinem Leben gemacht habe. [S.P.] hat sich gebildet zu einem, der heute in der Sozialpsychiatrie lebt. Was war sein Weg, den er gegangen ist und der ihn dort ankommen ließ, wo er heute ist? Inspiriert und angetan von den Gedanken der 68er Bewegung wollte sich [S.P.] frei entfalten und den Traum von einem Künstlerdasein leben. Die Reiselust, die sicherlich als neugieriger Wunsch, über den eigenen Tellerrand zu blicken und Grenzen zu überschreiten, interpretiert werden kann, lässt sich leicht nachvollziehen und wohnt jenen Menschen inne, die sich neugierig in die Welt geben. Aus meiner eigenen Lebensgeschichte lassen sich zahlreiche abenteuerliche Reisen nennen, u. a. nach Israel, Kuba und Kolumbien, die mein Bewusstsein beispielsweise für gesellschaftliche und politische Bedingungen und Missstände wie Kinderarmut und Kriminalität erweitert und mich sensibilisiert haben. Demzufolge kann ich den Wunsch, in fremde Kulturen zu reisen, sehr gut nachempfinden und kann mir auch ein Bild davon machen, inwiefern die Indienreise, ganz unabhängig von dortigen Drogenerfahrungen, [S.P.]s Wahrnehmung erweitert haben kann. [S.P.]s Drang zur Selbstverwirklichung als Kunstschaffender und die immer während Suche nach einem geeigneten Sprachrohr (als Sänger in der Band, als Schriftsteller, als Künstler) sind mir in sehr persönlicher Weise vertraut.

Mein Vater arbeitete als Bühnenbildner und ist Künstler (Maler und Bildhauer). Ich erinnere mich deutlich an Phasen in meiner Kindheit, in denen er sich, in meinem Erleben manchmal tagelang, ganz die (Alltags-)Welt vergessend in sein Atelier zurückzog, um in seine Welt, die Welt der Farben und Formen, mit ihrer Ausdruckskraft einzutauchen. Es lässt sich also sagen, dass ich in vielfältiger Weise mit Kunst und Kunstschaffenden aufgewachsen bin, was meine Neugierde, Begeisterungsfähigkeit und die eigene Suche nach 'meinem' Sprachrohr erklären lässt. [S.P.]s Drang zur Selbstverwirklichung ist vielleicht primär dem tiefen Wunsch nach Selbstfindung und v. a. der 'Erfindung' seiner Selbst als Künstler entsprungen. Es handelt sich um einen Akt der Befreiung aus vorgefertigten Strukturen und Schemata, wie er auch in der sogenannten 'Hippie-Bewegung' der 68er Jahre proklamiert wurde. Er wollte sich möglicherweise aus den vorgefertigten Konventionen und Grenzziehungen der westlichen Alltagswelt lösen, sich von ihnen lossagen. Für [S.P.] waren scheinbar exzessive Drogenerfahrungen für diesen Prozess der Abnabelung und Entgrenzung von Nöten.

In dem Film „Into the Wild" von Sean Penn aus dem Jahr 2007 wird die Lebensgeschichte von Christopher McCandless nacherzählt, der sich als 22-jähriger Student aus wohlhabender Familie, mit der er zerstritten ist, im Jahr 1990 auf eine zweijährige Reise durch die USA begibt, die ihn schließlich in die Wildnis Alaskas führt. Er befreit sich von seinem materiellen Besitz und kappt die Verbindung zu seiner Familie und seinen Freunden, um sich ganz und gar auf sein Abenteuer Wildnis einzulassen. Die Sommermonate verbringt er in einem alten verlassenen Linienbus in der Wildnis Alaskas. Als ihn der Wunsch und die Sehnsucht nach Mitmenschen zur Rückkehr in die Zivilisation treibt, muss er feststellen, dass die einsetzende Schneeschmelze ihm den Rückweg über den nahe gelegenen Fluss abschneidet, so dass er ohne Kenntnis von alternativen Wegen gezwungen ist, zum Bus zurückzukehren. Die

Nahrungsmittel werden knapp, so dass Christopher Beeren und Schoten sammelt, die ihn unglücklicher Weise vergiften. Er stirbt im August 1992. Zuvor notiert er den Satz: „Happiness only real when shared."

Ich erzähle von dem Film „Into the Wild" in diesem Zusammenhang, weil mir [S.P.]s und Christopher McCandless Lebensgeschichten gewisse Parallelen aufzuweisen scheinen. Deutet man [S.P.]s Indienreise und damit einhergehenden Drogenkonsum als Drang zur Bewusstseinserweiterung, auch im Sinne einer Befreiung aus der Alltagswelt hin zu einer 'Selbstwerdung' und Selbstfindung, so lässt sich der Aufbruch in die Wildnis des Christophers gleichermaßen als Befreiungsakt und Selbstfindungstrip verstehen. [S.P.] erweiterte sein Bewusstsein in Indien in einer Weise, die es ihm unmöglich machte, sich weiterhin in der Alltagswelt zurecht zu finden. Christopher, der die Einsamkeit ab einem bestimmten Zeitpunkt nicht mehr ertrug und sich zur Rückreise entschloss, musste feststellen, dass sein Vorhaben scheiterte und es kein Zurück gab.

Ich gehe in diesem Zusammenhang erneut auf meinen Ausgangspunkt ein: Unter Bildung verstehe ich, was mein Leben aus mir und was ich aus meinem Leben gemacht habe. [S.P.] hat sich zu einem Menschen gebildet, der sich für die Wahl des Psychologiestudiums entschied, vielleicht auch mit der Absicht, mehr über sich selbst zu erfahren; der mehrere Reisen unternahm, insbesondere die entscheidende nach Indien; der Kunst schafft; der Drogen konsumierte, die sein Bewusstsein erweiterten, ihn aus der Alltagswelt herausfallen ließen und ihn seiner sozialen Bindungen entfremdeten; der daraufhin an einer drogeninduzierten Psychose erkrankte und heute in der Sozialpsychiatrie sitzt. Im Fallbeispiel des Christopher McCandless lässt sich in annähernder Parallelität zu [S.P.] Folgendes aufzeigen: Christopher hat sich zu einem Menschen gebildet, der nach seinem Studium eine lange Reise unternahm; seinen materiellen Besitz vernichtete; die Verbindung zu Familie und Freunden durchtrennte; sich entschied in die Wildnis Alaskas abzutauchen, um sich selbst zu finden; nach den Sommermonaten erkannte, dass er zurückkehren möchte, aber feststellen musste, dass eine Rückkehr nicht möglich war, weil der Fluss ihm den Weg abschnitt. Er hat sich zu einem Menschen gebildet, der kurz vor seinem Tod erkannte, dass Glück und Freude nur dann real sind, wenn sie geteilt werden können. Christopher wird als Mensch dargestellt, der einsam stirbt.

Wenn man den Fluss, der dem Christopher McCandless die Möglichkeit der Rückkehr in die Zivilisation und Alltagswelt abschnitt, metaphorisch deuten möchte, könnte man hier in [S.P.]s Lebensgeschichte vom Ausbruch der Erkrankung selbst sprechen. Der Fluss ebenso wie die Psychose verhindern die Rückkehr in die reale Alltagswelt, in die Zivilisation, in das Eingebundensein in ein soziales Netzwerk. Beide Lebensgeschichten weisen in diesem einen Punkt gleichermaßen darauf hin, dass eine Gefahr besteht, wenn sich der Mensch der Alltagswelt in einer Weise entledigen möchte, die zeitgleich auch eine Befreiung von allen Referenzpunkten außerhalb des Selbst darstellt. [S.P.] ist auf seiner Seelenreise regelrecht die (Alltags-)Welt abhanden gekommen. Und andersherum: Er ist der (Alltags-)Welt abhanden gekommen. Gleiches gilt für die Lebensgeschichte des Christopher McCandless, auch wenn es sich bei seiner Reise vermutlich primär um den Wunsch handelte, der Zivilisation zu entfliehen, um in der Natur als Teil der Natur zu leben.

Als ich [S.P.] im Jahr 2008 kennenlernte, musste ich unaufhaltsam an einen mir lieben Freund denken, der Musiker ist und regelmäßig Rauschgift konsumiert, da er die entspannende und vor allem kreativitätsfördernde Wirkung sehr schätzt. In zahlreichen Gesprächen habe ich mich bemüht, ihm die Risiken seines Drogenkonsums aufzuzeigen und vor einer möglichen Drogenpsychose zu warnen. Im Unterschied zu [S.P.] scheint der besagte Freund doch sehr geerdet und gut eingebunden in ein soziales Netzwerk aus Familie, Freunden, Kollegen und zahlreichen Bekannten zu sein, so dass mir neben dem 'Drogenkonsum' keine weiteren Faktoren, die den Ausbruch einer Psychose begünstigen können, bekannt sind und auffällig erscheinen. Eine Parallele zwischen ihm und [S.P.] zeigt sich darin, dass der Freund ein Künstlerleben als Musiker führt und [S.P.] den Traum vom Künstlerwerden bzw. Künstlersein hat. Eine deutliche Ähnlichkeit zwischen ihnen sehe ich vor allem in einer speziellen Art der narzisstischen 'Selbstverliebtheit', die das 'normale' Maß des ichzentrischen Verhaltens eines Menschen deutlich übersteigt. Es kam bereits häufiger vor, dass wir mehrere Stunden bei einem Kaffee zusammen saßen und er ausschließlich über seine Musik und seinen damit einhergehenden Erfolg sprach, gelegentlich sogar die gleiche 'Geschichte' zweimal erzählte (weil er sie selbst so gerne hörte?) und relativ unsensibel darauf reagierte, wenn ich versuchte, das Gespräch in eine andere Richtung zu lenken. An dieser Stelle sei jedoch deutlich darauf hinweisen, dass er aufgrund des THC Konsums sehr 'dicht' und abwesend in eigene Denkschleifen verstrickt wirkte und seine aktive und monologisierende Gesprächsführung meines Erachtens darin begründet liegt. Ich schätze diesen Menschen als wunderbaren Musiker, Freund und Geschichtenerzähler sehr. Es sollte nicht unerwähnt bleiben, dass ich mir, auch besonders nachdem ich [S.P.] und durch ihn den Zustand einer 'Chronifizierung der Psychose' kennen lernte, Gedanken und Sorgen um den besagten Freund gemacht habe.

Die drei Lebensgeschichten verbindet aus meiner Sicht eine jeweils eigene Geschichte der Flucht, in der wesentliche andere Teile in ihrem Prozess, erwachsen zu werden, abgespalten werden. Ich spreche von der kindlichen Sehnsucht nach Einswerden und Entgrenzung, die ich sehr wohl kenne und die wohl allen Menschen als Urerfahrung im Mutterleib innewohnt. Diese Sehnsucht als im menschlichen Leben zumindest dauerhaft unerfüllbare zu akzeptieren, sich auf möglicherweise auch schmerzhafte Grenzziehungen auf dem Weg der Selbstfindung einzulassen, Ambivalenzen, z. B. von Emotion und Kognition, auszuhalten und immer wieder neu mit sich selbst und mit anderen aushandeln zu müssen, begleiten für mich den Weg des Erwachsenwerdens und zeichnen Menschen aus, die im Verzicht auf Allmachtsphantasien aktiv und selbst gestaltend um ihr inneres psychisches Gleichgewicht ringen.

Beim Transkribieren des Interviews habe ich etwas erstaunt festgestellt, dass ich an einigen Stellen schmunzeln oder sogar lachen musste. Zum einen erscheint mir diese Reaktion ein Selbstschutzmechanismus zu sein, zum anderen begegnet mir das komische Element im Tragischen. Es mutet in der Tat manchmal etwas merkwürdig an, mit einem psychisch erkrankten Menschen zu sprechen, der selbst keine Krankheitseinsicht hat, beziehungsweise die Krankheit nicht als solche definieren kann. Aus [S.P.]s Perspektive ist die Alltagswelt „ver-rückt" und damit meine ich, abgerückt von seinem eigenen, subjektiven früheren Weltverständnis, vor Ausbruch der Schizophrenie. Aus seinem Verständnis hat nicht er selbst sich aufgrund seiner psychischen Erkrankung verändert, sondern die Welt, die Mitmenschen tragen die Verantwortung für diese für ihn unerträgliche Veränderung. Nicht er muss sich bemühen, einen Schritt beispielsweise auf seine Mitbewohner zuzugehen, sondern er erwartet, einerseits wie ein stilles, scheues Reh, andererseits wie ein Star, der umgarnt werden möchte, dass die anderen sich um seinetwillen bemühen, den Kontakt suchen, ihn aufbauen und halten. Er scheint anzunehmen, dass die Problematik der Kontaktaufnahme nicht bestehen würde, wenn er einen gewissen Grad an Popularität und Berühmtheit besitzen würde.

Meines Erachtens handelt es sich um Wunschdenken. Auf der verständlichen Suche nach Anerkennung möchte er in einer Überhöhung sich selbst als „Star" sehen und ist zeitgleich so unendlich weit davon entfernt. Dieser sehnsüchtige Wunsch eines Einundfünfzigjährigen, der an Schwärmereien und Wunschträume von Teenagern erinnert, rührt mich an und zeitgleich fühle ich mich beschämt. Einerseits beschämt, weil ich mich „fremdschäme" für seinen unrealistischen Wunschgedanken, der ihm scheinbare Heilung oder zumindest Linderung vorgaukelt. Und gleichzeitig schäme ich mich dafür, wie vermessen dieses Unterfangen ist, die Biographie dieses Menschen in kleine Mosaiksteinchen zu zerstückeln, sie unter der Lupe hin und her zu wenden, um peu à peu ein Bild zu schaffen, das dem Leben des Menschen und dem Menschen als ganzheitliches Wesen im besten Fall nur annäherungsweise gerecht werden kann. Insbesondere wenn man bedenkt, dass [S.P.] mir im Rahmen des Interviews ausschließlich einen kleinen Einblick in seine Welt, sein Weltverständnis und auch sein innerseelisches Erleben gewährt hat, wofür ich ihm allerdings sehr dankbar bin.

5.2 Analyse und Auswertung, [A.K.]
„Oh Gott-oh Gott-oh Gott"

[A.K.] benennt und beschreibt im biographisch narrativen Interview sehr eindrucksvoll die Schlüsselerlebnisse, die sie in ihrer Biographie geprägt haben und die den Ausbruch der Erkrankung Schizophrenie begünstigt und in ihrer Wahrnehmung eindeutig herbeigeführt haben. Ein wichtiger Schlüssel, so scheint mir, stellt im Analyseprozess des Interviews [A.K.]s hingebungsvoller Gottesglaube dar, den sie als leidendes Opfer, als Märtyrerin, die die Sünden der Menschheit auf sich nimmt, ehrfürchtig annimmt. Inwiefern diese Opferrolle teils aus ihrer Erziehung, teils aus ihrer Erkrankung selbst entspringt, versuche ich in der Analyse zu beleuchten. Welche Erlebnisse haben [A.K.]s Biographie nachhaltig geprägt und ihr Proto-Selbst gebildet? Wie hat die Erkrankung Schizophrenie ihr Leben aufgewühlt und verändert? Wie mir scheint, handelt es sich bei ihrer Erkrankung auch um eine Flucht aus der unerträglichen Alltagswelt in eine scheinbar glanzvollere Wahnwelt, die, wie sie selbst sagt, „wunderschön" sein kann.

Der Grundstein - Das 'Mein' und 'Dein' - Der Bruder

„So hatte ich nie eine Chance mich zu wehren. Das war ganz schlimm. Das-das war dieses Ohnmachtsgefühl, dieses ekelhafte Gefühl, ja (...)"

Unmittelbar zu Beginn des Interviews erzählt [A.K.], dass der „Grundstein" für ihre Erkrankung schon „in der Kindheit" gelegt worden sei. Ihre Erkrankung gehe damit einher, dass sie „nie die Chance" hatte, zu lernen, sich „zu wehren". Sie sagt: „Wenn ich mich wehren würde, würde ich mal nach vorne gehen und könnte meine Schizophrenie (...) ablegen oder die schizoaffektive Störung, die ich hab'." Ihre Aussage veranschaulicht treffend, wie machtlos und hilflos sie sich fühlt und dass ihr offensichtlich jegliches Werkzeug fehlt, um sich gegen Verletzung, Böswilligkeiten der Außenwelt zur Wehr zu setzen. Sie scheint stark zu bedauern, dass sie wehrlos ist. Während ihrer Kindheit hat ihr Bruder [Werner] sie nie gemocht und sie stets als „durch und durch fauler Apfel" bezeichnet. Sie schildert eine Szene, in der die Familie gemeinsam am Tisch sitzt und ihr Bruder ihr, sobald sie den Mund öffnete, ins Wort fiel und erwiderte: „Ach, du hast doch keine Ahnung!". [A.K.] hat sich immer von ihm „unterdrückt" gefühlt und ihre Eltern haben sie nie in Schutz genommen. Im Alter von acht Jahren, in der Phase, in der das „Mein" und „Dein" „so wichtig war" kam es, so schildert [A.K.], zu einem Schlüsselerlebnis, das ihr bis heute zu schaffen macht und sie stark geprägt und erschüttert hat. „Ich war eine Leseratte und da haben Bücher unter meinem Bett gelegen. (...) Da kam ich eines Tages von der Schule nach Hause und die ganzen Bücher waren weg. Ei, mein Bruder hat die Bücher einfach sich angeeignet, sich die Bücher in seinen Bücherschrank gestellt, in sein Zimmer. (...) Der hat meine Sachen für seine Sachen einfach bezeichnet." Diese Verlustsituation ihrer Bücher stellt einen schwerwiegenden Eingriff in ihre Privatsphäre dar. Ihre Identität als „Leseratte" und vermutlich auch weit darüber hinaus wurde durch diesen Eingriff massiv erschüttert und zerstört. Wie sie selbst betont, hat ihr Bruder sich an ihrem Eigentum vergriffen und es sich sozusagen einverleibt, sie um ihre kostbaren Bücher beraubt, indem er sie sich einfach aneignete, ihr neuer Eigentümer wurde. Als besonders schmerzhaft und „furchtbar" beschreibt [A.K.] mit den Worten „Fehler ihres Lebens" die Reaktion ihrer Mutter auf den Vorfall. Ihre Mutter hat „sich immer auf die Seite" ihres „Bruders gestellt, immer waren es zwei gegen einen." Die Mutter übt mit ihrer Fehlreaktion Verrat an ihrer Tochter, indem sie sagt: „Ach, weißt Du [Annette], der [Werner], wenn du ein Buch willst, brauchst du ihn ja nur zu fragen". Mit dieser Antwort verletzt sie [A.K.] zutiefst und lässt sie im Stich. Aus dieser erschütternden Erfahrung leitet [A.K.] für sich schlüssig ab, sie habe „nie eine Chance" gehabt, sich zur Wehr zu setzen. Sie sagt dieses „ekelhafte" „Ohnmachtsgefühl" sei „ganz schlimm" gewesen und erlebt es, während sie erzählt, offensichtlich erneut nach.

Schon während ihrer Erzählung durchdringt mich der Gedanke, den ich folgend als vorsichtige Überlegung äußern möchte, mit dem klaren Hinweis darauf, dass ich dafür keine eindeutigen Anhaltspunkte im Text nachweisen kann. Es handelt sich dementsprechend eher um eine freie Assoziation, die gedanklich, auch beim mehrfachen Hören der Interviewaufzeichnung, losgetreten wurde. Mir scheint ihre Verletzung und Verzweiflung gründet viel tiefer, als sie es im Rahmen des Interviews mir als 'Unbekannter' gegenüber ausdrücken kann oder möchte. Meine Intuition deutet darauf hin, dass die geschilderte Buch-Verlust-Situation unter Umständen stellvertretend für ein anderes Ereignis stehen könnte. Ihr Bruder bezeichnet sie als „durch und durch faulen Apfel", was meines Erachtens weit über neckische Konkurrenz zwischen Geschwistern hinausreicht. Zu einem späteren Zeitpunkt im Interview beschreibt [A.K.], dass ihr Bruder immer „nur geschimpft" und „kommandiert" hat, „bis zum heutigen Tage". Während sie über ihn und sein Verhalten spricht, scheint sie erstaunlicherweise nie wütend, vielmehr jedoch verängstigt und verunsichert zu sein. Ist es möglich, dass [A.K.] Opfer eines Missbrauchs wurde? Wie zuvor beschrieben, hat sich [Werner] an ihrem Eigentum vergriffen, es sich regelrecht einverleibt und sie somit um einen maßgeblichen Teil ihrer Identität beraubt. Auch das Bild des faulen Apfels, auf das ich zu einem späteren Zeitpunkt detaillierter eingehen werde, erscheint in diesem Kontext von symbolischem Gehalt. Das Innere der Hülle ist verfault, ungenießbar, verdorben, verrottet, verwest, gammelig. Nicht unschuldig, sondern schuldig. (Täter und zeitgleich Opfer?) [A.K.] nimmt leidvoll die Opferrolle an, die ihr einerseits sicherlich die Mutter vorlebt, wie ich im zweiten Themenschwerpunkt der Analyse zeigen werde, andererseits lässt mich eben der Eindruck nicht los, dass ihr in der objektiven Alltagswelt die 'Unschuld' geraubt wurde.

So konnte bei einer Fall-Kontrollstudie des Victorian Institute of Forensic Medicine in Melbourne, die von 1964 bis 1995 insgesamt 2759 Kinder und Jugendliche betreute, eine Korrelation zwischen dem sexuellen Missbrauch von Kindern mit einem erhöhten Risiko von späteren psychotischen Erkrankungen der Opfer festgestellt werden (vgl. Cutajar, M.C./Mullen, P.E./Ogloff, J.R.P./Thomas, S.D./Wells, D.L./Spataro, J.: Schizophrenia and Other Psychotic Disorders in a Cohort of Sexually Abused Children (Archives of General Psychiatry) Stand: 2. November 2010).

Da [A.K.] sich im Interview zu etwaigen sexuellen Übergriffen ausschweigt, ist es für den Verlauf des Analyseprozesses nicht entscheidend, ob ein körperlicher Gewaltakt oder eben ein psychischer Gewaltakt stattgefunden hat. Tatsache ist, dass [A.K.] sich durch das Verlusterlebnis, das eindeutig an die Person ihres Bruders gekoppelt ist, und durch den darauf folgenden Verrat der Mutter um ein Vielfaches verstärkt wirken konnte, traumatisiert fühlt und von einem „ekelhaften Ohnmachtsgefühl" berichtet.

Das Verhältnis zur Mutter - Die Opferrolle - Im Internat

„Sie war so still, ist nie vor und hat nie so zurück geschrien, sie war immer * sie war immer stumm und dann sind da so die Tränen die Wangen runter gelaufen."

„Oh wie ich meine Mutter, ** (erhebt die Stimme) die ist hart geworden. Die hat mich immer morgens aus dem Bett geworfen. Die war immer da, immer da, kommandiert-getadelt-kritisiert und wenn ich dann gesagt hab' „Mama, ich kann nicht. Ich hab' keine Lust." dann hat sie gesagt „Ei, dann machst es halt ohne Lust." Und wenn ich irgendwie spülen wollte, nach dem Essen musste ich ja immer den Abwasch machen, hat meine Mutter immer Fernsehen an gehabt. „Mama, ich kann nicht." „Das ist meine Wohnung und hier wird gemacht, was ich will und du hast hier gar nichts zu vermelden! Hier tanzt du nach meiner Pfeife!" (schreit fast) und ich hab' dann alles gemacht."

Im Alter von zehn Jahren wurde [A.K.] „in ein Heim getan" und dort wurde es, so beschreibt sie, „ganz schlimm." Ihr Vater, der sie regelmäßig montagmorgens ins Internat fuhr, zog auf der Fahrt böswillig über die Mutter her, das habe [A.K.] „auch nicht gut getan". Sie bezeichnet die Ehe ihrer Eltern als „nicht schön", denn es habe „ständig (...) Kampf und Streit" gegeben. Ihr Vater hat den Ton angegeben und „bestimmt", während die Mutter gehorcht hat, „still" war und sich „nie (...) hervorgetan und ihre Wünsche geäußert" hat, so beschreibt [A.K.] die familiäre Situation im

Interview. Bei dieser Schilderung wird deutlich, dass die dominante Rolle des Vaters den Gegenpol zur Opferrolle der Mutter einnimmt. Die Mutterfigur, die nie zurück schreit und alles still und stumm über sich ergehen lässt, die leise und heimlich weint, scheint im Kern eine Vorbildfunktion für [A.K.] zu haben, ähnlich sich ihre Verhaltensdispositionen doch deutlich. Schon die Mutter, und im Vorfeld sogar die Großmutter, sind in gewisser Hinsicht Märtyrerinnen, die ein Opferdasein führen. In diese 'traditionelle Frauenrolle' fügt sich [A.K.] zusehends, wie im weiteren Verlauf gezeigt wird. Im Internat, in das sie als Problemkind von den Eltern abgeschoben wird, kam [A.K.] „vom Regen in die Traufe" und litt schrecklich unter einer „Ordensschwester", die sie nicht „leiden konnte". Im Interview berichtet [A.K.] von zwei Schlüsselereignissen, die in Folge ihr Leben „zerstört" haben. Zum einen erwähnt die Oberschwester [A.K.]s Namen während einer Messe tadelnd vor versammelten Mitschülern, so dass sich [A.K.] beschämt in ein „Mauseloch verkriechen" wollte. Bei dem zweiten Erlebnis kletterte [A.K.] auf ein Kapellendach, um dort einen Federball zu holen, der während des Spiels dort gelandet war. Aus kindlicher Neugierde schaute sie „aus Vorwitz" in die höher gelegenen Zimmer der Schwestern und schnitt „Grimassen". Die besagte Oberschwester, die [A.K.] während ihrer Erzählung mit der Stimme imitiert, schrie: „[Annette], sofort runter!" Interessant ist hier, wie [A.K.] über ihre Darstellung der aufeinander folgenden Ereignisse einen impliziten Zusammenhang herstellt zwischen der schmerzlichen öffentlichen Bloßstellung durch die Ordensschwester und ihrem einmaligen kindlich harmlosen Versuch, über das Grimassenschneiden und das damit ausgelöste Gelächter die erlittene Beschämung zu kompensieren. Ihre 'Retourkutsche', Privates in einem kindgemäßen öffentlichen Spiegel zu zeigen, wird von der Ordensschwester als Untergraben ihrer Autorität aufgefasst und hart bestraft. [A.K.] bekam „ordentlich Schläge (...) mit einem Gürtel". Nach diesen Erlebnissen war es, so berichtet [A.K.], „dann ganz aus." Sie habe ihren Vater gebeten, sie aus dem Internat zu holen, doch dieser weigerte sich mit den Worten: „Nein, du willst ja bloß deinen Willen durchsetzen. Wir lassen dich im Internat.", ein weiterer Vertrauensbruch, diesmal von Seiten des geliebten Vaters. An dieser Stelle im Interview beginnt [A.K.] bitterlich zu weinen und ich reiche ihr ein Taschentuch, das sie dankend annimmt. Sie erklärt weiter: „Ja, und wie ich dann rausgekommen war, war ich für mein ganzes Leben zerstört. ** Ich hatte die Jugendschizophrenie." Interessant ist, dass [A.K.] in ihrer Diktion eine so klare Kausalkette herleiten kann, mit der sie eindeutig einen Lebensabschnitt markiert. Sie findet keinen Ort der Zuflucht und der Geborgenheit, weder in der Familie, da Bruder, Mutter und Vater sie in ihrem Erleben verraten und allein gelassen haben, noch ersatzweise in einer Vertrauensperson im Internat, wie der Ausdruck „vom Regen in die Traufe" kommen als Steigerung versinnbildlicht. Da sie in ihrer Familie keine Strategien der Hilfe lernen konnte und erfahren hat, kann sie auch außerfamiliär über keine Methoden der Selbsthilfe verfügen. Sie fühlte sich haltlos und hilflos, sie findet „keine Hilfe von keiner Seite". An dieser Stelle verwendet sie dreimal die absolute Negation 'kein' („Kein Halt und keine Hilfe von keiner Seite"), womit sie mir als Zuhörerin die subjektiv erlebte Ausweglosigkeit eindringlich nahe bringt. In ihrer Selbstwahrnehmung ist sie „völlig schutzlos" und 'gerät' in Folge der erlittenen psychischen Demütigungen und körperlichen Verletzung ohne eigenes Zutun in die Krankheit, die jedoch von ihrem familiären Umfeld nicht als solche (an-)„erkannt" wird. Mit fünfzehn hat [A.K.] wahrgenommen, dass sie nicht mehr „klar denken" kann und ihre Schullaufbahn ging abwärts. Sie sagt selbst, sie habe nur „noch Sechser geschrieben", „im Studiersaal" habe „die Schwester" sie „ganz ausgeklügelt" so oft angeguckt und da habe es in ihrem „Gehirn so gemacht". Die Unbeholfenheit des hier verwendeten Ausdrucks 'so machen' deutet darauf hin, dass [A.K.] an dieser Stelle des Erzählens das damalige Erleben in der Interviewsituation imitativ sehr unmittelbar nacherlebt, obwohl vorangehende Passagen belegen, dass sie zum Zeitpunkt des Interviews auch durchaus in der Lage ist, ihre Erkrankung distanzierter mit Fachtermini zu benennen. Ihre Darstellung weist auf die Unmittelbarkeit, die Eindringlichkeit und Tiefe des erlebten Krankheitszustandes hin, der möglicherweise in der konkreten Situation durch das bedrohliche Gefühl, ständiger missliebiger Überwachung ausgesetzt zu sein, ausgelöst wurde. Anstatt im Elternhaus auf ihren Zustand aufmerksam zu machen und zu erzählen, dass mit ihr „etwas (...) nicht stimmt" und sie „krank" sei, etwas „im Kopf" habe, erklärt sie ihren Eltern, dass sie „kein Abitur machen" wolle, sondern „mit sechzehn nach der mittleren Reife" die Schule verlasse, um „Krankenschwester" zu werden. Ins Gesamtbild der erlittenen Vertrauensbrüche passt, dass sie den subjektiv deutlich wahrgenommenen Zustand ihrer Erkrankung im Elternhaus verschweigt, da sie nicht auf Verständnis hoffen kann, und den Leistungsabfall in der Schule mit einem klar umrissenen Berufswunsch, für den sie kein Abitur braucht, zu legitimieren versucht. Hier zeigen sich erstmalig im Erklärungszusammenhang offen gelegte Vermeidungsstrategien im

Umgang mit den als verständnislos erlebten Eltern, die ihrem Wunsch erst zwei Jahre später stattgeben. Mit siebzehn Jahren verlässt sie das Internat und beginnt in Folge eine Ausbildung zur Krankenschwester, die sie jedoch kurze Zeit später aufgrund ihrer innerseelischen Verfassung wieder abbrechen muss. [A.K.] berichtet im Interview von einer „gütigen Schwester", die ihr während der Ausbildung geraten hat, „mal in die Psychiatrie zu gehen". Doch [A.K.] verlässt statt dessen „auf eigenen Wunsch" die Ausbildungsstätte und fügt bedauernd hinzu: „ich hätte auf sie hören sollen." Im Alter von dreiundzwanzig ist sie „nach einem schweren Leidensweg" „total durchgekracht" und hat einen „Nervenzusammenbruch" erlitten, der ein „Martyrium" gewesen sei. Hier zeigt die Wortwahl über Steigerungen das Erreichen einer Zäsur in ihrer Biographie an. Ihr Vater war schwerkrank und sei in der Zwischenzeit gestorben, erwähnt [A.K.] beiläufig. Ihre Mutter ist mit ihr, als sich [A.K.]s Zustand zuspitzte, zu einem Psychiater gefahren, der die Diagnose „psychisch krank" stellte und sie in die Psychiatrie einwies. Seitdem, seit den 80er Jahren, seit „dreißig Jahren" ist [A.K.] in „der Psychiatrie", so berichtet sie. Es habe nur eine Ausnahme gegeben, von 1990 bis 1999, da habe sie bei ihrer Mutter, im Haus der Großmutter, die schwerkrank war, gelebt. Diese Zeit muss für [A.K.] besonders schrecklich gewesen sein, denn „ihre Mutter war so streng und furchtbar" und ihr „Bruder habe auch ganz in der Nähe gewohnt" und sei später „sogar auch in das Haus gezogen". [A.K.] beschreibt eindringlich: „Da musste ich weg, sonst wär' ich aus dem Fenster gesprungen." Dieser Satz verdeutlicht meines Erachtens die Dringlichkeit, diesen negativ behafteten Ort, das Haus der Großmutter, zu verlassen, um einem evtl. Selbstmord vorzubeugen. Darüber hinaus scheint insbesondere die Nähe des Bruders für [A.K.] bedrohlich und spricht für meine Vermutung, dass [A.K.] möglicherweise Opfer eines Missbrauchs, gesichert zumindest seines Machtmissbrauchs wurde.

Die Mutter erscheint als eine albtraumhafte Figur, die kommandiert, tadelt, kritisiert und selbst, so scheint es, eine klare Vorstellung von „Mein" und „Dein" nach dem Tode ihres Ehemannes lebt („Das ist meine Wohnung und hier wird gemacht, was ich will und du hast hier gar nichts zu vermelden! Hier tanzt du nach meiner Pfeife!"). Dieses Verhalten muss [A.K.] ganz im Gegensatz zu der trügerisch, scheinbar versöhnlichen Reaktion von früher, dem Verrat in der Bücher-Situation erscheinen. Dennoch scheint die Mutter nicht nur 'Rabenmutter' zu sein, sondern wird von [A.K.] auch für ihre aufopfernde Grundhaltung bewundert. [A.K.] rechnet ihrer Mutter

„hoch an", so erzählt sie unter Tränen im Interview, dass diese nach dem Tod des Vaters nicht erneut geheiratet, sondern sich um ihr „krankes Kind" gekümmert habe. [A.K.] betont darüber hinaus, dass ihre Mutter sie immer und „überall" besuchen kam, in „jedes Krankenhaus". Ihre Mutter habe „sie nie im Stich gelassen". [A.K.] sendet in Anlehnung an ihr „Mutter"-Vorbild im Rahmen des Interviews selbst Doppelbotschaften, die kaum schlüssig zu deuten sind. Einerseits vergöttert und überhöht [A.K.] ihre Mutter, andererseits hat die Mutter „den Fehler ihres Lebens" begangen, als sie an ihrer Tochter Verrat übte und diese sehr wohl im Stich ließ, wie zuvor eingehend erläutert. Interessant ist, dass die Mutter sie „nie allein" besucht, sondern immer in Begleitung „ihre[r] Schwester". Diese regelmäßigen Besuche der Mutter stellen meines Erachtens eine doppelgesichtige 'aufopfernde' Pflichterfüllung dar. Betrachte ich die Mutter selbst als Opfer in familiärer Verstrickung, so lässt sich die erkrankte Tochter als ferner Spiegel ihrer eigenen früheren Lebensnot begreifen. Das heißt, die Erkrankung der Tochter erinnert sie immer wieder an ihr eigenes Leid in der früheren Opferrolle. In dieser Parallelität der Lebensrollen von Mutter und Tochter werden Momente von Schuld der Mutter erkennbar. Besuche bei der erkrankten Tochter werden ihr nur erträglich im Rückhalt und der Unterstützung durch ihre eigene Schwester, um die Fassade aufrecht zu erhalten. Sie kann ihrer Pflicht nicht alleine nachkommen, da sie Angst vor Ansteckung an der ihr nicht nachvollziehbaren Erkrankung ihrer Tochter hat. Ihre eigene Schwester scheint sie als Anker zur 'Normalität' und als Schutz zu brauchen, ein Verhalten, das die ältere Schwester von [A.K.], in der Kindheit auf Seiten des Bruders und der Mutter, bei ihrem Besuch einmal pro Jahr in seltsamer Parallelität zur Mutter wiederholt, auch sie braucht in der Begegnung eine dritte Anwesende, da sie laut [A.K.] „alleine (...) Angst vor mir" hat. In der Wahrnehmung von [A.K.] treten Mutter und Tante als mächtige Verbündete auf. [A.K.] erlebt in der Zeit, die sie gemeinsam mit ihrer Mutter im Haus der Großmutter verlebt, erneut die ungleiche Situation 'zwei gegen einen', die sich nach ihrem Empfinden emotional bereits bei der Bücher-Situation mit ihrem Bruder zugetragen hat. Diesmal sind es Mutter und Tante, die sich beim Mittagessen über „die größten Horrorgeschichten" austauschen, während [A.K.] sich „der Magen umgedreht" hat und sie in dessen Folge „eine tiefe Depression" entwickelte. Auch hier kann [A.K.] ihre damalige Situation klar benennen und thematisiert im Interview ihre Auswirkung bis in ihr heutiges Leben: „So kommt's, dass ich bis heute kaum eine Zeitung lesen oder Fernsehen gucken kann.". Auch wenn ihr Verhalten aus der Außenperspektive als Flucht aus einer ihr unerträglichen Alltagswelt gedeutet werden kann, so bleibt in [A.K]s Erleben Medienkonsum eng verbunden mit der damaligen Sensationsgier ihrer Mutter, die ihr Verhalten mit dem Argument rechtfertigte: „Sei ruhig, man muss wissen, was in der Welt passiert."

Die Kraftquelle - Der Garten Eden - Mächte

„Ich habe etwas entdeckt: Eine Kraftquelle, die mich über Wasser hält."
„Wenn man zu Gott spricht, das ist Beten. Und wenn Gott zu mir spricht, nennt man das Schizophrenie. ** Aber das würd' ich nicht sagen."
„Gott ist Vater. Gott ist gut. Gut ist alles, was er tut."

[A.K.] berichtet im Interview von einer „Kraftquelle", die sie „über Wasser hält." Damit meint sie ihre grenzenlose, unerschütterliche und hingebungsvoll ergebene 'Liebe' zu Gott, dem „Vater", der „Gutes" tut. Sie sah damals auf Großleinwand den Film „Ben Hur", von dem sie mit leuchtenden Augen während des Interviews berichtete. Der Film schildert das Leben eines fiktiven jüdischen Fürsten, der als Zeitgenosse von Jesus Christus in Jerusalem lebte. Angeregt durch dieses 'sensationelle' Kinoerlebnis, das [A.K.] „schwer beeindruckt" hat, „trat Gott" in ihr Leben. Sie ging regelmäßig in den „Klostergarten" der Krankenpflegeschule, um dort zu beten. Im Interview erzählt sie nachfolgend von drängenden Fragen, die sie sich selbst im Stillen, vielleicht jedoch auch Gott im Gebet gestellt hat: „Mensch, gibt es etwas Schöneres und Größeres als dieses Leben, als dieses wahnsinnige Leben? Gibt es etwas, für das es sich auch zu leiden lohnt? Gibt es einen Sinn? Wo kommen wir einmal hin, wenn wir gestorben sind? Was ist im Menschen drin?" Im Rahmen ihrer Erkrankung habe sie einen Zustand erlebt, in dem sie sich „selbst gesehen" habe. Sie sagt: „Meine Seele, wie ein großes flaches Land mit Bäumen ohne Anfang, ohne Ende, ein Dasein, schöne Räume." Dieses Szenario versinnbildlicht eine heilvolle, friedliche und paradiesische Welt, den Garten Eden, der in seinem Hier und Jetzt zeitlos den Gegenpol zu der für [A.K.] unerträglichen Alltagswelt darstellt. Nahezu wegdriftend in fremde Welten berichtet [A.K.] von zwei zentralen Schlüsselerlebnissen, die im Rahmen ihrer Krankenbiographie als akustische und visuelle Halluzination gedeutet werden können. Zum einen habe sie eine Begegnung mit Jesus am Kreuz erlebt, zum anderen sei ihr Pater Kentenich, den sie als „Goldader" bezeichnet und verehrt, wie Jesus bzw. Gott selbst, erschienen. („Mein ganzes Zimmer ist heute voll mit Schriften, mit Büchern, was Pater Kentenich sagt.") Dieser habe ihr eine zentrale Botschaft übermittelt, die für sie auch heute noch heilende Kräfte beinhaltet.

Bei dem ersten Erlebnis, wie sie mir aufgeregt berichtet, habe ein „Mann" an einem hohen „Kreuz" gehangen, der sie „auf einmal" angeguckt habe. Sie bemerkt während ihrer Erzählung kurz, dass andere dieses 'Phänomen' eventuell als Schizophrenie deuten könnten, sie scheint dem Krankheitsbegriff in diesem Kontext jedoch wenig Relevanz einzuräumen. Für mich überraschend verstellt [A.K.] im Interview plötzlich ihre Stimme und ahmt die Situation bzw. das Gespräch nach: „Du, du da am Kreuz! Sag mal, dir geht's auch nicht gut, gell? Was sind das für fürchterliche Schmerzen, da zu hängen?" Und dann habe „er" zu ihr „gesprochen", ein Erlebnis, das sie „nie vergessen" werde. Ihre Begegnung sei etwas „Wunderschönes" gewesen, wie sie dreimal wiederholt, bei der „auf einmal" so „eine Wärme" kam. Sie scheint sichtlich berührt und berichtet unmittelbar darauf folgend von dem zweiten einschneidenden und zentralen Erlebnis, in dem „plötzlich" ein Bild von „Pater Kentenich" erschien, der sie anschaute, „als wenn der leben würde". Diese Erscheinung sei, wie „aus einer anderen Welt" gewesen, berichtet [A.K.]. Sie habe das Bild umgedreht und auf der Rückseite habe sie die Botschaft empfangen, die sie „bis zum heutigen Tag getröstet" habe. Während sie erzählt, scheint sich sich lebhaft zu erinnern, da sie sich interessanterweise erneut erstaunt und überrascht zeigt. Die 'Botschaft', die sie im Interview als auswendig gelernte Textpassage rezitiert, erinnert von der Intonation her in seiner Schlichtheit an ein einprägsames Gebet. („Und denken Sie an die schlichte Wahrheit: Gott ist Vater, Gott ist gut. Gut ist alles, was er tut.")

Besonders interessant und kennzeichnend erscheint mir, auch im Rückblick auf die Interviewsituation selbst, dass [A.K.], während sie von diesen beiden Schlüsselerlebnissen berichtet, erneut in die Situationen zu driften scheint, damit meine ich, dass sie krankheitsbedingt die Halluzinationen und Wahnvorstellungen, auch über den akuten Zeitpunkt der Erscheinung hinweg, durch Erinnerung wiederbeleben kann (sich z. B. erneut erstaunt zeigt) und sich in gewisser Weise somit in ihrer wahnhaften Weltvorstellung bestätigt fühlt und sie diese damit aufrecht erhält. In [A.K.]s Weltverständnis begegnen uns zwei Gott-Figuren. Zum einen ein leidender Christus am Kreuz, ein Erlösergott, der durch sein Leiden, seinen hingebungsvollen Tod, die Sünden der Menschen auf sich nimmt und diese durch seine aufopfernde Haltung erlöst. [A.K.] selbst übernimmt dieses Märtyrerverhalten, indem sie, so scheint es, die Sünden der Menschen und insbesondere die 'Sünden ihrer Familie' sühnt und das Leid auf sich nimmt. Hierin besteht für sie der Sinn ihres Leidens, der „Wahnsinnskampf" ihrer Erkrankung. Sie erlebt sich als „Werkzeug" Gottes, der, wie sie sagt, ihr Schicksal lenkt und leitet „nach einem weisen Liebesplan". Ihr Leben und ihr Leiden orientieren sich dabei an dem Vorbild des Erlöser- und Opfergottes. Sie erlebt die Situation in einer zwanghaften Wiederholung nach und hält somit den krankhaften Teufelskreis aufrecht. Auf der anderen Seite begegnet uns in ihrer Vorstellung auch Gott als Allwissender, moralisch Wertender und Richtender. Hier findet meines Erachtens eine Übertragung statt. Sowohl Vaterfigur als auch Bruderfigur können in [A.K.]s Biographie als Gottfiguren, als Vatergott und Brudergott gedeutet werden, da das ehemals schmerzlich erlebte Beziehungsgeschehen in den Gottfiguren reaktiviert wird. Die Schlüsselerlebnisse mit Vater und Bruder beeinflussen in je spezifischer Weise [A.K.]s biographischen Bildungsprozess, ihr Leben. Sie beherrschen durch ihren bestimmenden Charakter [A.K.]s Leben und üben an ihr Verrat. Der Brudergott verletzt und beraubt sie im Rahmen der Bücher-Situation, wie zuvor eingehend beleuchtet. Der Vater fügt ihr großen Schmerz zu, indem er sie auch auf mehrfach drängendes Bitten hin nicht aus dem Internat holt, sondern schicksallenkend bestimmt, dass sie dort bleiben muss, was, wie sie im Rahmen des Interviews sagt, maßgeblich mit dafür verantwortlich ist, dass in Folge ihr „ganzes Leben zerstört" war. In diesem Kontext erscheint eine Stelle im Interview sehr vielsagend. Als der Vater auf seinem Sterbebett liegt, prophezeit er 'gottgleich', dass [A.K.]s Mutter „noch viel viel Probleme und Sorgen" mit [A.K.] haben werde, diese jedoch „nichts dafür" könne, dass sie „krank im Kopf" sei. Die Art, wie [A.K.] im Interview von dieser 'Prophezeiung' spricht, deutet darauf hin, dass sie diese vermeintliche Aussage ihres Vaters als Gottesäußerung wahrnimmt, umdeutet und anerkennt. Der Vater erscheint in dieser Erzählung als allwissende und wegweisende Figur, die nicht kritisiert und in Frage gestellt werden darf. Möglicherweise trägt die Vorstellung dieser Prophezeiung auch einen versöhnlichen Charakter, bedenkt man, dass der Vater [A.K.] für die vielen Probleme und Sorgen, die sie bereitet hat und in der Zukunft bereiten wird, vergibt und verzeiht, da sie, wie gesagt „nichts dafür" könne. Ist diese Prophezeiung eine Wunschvorstellung von [A.K.], um ihrem Vater seine Dominanz und sein prägendes 'Nicht-Handeln' (Internatszeit) zu verzeihen und ihn als Mensch entlasten und somit auch über seinen Tod hinaus als Gottesfigur verehren zu können? Damit wird er unantastbar. Ähnliches beschreibt [A.K.] im Bezug auf ihren Bruder, der trotz seines Fehlverhaltens nicht „nur schlecht" sei, wie sie sagt. Ihr Bruder sei auch nur „Werkzeug" Gottes gewesen, was meines Erachtens in ihrem Lebenskontext nichts anderes bedeutet, als dass die Handlungen ihres Bruders ganz im Sinne Gottes geschehen seien, der nach ihrem Weltbild das Schicksal der Menschen lenkt und leitet und im Sinne eines Gleichgewichtes die Sünden der Welt auf auserwählt Leidende, zu denen [A.K.] sich selbst zählt, verteilt. Somit sind sowohl die Handlungen, Prophezeiungen und Verhaltensweisen des Vatergottes als auch jene des Brudergottes in [A.K.]s Vorstellung legitim, weil gottgewollt. Sie dienen sozusagen einem höheren Zweck und Ziel. Der Mutter kommt eine interessant ambivalente Rolle zu. Zum einen wird sie als Opferfigur (z. B. gegenüber ihrem dominanten Mann als Täter) dargestellt. Auf der anderen Seite wird sie selbst, als ihr Mann verstorben ist und [A.K.] erneut unter ihrem Dach lebt, zu einer 'rachsüchtigen' Person, die bestimmt, entscheidet, tadelt und straft. [A.K.] sagt selbst: „Aber meine Mutter hat dann schon ihren Mann gestanden, später im Leben." Diese Aussage, auch wenn es sich um eine Redewendung handelt, deutet darauf hin, dass die Mutter aus [A.K.]s Perspektive die Vaterfigur übernimmt und stellvertretend einnimmt. Demnach findet auch hier eine Übertragung statt. Die Situationen von Verrat, die [A.K.] im Sinne von bildenden Schlüsselerlebnissen in ihrer Biographie mehrfach erlebt, drängen sie zunehmend in die Opferhaltung hinein, die sie demütig, weil von Gott gewollt und bestimmt, annimmt, „ohne sich mal zu wehren". Diese Haltung sich selbst und dem Leben gegenüber ist einerseits sicherlich krankheitsbedingt zu deuten, stellen die zahlreichen 'Erscheinungen' doch Halluzinationen und Wahnvorstellungen dar, die als sogenannte Positivsymptome der Schizophrenie gewertet werden können. Gleichermaßen lässt sich die 'Erfindung', der Aufbau und das Festhalten an der wahnhaften Wirklichkeitswelt, als parallele Paradieswelt, als Ausweg und Flucht aus einer biographiebedingt unheilvollen und für [A.K.] unerträglichen Alltagswelt verstehen. Aus der Außensicht der Psychopathologie lässt sich der Zusammenhang erklären als Ausdruck eines sich verfestigenden Gefängnisses, das selbstreferenziell funktioniert und von außen nicht beeinflussbar ist. Aus der Innenansicht der Krankenbiographie lässt sich die Selbstkonstruktion als notwendige Überlebensstrategie verstehen, für die starke religiöse Momente in ihrem bisherigen Leben prägend waren.

Die Gesellschaft - Ein Albtraumszenario

„Aber wie's in der Gesellschaft aussieht, wird es wohl so sein, dass wir auch irgendwann als lebensunwert bezeichnet werden.** Man geht ja schon das-das ungeborene Kinder werden ja schon umgebracht, im Bauch. Die alten Menschen, an denen wird ja auch genagt und irgendwann sind wir, die chronisch Kranken auch wieder an der Reihe. Also, das glaube ich."

„Ich hab' nur einen Wunsch, dass ich nicht mal an Selbstmord sterbe. Das ist mein einziger Wunsch."

[A.K.] beschreibt im biographisch narrativen Interview ihre Wahrnehmung der Gesellschaft und zeichnet damit ein wahres Albtraumszenario. Sie vermutet, dass so, „wie's in der Gesellschaft aussieht", es sich abzeichne, dass sie, die „chronisch Kranken", bald als „lebensunwert" bezeichnet würden. Es sei nur eine Frage der Zeit, spekuliert sie. Darüber hinaus führt sie ausführlich an, dass bereits ungeborene Kinder getötet und an Alten genagt werde. Insbesondere während ihrer emotional geladenen 'Rede' über Abtreibung, bei der sie traurig, schockiert und aufgebracht klingt, wird es mir, als aktiver Zuhörerin und Beobachterin, unwohl und schauerlich zu Mute. Sie sagt: „Schauen Sie mal, wie viele Abtreibungen, wie viele Morde! Das ist kein Stück Holz im Leib. Das ist Leben und diesen armen Kindern werden Ärmchen und Beinchen ausgerissen, der Kopf abgerissen, wenn die abgesaugt werden. Wie schrecklich ist das? Das schreit zum Himmel!" Hierbei nimmt sie deutlich nach ihrem Verständnis die Perspektive der offiziellen christlich katholischen Kirche ein und ruft nahezu mahnend in die Welt und sogar darüber hinaus bis „zum Himmel" als unmittelbar an Gott gerichtete Botschaft, dass schauerliche Morde geschehen, was sie detailverliebt ausschmückt. Interessant ist, dass [A.K.] aus einer sie in ihrem Leben unmittelbar bedrohlich erscheinenden Perspektive sich hingebungsvoll, allemal emotional involviert mit 'schrecklichen Horrorgeschichten' auseinandersetzt, was an die albtraumhaften Erzählungen ihrer Mutter und Tante erinnert. [A.K.] scheint dementsprechend vermutlich unbewusst die Verhaltensstruktur der Mutter in diesem Punkt übernommen zu haben und sie nachzuahmen.

Im Verlauf des Interview spricht sie an anderer Stelle erneut von Mord, d. h. konkret von Selbstmord. Sie sagt wortwörtlich: „Ich hab nur einen Wunsch, dass ich nicht mal an Selbstmord sterbe. Das ist mein einziger Wunsch." Dieser Wunsch, in seiner paradoxen Ausdrucksweise, einerseits „Selbstmord" als die selbstbestimmte und aktive Handlung, dem eigenen Leben ein Ende zu setzen, im Gegensatz zu einem passiven 'daran' (an dem, was die Erkrankung an Handlung auslöst?) zu sterben, scheint ihre größte Angst auf den Punkt zu bringen. Im Rahmen von [A.K.]s wahnhafter Gotteshörigkeit stellt Selbstmord eine Sünde dar, wie das Gebot 'Du sollst nicht töten' versinnbildlicht. Demnach handelt es sich um die Angst, Unrecht vor Gott zu tun, was möglicherweise bei [A.K.] mit einer Angst vor dem jüngsten Gericht einhergeht. Gleichzeitig spiegelt ihr Wunsch, nicht Selbstmord zu begehen, in berührender Weise, wie hilflos, einsam und 'verlassen' sie sich fühlen muss. Mit 'verlassen' meine ich in erster Linie den Verlust ihrer Selbst, in dem Sinne von nicht mehr Herr ihrer Selbst sein, also Selbstverlust. So fühlt sie sich scheinbar auch krankheitsbedingt unfähig, zu jedem Zeitpunkt sie selbst sein zu können, sich kontrollieren zu können, was in der äußersten Situation sogar eine für sie lebensbedrohliche Konsequenz bedeuten könnte und ihre größte Angst darstellt.

Das Apfel-Motiv

„Mein Bruder meinte, ich wäre durch und durch ein fauler Apfel."

„Wie ein Engel vom Himmel kam die [Anna] am Dienstag, als es mir ganz schlecht ging. ** Da hat sie mir ein paar Äpfel von ihrem Baum mitgebracht. Und ich hab' mich so gefreut. Das sind doch Bioäpfel, die schmecken doch so gut."

Der Apfel als motivträchtiges Symbol taucht in [A.K.]s biographischer Narration wiederholt auf. In der biblischen Erzählung lässt sich Eva von der Schlange, entgegen dem Verbot Gottes, verführen, vom 'Baum der Erkenntnis' zu essen. Nach dem Genuss der verbotenen Paradiesfrucht müssen Eva und Adam ihre Nacktheit erkennen (Schamgefühl) und bedecken und werden aus dem Garten Eden, aus dem Paradies vertrieben. Das Essen des verbotenen Apfels der Erkenntnis kommt im christlichen Verständnis einem Verrat oder mindestens einer Abkehr von Gottes Geboten, einer Rebellion gegen Gott gleich. Eine bestimmte Ausdeutung im Christentum, der sich [A.K.] in ihrer subjektiven und auch wahnhaften Welt sehr verbunden fühlt, spricht von dem Sündenfall. Nach dieser Deutung handelt es sich um die Ursünde oder Erbsünde, die beinhaltet, dass jeder Mensch als Nachkomme von Adam und Eva in seiner eigenen Freiheitsgeschichte vorbelastet ist. Mit anderen Worten meint Erbsünde, nach diesem Verständnis und wie im Wortkern selbst enthalten, dass sich die Sünde 'vererbt', also generationsübergreifend von Bedeutung ist. Seit der Vertreibung aus dem Garten Eden ist der Mensch 'menschlich', also sowohl 'gut' als auch 'böse' und muss sich in dieser christlichen Wertvorstellung anhand moralischer Gebote 'frei' entscheiden. Seine Handlungen können demnach aus moralischer Perspektive 'gut' oder 'böse' sein. Aus einer eher philosophischen Betrachtungsweise stellt der Sündenfall meines Erachtens den Tatbestand dar, dass der Mensch fehlbar ist und somit unvollkommen im Gegensatz zu einer 'vollkommenen Gottfigur'. Ich halte diese 'Unvollkommenheit' jedoch keineswegs für eine Unzulänglichkeit, sondern vielmehr für einen wesentlichen Bestandteil menschlicher Natur. Das Entlastende dieses anthropologischen Arguments kann [A.K.] jedoch nicht annehmen, da ihre Denkweise tief religiös motiviert ist und in sich verstrickt erscheint. Im Kontext von [A.K.]s Äußerungen im biographisch narrativen Interview kommen dem Motiv des Apfels zwei sehr unterschiedliche Bedeutungen zu. Zum einen spricht sie, wie zuvor erläutert, von ihrem Bruder, der sie als „durch und durch fauler Apfel" bezeichnet. Folgt man der Deutung, dass [A.K.] ihren Bruder als Brudergott, (der richtet, entscheidet, dominant bestimmt etc.) wahrnimmt, weist seine Aussage für sie in ihrer subjektiv konstruierten Weltanschauung möglicherweise auf ihren eigenen 'Sündenanteil in der Welt' hin. Sie, ihr Inneres, ihr Kern, ist aus seiner Perspektive, die sie möglicherweise gedanklich übernimmt, nicht sündenfrei, sondern 'schuldig' und 'faul'. Tatsache ist, dass der symbolische Gehalt des Wortes „fauler Apfel" für sich spricht und meines Erachtens überaus bedeutungsträchtig ist. Wie zu Beginn der Analyse erläutert, deutet meines Erachtens sowohl die Wortwahl und insbesondere das schüchterne und wehrlose Verhalten [A.K.]s, während sie von ihrem Bruder berichtet, auf einen möglichen sexuellen Übergriff und Missbrauch hin. Sinn stiftend erscheinen mir in diesem Zusammenhang die folgenden Assoziationen: Der Apfel gilt als Symbol des Sündenfalls; er löst die Vertreibung aus dem Garten Eden aus, der in [A.K.]s Welt die rettende Paradieswelt darstellt; der Apfel ist faul, d. h. befleckt und nicht unbefleckt, nicht mehr rein und göttlich; der Apfel, seine Hülle, wurde von außen angetastet, was einen möglichen Verfaulungsprozess im Kern, also Innen begünstigt; Außen und Innen lassen sich als zwei Ebenen, die bewusste und die unbewusste unterscheiden; als weitere Zweiteilung innerfamiliärer Strukturen ist denkbar, dass der Schein weiter glänzen muss, d. h. die Fassade nach außen aufrecht erhalten wird, während das Sein, d. h. das Tatsächliche verheimlicht und verschwiegen wird. Darüber hinaus erscheint interessant, den Gedanken der Erbsünde, der Mehrgenerationensünde weiter zu folgen. [A.K.] orientiert sich in ihrer aufopfernden und leidenden Haltung, wie bereits ausführlich beschrieben, stark an ihrer Mutter-Figur und erwähnt darüber hinaus, dass ihre Gläubigkeit insbesondere von ihrer Großmutter, einer „schwer kranken Frau, (...) die ihre Schmerzen alle laut betend ausgehalten hat" schon als „Kind" geprägt wurde. Diese Verstrickung und Verwebung der generationsübergreifenden Prägungen erscheinen im biographischen Bildungsprozess der [A.K.] eine wichtige Rolle einzunehmen. Im Verlauf des Interviews zitiert [A.K.] eine Textpassage, die laut ihren Aussagen von Pater Kentenich stammt: „Wo wir unsere Natur schicksalhaft empfinden, hängt alles davon ab, dass wir uns mit einer höheren Macht verbinden. Ich habe keine Angst, wegen des unerschütterlichen Vertrauens auf die Macht der Gottesmutter. Die Gottesmutter muss uns wandeln. Sie ist die große Erzieherin." Einerseits leiert [A.K.] die Textpassage, wie ein auswendig gelerntes Gedicht herunter, monoton und belanglos. Doch im Kontext meiner Analyse erscheint mir die Erwähnung der „Macht der Gottesmutter", die den Menschen aus [A.K.]s Perspektive „wandeln" muss und als „große Erzieherin" und nach traditionell katholischem Verständnis gerade in ihrer Jungfräulichkeit der unbefleckten Empfängnis den Bildungsprozess vorantreibt, hervorzustechen. Möglicherweise übernehmen [A.K.]s Mutter und ihre Großmutter im biographischen Bildungsprozess der [A.K.] eben jene Funktion der „Erzieherinnen" mit Vorbildcharakter, was auch im Kontext einer Mehrgenerationensünde interessant erscheint. [A.K.] selbst verweist im Bezug auf das zitierte Textfragment des Pater Kentenich auf ihre eigene „kranke Natur", die sinnbildlich sicherlich auch im Zusammenhang mit dem „faulen Apfel", soll heißen, dem nicht Perfekten, Reinen und Göttlichen zu deuten ist. An anderer Stelle des Interviews berichtet [A.K.] von dem Besuch ihrer Freundin [Anna], die sie mit einem „Engel" vergleicht, der vom „Himmel kommt." Diese schenkt ihr „ein paar Äpfel von ihrem Baum", über die sich [A.K.] merklich, auch im Rückblick auf die real erlebte Situation, sehr freut. Handelt es sich in [A.K.]s Phantasie um „Bioäpfel" aus dem Garten Eden, die Heil und Rettung symbolisieren? Im Gegensatz zu Eva, die gegen Gottes Gebot handelte, darf der 'Engel' [Anna] Äpfel von ihrem eigenen Baum pflücken und sie [A.K.] als ein 'vom Himmel' kommendes Geschenk darbieten. Diese frischen Bioäpfel bilden ein starkes Gegenmotiv zu dem im Vorfeld erwähnten „faulen Apfel". Meines Erachtens schafft sich [A.K.] mit der Deutung der [Anna]-Äpfel im Sinne von 'himmlischen Paradiesfrüchten' selbst ein starkes Gegenmittel, eine symbolische Medikation zu dem symbolträchtigen Gift des 'faulen Apfels'. Man könnte in der Deutung weiter gehen und behaupten, dass der Verfaulungsprozess selbst die Endlichkeit des Menschseins, die Krankheit und letztlich den Tod samt damit einhergehendem Stillstand symbolisieren, eine Endgültigkeit, vor der [A.K.] sich wie die meisten Menschen fürchtet. Den Gegensatz dazu bilden die 'himmlischen Äpfel' als milde Gabe Gottes, die [Anna] als Engel, als Heilsbotin darbietet. Die 'himmlischen Äpfel' vermögen das Leiden zu lindern und stellen darüber hinaus für [A.K.] möglicherweise eine Art 'Gottesbeweis', zumindest einen Beweis für die Existenz des 'Garten Eden', ihrer Paradieswelt dar - ein starkes Symbol für das 'ewige Leben' im Gegensatz zu dem Verfaulungsprozess, bis hin zum Stillstand, zum 'Tod'.

Im Rückblick - Eine Distanzierung

Im Falle von [A.K.] fällt mir ein distanzierender Rückblick ungleich schwerer. Ich beginne mit einer Zusammenfassung der Momente, die aus meiner Sicht Aufschluss über aktive und passive Anteile in ihrem Bildungsprozess geben.

[A.K.] ist kein Kind der Liebe, sie erlebt die konfliktreiche Beziehung zwischen einem dominanten 'Über'vater und einer Mutter, die sich unterwirft und im Konflikt Bündnisse mit dem älteren Sohn gegen den Vater und ihre gleichgeschlechtliche Tochter schmiedet. Sie wird frühkindlich traumatisiert, da sie keinen stabilen emotionalen Halt durch 'erwachsen' gewordene Eltern erfährt. Die als Kind erlebte Missachtung und Funktionalisierung durch die Eltern und durch den Bruder, der als Sprachrohr der Mutter und auch an Vaters Stelle auftritt, führt zu einer tiefen Verletzung, die [A.K.] ihr Leben lang begleitet. Es ist eine Wunde, für die sie keine Heilung findet. Da sie als Kind zu wenig geliebt wird, zieht sie sich in sich selbst zurück und baut sich ersatzweise eine ganz eigene Welt. Aber der Aufbau einer ihr eigenen Fluchtwelt, sich als Leseratte über die Fiktion der Bücherwelt aus dem konfliktreichen Alltag weg zu träumen und im symbolischen Probehandeln der Fiktion eigene

Erlebniswelten aufzubauen, wird ihr durch den Eingriff des Bruders, der dessen Ge-
fährlichkeit ahnen mag, von Anfang an verwehrt. Ihre kurz aufflammende Revolte
gegen das erlittene Unrecht wird durch den Vertrauensbruch der Mutter als Verbünde-
ter des übermächtigen Bruders im Keime erstickt. Ihr weiterhin bestehendes kindlich
berechtigtes Bedürfnis nach einer positiven Spiegelung im Anderen bleibt unbeantwortet. So entwickelt sie aus dem emotionalen Mangel eine eigene pathologische
Welt des Leidens, durch die Familie nicht befähigt, einen tauglicheren Lebensentwurf
von sich und den Anderen zu entwickeln. Hier bietet ihr die katholische Kirche in einer streng traditionalistischen Gottesvorstellung, die im Elternhaus, insbesondere
über die Gläubigkeit der Großmutter gepflegt wird, ein 'passendes' Modell der lang
eingeübten Unterwerfung, der Unfähigkeit, sich zu wehren, ein Modell, das sich als
Falle erweist. Das zur Selbstfindung notwendige Aufbegehren als aktiver Anteil ihrer
Lebensgestaltung blitzt nur noch kurz auf, als sie den für sie von der Familie vorge-
zeichneten Weg zum Abitur abwendet und als sie das Haus fluchtartig mit dem
dortigen Einzug des Bruders verlässt. Beide Ereignisse verbindet die erlebte lebensbedrohliche Situation, vor der sie in Krankheit flüchtet. Ihre verständliche Sehnsucht
nach harmonischem Einssein mit sich und der Welt, nach Paradies und Erlösung von
allem Übel wird von einer traditionell christlichen Vorstellung mit der Identifikations-
figur des gekreuzigten Christus als Erlösergott und Märtyrer bedient. Auf der
Grundlage ihrer familiären Sozialisation ist es letztlich nicht verwunderlich, dass
[A.K.] eine Wahnwelt im religiösen Bereich ausbildet, auch wenn mir selbst das von
ihr errichtete Gedankengebäude sehr fremd bleibt. In der Inszenierung der Gotteser-
scheinung hat sie durch Anpassung und Unterwerfung Anteil an dem grausam
idealisierten Bild des Gekreuzigten, an seiner Vollkommenheit als Auserwähltem und
empfindet (über)menschliche Wärme. Jesus ist nach ihrem religiösen Verständnis als
Gottes Sohn Mensch geworden, um in einer Opferhaltung die Welt von ihrem Leiden,
ihrer Endlichkeit und Unvollkommenheit, sprich von der Erbsünde zu erlösen. Als
vom Tode Auferstandener gibt er ein Versprechen auf Heilung, auf paradiesische Zu-
stände, auf die ersehnte vollkommene Einheit. Diese aus meiner Sicht überfrachtete
theologische Vorstellung nimmt [A.K.] in ihrer Situation bereitwillig an, verspricht
sie doch Entlohnung für das ihr angetane Unrecht und Leid. In diesem in sich ge-
schlossenen System wirkt stabilisierend, dass [A.K.] sich fataler Weise eine gewisse
Mitschuld bzw. Mitverantwortung am Leiden dieser Welt zuspricht. Sie nennt 'Hoch-

mut' als eine der sieben Todsünden, der sie als junge attraktive Frau ausgesetzt und erlegen sei; sie imaginiert eine mögliche Ehe, die sie im gleichen Atemzug sich nur als zum Scheitern verurteilt vorstellen kann („Ich war früher ein bildhübsches Mädchen. Ich hatte früher so langes blondes Haar. Das ist mir ausgegangen, wegen der Medikamente. ** Also ich hatte auch diese Ambitionen. Ich glaub', wenn ich gesund geblieben wäre, ich wäre vielleicht auch geschieden und ** ja, das Leiden hat mich, ja, ** es ist ein sinnerfülltes Leben.“). Hier wird ihr System der Umdeutung als in sich geschlossenes offenkundig: Die Summe erlittener Verratssituationen führt sie in ihrem Lebensweg in die Erkrankung; auch in späteren Lebensphasen erlebt sie in zwanghaften Wiederholungen die frühe Traumatisierung z. B. im Verrat durch ihren Freund [Thorsten], der sich während eines ihrer Klinikaufenthalte „eine andere Freundin angelacht hat“ oder in der aktuellen Situation „Jetzt hat aber vor drei Wochen mein Freund gesagt, er möchte gerne wieder nach [N.] ziehen. Da hab' ich gedacht: Und ich, spiel' ich denn in seinen Plänen überhaupt keine Rolle? Was ist das denn dann für ein Freund? Dann liebt der mich ja gar nicht.“. Man könnte vermuten, dass sich in dieser späten Erkenntnis erste Anzeichen einer Auflehnung kundtun. Der jammervolle Ton, mit dem die Klage vorgebracht wird, spricht allerdings gegen eine solch positive Deutung aktiver Anteile der Bearbeitung von Verletzung. Mir scheint auch hier eher das lang erprobte System, Opfer einer Traumatisierung zu sein, zu greifen. Ersehnte Liebe wird in sich selbst erfüllender Prophezeiung verhindert, da sie sich selbst nicht als liebenswert wahr- und annehmen kann.

In der als subjektiv notwendig erlebten Flucht in kranke Ersatzwelten wird der eigene Anteil, aus allzu engen Grenzen auszubrechen, sich zu befreien, sich im Austausch mit Anderen zu definieren als fehler-, makel- und sündhaft besetzt. Legitimation erfährt ihr Leiden im Rahmen einer fundamentalistisch ausgerichteten katholischen Kirche, wenn [A.K.] ihre Leidensgeschichte in einen größeren Zusammenhang der Familiengeschichte rückt und zur Erklärung die Aussage eines Priesters aufgreift: „Mein Vater hatte eine Schwester. Diese Schwester hat einen Millionär geheiratet, den [Herrn A.], der äh * der äh * der Gründer der [L.]-Messe ist. Das sind hochmütige Leute und Hochmut ist eine Todsünde. Und mit dem Sohn und mit dem Cousin hab' ich als Kind immer gespielt. ** Ja, und jetzt hat mir ein Priester gesagt, vielleicht deckt Ihr Leidensweg eine große Sünde in ihrer Familie zu. Wer weiß?“. Sie scheint bereitwillig unverschuldet frühere Schuld ihrer Familie in Analogie zum Gekreuzigten auf sich zu nehmen und damit ihrem Leiden sowie dem Leiden in der Welt insgesamt Sinn zu verleihen. Die Symbolik des Kreuzes bietet sich [A.K.] als Identifikationsobjekt in ihrem religiösen Verständnis an; begünstigt wird diese Fehlentwicklung jedoch durch das theologische Deutungsmuster, mit dem ihr Leiden im Verzicht auf ein eigenes, auch sexuelles Leben zum Idealbild überhöht wird; sie wird zur Märtyrerin aufgewertet, die die Familie von begangenem Unrecht und Erbsünde erlöst. Damit wirkt sich der Einfluss der katholischen Kirche als Institution und in ihrer fundamentalistischen Ausprägung in fataler Weise stabilisierend, verstärkend und legitimierend auf die frühkindlich eingeübte Unterwerfungshaltung und die angenommene Opferrolle aus und verhindert systematisch die Ausgestaltung einer reifen und autonomen Persönlichkeit, was der jüngsten Schwester von [A.K.] durch frühe reale Flucht gelungen zu sein scheint, wie [A.K.] bewundernd berichtet.

Die Allmachtsphantasien von [A.K.] als Erlöserin erinnern mich an Momente der psychopathologischen Leidensgeschichte des Schriftstellers J.R.M. Lenz, die Georg Büchner in seiner Erzählung 'Lenz' Schritt für Schritt mit großem Einfühlungsvermögen als Krankheitsbild der Schizophrenie aufzeichnet. Trotz aller Unterschiedlichkeit im Naturerleben ist beiden gemeinsam der Wunsch nach Einswerden, nach Harmonie mit der universellen Schöpfung („er meinte, er müsse den Sturm in sich ziehen, Alles in sich fassen, er dehnte sich aus und lag über der Erde, er wühlte sich in das All hinein, es war eine Lust, die ihm wehe tat;" Büchner 1980, S. 69) ebenso wie das große Leiden am Leiden der Welt („Das All war für ihn in Wunden; er fühlte tiefen unnennbaren Schmerz davon." ebd., S. 74), an ihrer Fehlbarkeit, an der 'himmelschreienden' Ungerechtigkeit, dass unschuldige Kinder leiden und sterben müssen. Die Revolte äußert sich bei Lenz in seiner Allmachtsphantasie und dem zum Scheitern verurteilten Versuch, ein totes Kind wieder zum Leben erwecken zu wollen („dann sank er ganz in sich und wühlte all seinen Willen auf einen Punkt, so saß er lange starr. Dann erhob er sich und faßte die Hände des Kindes und sprach laut und fest: „Stehe auf und wandle!" Aber die Wände hallten ihm nüchtern den Ton nach, daß es zu spotten schien, und die Leiche blieb kalt." ebd., S. 82).

Gemeinsam ist beiden weiterhin Enttäuschung, Liebesentzug, Verrat in religiös verankerten Elternhäusern, die in der Symptomatik der Krankengeschichten zu schnellen

118

Wechseln einer manisch depressiven Gemütsverfassung führen, zu Unruhezuständen, Getriebenheit und heftiger innerer Erregung.

Der in Lenz am Ende der Erzählung erreichte Zustand der Apathie wird für mich in (noch) abgemilderter Form als Bedrohung spürbar, wenn [A.K.] ihre Angst anspricht, 'an Selbstmord zu sterben'. Im Resignativen dieser Situationen, im Erleben von Ohnmacht erscheinen mir beide verwandte Seelen, trotz aller Unterschiedlichkeit der zurückgelegten Wege. Diese beiden Menschen aus unterschiedlichen Epochen, mit augenscheinlich unterschiedlichen Lebenswegen, bei Lenz geprägt durch die Herkunft aus einer streng pietistischen Pastorenfamilie, bei [A.K.] geprägt durch ein katholisch traditionalistisch orientiertes Elternhaus, haben für mich eine erschütternde Seelenverwandtschaft. Ich sehe ihre Verwandtschaft in der Erkenntnis, dass das im Erwachsenen fortlebende Kind in der Kindheit in beiden Familien keine Chance hatte, sich auf ein selbstbestimmtes Leben vorzubereiten.

Im Verlauf des Interviews habe ich [A.K.] in schnell aufeinander folgenden wechselnden Erregungszuständen sehr nah erlebt als äußerst sensiblen, verletzlichen und tief verletzten Menschen. [A.K.] zeigte sich mir gegenüber in der Lage, schon zu Beginn des Interviews Gefühle innerer Zerrissenheit zu äußern („Ich-ich hab' tausend Gedanken. Ich kann mich gar nicht mehr auf eine Arbeit konzentrieren und Hausarbeit ist im Moment furchtbar."). Bewundernswert finde ich, mit welcher inneren Kraft es ihr gelungen ist, die Interviewsituation auch in der Phase intensiven Nachfragens nach sensiblen Punkten aufrecht zu erhalten, mehr noch mir vertiefend Einblick in ihr Seelenleben zu geben trotz ihrer auch mehrfach wiederkehrenden Signale, das Interview zu unterbrechen bzw. aus meiner Sicht vorzeitig zu beenden („Ja, * meinen Sie ich könnte da jetzt mal kurz mit dem [Herrn L.] sprechen?" „Der hat noch bis elf Uhr einen Termin, so viel ich weiß." „Weil ich hab' da jetzt jemanden gehen gehört." „Vielleicht reden wir noch bis elf und dann? Ist das in Ordnung?" „Ja, * ja.") Einen rücksichtsvollen Umgang mit von ihr bestimmten Pausen und den Ausdruck des Mitgefühls meinerseits konnte sie als Zeichen des Vertrauens annehmen, das ihr erlaubte, mir auch ihr großes Geheimnis der Kraftquelle anzuvertrauen („Ich weiß aber nicht, ob ich Ihnen das sagen soll. Das ist nämlich, * ja das ist, * ich habe etwas entdeckt: Eine Kraftquelle, die mich über Wasser hält."). Ich habe wahrgenommen, dass [A.K.] sich für die Situation anderer Menschen in ihrer Umgebung interessiert, sich um deren Wohlergehen sorgt und sich im Rahmen ihres Umfelds des betreuten Wohnens und im Rahmen ihrer Möglichkeiten engagiert. Hier hat [A.K.] in ihren sozialen Kontakten mit Sicherheit einen sie stabilisierenden Bezugsrahmen gefunden, auf den sie so lange in ihrer Biographie vergeblich hoffte („Da hab' ich dann den Sprung geschafft, * mir hier in [M.] ein Zimmer zu holen und da fing das neue Leben wieder an."). Eine Prognose darüber, wie weit dieses soziale Netzwerk, das sie nach meinem Eindruck aktiv bis zur Überforderung mitgestaltet, sie in gefährdenden Momenten auffangen und tragen kann, wage ich auf der schmalen Grundlage des doch einmaligen Interviews nicht abzugeben, ihre offene Haltung anderen Menschen gegenüber stimmt mich jedoch hoffnungsfroh. („Neunzehnhundert sechsundachtzig bis bis neunundachtzig war ich dann hier im Verein für Sozialpsychiatrie hier-hier in dem Haus [D.]-Straße. Es war auch schön, wenn ich zurückdenke, also es war auch fürchterlich auf der einen Seite aber, * wir haben auch viel müssen lachen und ich hatte auch Liebe in meinem Leben, also Freunde. Ohne die Liebe hätte ich das alles gar nicht ausgehalten. Aber nicht bis zur letzten Konsequenz wie heute, dass man gleich mit einem ins Bett geht. Es war, es war auch verboten. Ich war auch fast immer in die Zivis auch verliebt (lacht) und das-das durfte ich nicht sein."). Zu fragen bleibt, inwieweit ihre Anteilnahme am Leben anderer Ausdruck ihrer Empathiefähigkeit ist oder auch Ausdruck eines im Rahmen ihrer Erkrankung ausgebildeten Helfersyndroms („Es hat mir mal einer gesagt, wenn du deine Krankheit nicht mehr aushältst, dann setz' dich hin und überleg, wem du heute helfen kannst. Das ist ein prima Mittel, wenn du dann jemandem helfen konntest, dann fühlst du dich einigermaßen wieder, ** ja."), da Momente der Überforderung spürbar werden, wenn sie im Interview sprunghaft die Ebenen zwischen der Erinnerung an frühere Lebensabschnitte und der Jetztzeit wechselt. Soweit die Interviewsituation mir punktuell Einblick gab, sehe ich Therapieerfolge, was ihre grundsätzliche Akzeptanz der Benennung ihrer Krankheit und ihren offenen Umgang mit ihrer Erkrankung angeht. Sich selbst als an Schizophrenie Erkrankte mit einer schizoaffektiven Störung anzunehmen scheint sie vielmehr zu erleichtern, da die Diagnose für sie auch bedeutet, sich im familiären Kreis nicht mehr 'rechtfertigen' zu müssen. Den neuen Bezugspunkt in ihrem Leben, den Verein für Sozialpsychiatrie e.V. in [T.], bezeichnet sie als ihre „Arbeitsstelle", da er ihr „Struktur, Wochenplan und Rhythmus" gibt. Sie ist froh über die Medikation und therapeutische Hilfen, die sie erfährt, und äußert sich begeistert über die therapeutische Arbeit, die ihr zuteil wird.

Im Erleben des Menschen ist mir [A.K.] im Interview nah, auch wenn mich die Thematik ihrer Religiosität in ihrer spezifischen Ausprägung als Erklärungsmuster für den Mechanismus ihrer Unterwerfung sehr befremdet. Fremd bleibt mir das religiöse Zwangskorsett als Erklärung für die Verstrickung des Menschen in Schuld und Sühne, da es unfrei macht und Versuche der Emanzipation systematisch unterbindet. Während [A.K.]s Erzählung sind mir im Unterschied zu ihrer Wehrlosigkeit viele Momente der Auflehnung aus der eigenen Kindheit und Adoleszenz in der notwendigen Abgrenzung vom Elternwillen in den Sinn gekommen. Großes Verständnis habe ich für die von ihr gestellten existentiellen Fragen nach dem Sinn menschlichen Lebens und Leidens, auf die Albert Camus im Mythos des Sisyphos eine mir entsprechendere, wenn auch keineswegs einfachere Vorstellung entwickelt, wenn er sagt: «La lutte elle-même vers les sommets suffit à remplir un coeur d'homme. Il faut imaginer Sisyphe heureux.» (Albert Camus, le mythe de sisyphe, 1942, S. 166), („Der Kampf selbst zu den Gipfeln reicht aus, ein menschliches Herz zu erfüllen. Wir müssen uns Sisyphos als glücklichen Menschen vorstellen.", übersetzt von der Verfasserin).

Umso trauriger stimmt mich die Krankheit selbst nach geleisteter Analyse des Interviews. Mit Blick auf die 'Außen'diagnose und Pathologie lässt sich sagen, dass sich an [A.K.]s Krankheitszustand nicht viel ändern wird, solange das krankheits- und biographiebedingte Gedankenkonstrukt, das im Sinne eines sich selbst bedingenden Teufelskreises zu deuten ist, aufrecht erhalten wird. Sie sagt selbst: „Wenn ich mich wehren würde, würde ich mal nach vorne gehen und könnte meine Schizophrenie mal ablegen". Dieses „Sich Wehren" würde bedeuten, dass sie sich von ihrer krankhaften Überzeugung lösen müsste. Sie müsste ihre 'Wahnwelt' loslassen und anerkennen, dass die aufopfernde Märtyrerhaltung, die sie angenommen hat, keine von Gott gewollte und vorbestimmte ist, sondern dass sie sich diese im Rahmen ihrer Biographie und Krankheit selbst, das heißt aufgrund aller prägenden Schlüsselerlebnisse, konstruiert hat. Dieses, sich vollständig selbst rechtfertigende und bedingende Gedankengebäude, eine architektonische Meisterleistung, wenn man so möchte, bildet eine klare Grenzziehung zwischen [A.K.]s Welt, ihrer Wahrnehmung und ihrem Selbst-

Verständnis als Opferfigur in Abgrenzung zu einer Alltagswelt, in der der erwachsene Mensch in einem aufgeklärten Verständnis selbst für seine Handlungen Verantwortung übernimmt. Eine Kritik könnte, berechtigter Weise, an dieser Stelle lauten, dass [A.K.] im Rahmen ihrer Biographie durch ihre Lebensumstände und die zuvor beschriebenen Schlüsselerlebnisse 'erst' in die demütige Opferhaltung hinein gedrängt wurde und nun bedingt durch diese zahlreichen Einflüsse, nicht anders kann, als ihr Proto-Subjekt als ein Leidendes und von höheren Mächten vorbestimmtes Selbst zu definieren. Es ist in der Tat fraglich, inwiefern [A.K.] überhaupt die Möglichkeit hat, aktiv in die konstruierte Parallelwelt einzugreifen, um die Mauern zu durchdringen und ihre Krankheit „mal abzulegen", wie sie selbst sagt. Ihre Aussage, „Ich hab' ja eine kranke Natur. Ich bin ja krank, aber mein Herz ist gesund, meine Seele. Aber der Kopf ist kaputt." weist darauf hin, dass sie die Einheit von Körper, Geist und Seele aufspaltet und aus ihrer Sicht kranke Teile abspaltet. Insgesamt widerstrebt mir jedoch der Gedanke sehr, dass es sich bei ihrem biographischen Bildungsprozess, der Herausbildung des Proto-Subjekts, um einen rein von außen gesteuerten und bestimmten Vorgang handeln soll. Wäre dies der Fall, würde das Proto-Subjekt ausschließlich reaktiv auf seine Umwelt Bezug nehmen und im Kern viel eher ein Objekt darstellen, mit dem etwas 'gemacht' wird. Ein Objekt, das nicht 'Herr' seiner Selbst, seiner Entscheidungen und Handlungen ist und dafür die Verantwortung übernehmen kann. Vielleicht stellt das 'sich nicht wehren können' ihr Schutzschild dar, hinter dem sie sich verbirgt, denn schließlich erscheint sie in ihrem Denkmuster und in ihrer Logik derart 'verquer' stringent gefangen, dass die Wahrung und Aufrechterhaltung der Opferhaltung unumstößlich erscheint. Interessant und kennzeichnend erscheint in diesem Kontext ihre ambivalente Haltung, die eventuell auf Verhaltensmuster ihrer Mutter zurückgeführt werden könnten. Einerseits scheint sie die Opferrolle und den damit einhergehenden Selbstverlust („Ich kann mich nicht zur Wehr setzen; Die Welt ist „schlimm-schlimm") stark zu bedauern und darunter zu leiden. Zeitgleich verteidigt sie die in ihrer Wahrnehmung gottgewollte Opferrolle krampfhaft, um ein Aufrechterhalten ihrer 'Flucht-Welt' nicht zu gefährden.

Zusammenfassend lässt sich sagen, dass es allemal viel versprechend erscheint, dass [A.K.] die entscheidenden Schlüsselerlebnisse im Rahmen ihrer biographischen Narration sehr deutlich benennen und hervorheben konnte, auch wenn, bedingt durch ihre subjektive Weltkonstruktion, die Schlussfolgerungen, die sie zieht, mir rückblickend sehr befremdlich und krankhaft erscheinen. Ihre Welt scheint mir sehr weit entfernt von einem allgemeinen und 'objektiven' Verständnis einer Alltagswelt, so dass der Zugang, das Durchschreiten und Durchdringen ihrer rechtfertigenden Mauern sich sehr schwer gestaltet. Der Vorhang, hinter dem sie sich meines Erachtens aus Angst ihre für sie trügerisch heilversprechende Fluchtwelt aufgebaut hat, ist schwer zu durchdringen. Mir erscheint die pseudorationale Welt, die sie sich in ihrer verqueren Religiosität geschaffen hat, Analogien zu dem Mechanismus im Fall Schreber aufzuweisen, so wie Bittner ihn ausführlich dargelegt hat. Da ihr Leben, ihr biographischer Bildungsprozess und ihre Wertevorstellungen mit all den für sie offensichtlich dazu gehörenden 'Albtraumszenarien' so stark abweichen, bleibt sie mir in ihren Vorstellungen letztlich auch nach dem intensiven Analyseprozess sehr fremd.

5.3 Schlussfolgerung - Der 'Stern' und die 'Märtyrerin'

Die beiden sehr unterschiedlichen biographischen Bildungsprozesse des [S.P.] und der [A.K.], die jeweils individuell mit dem Schlüsselereignis 'Schizophrenie' einhergehen, zeigen doch bei allen Differenzen, die eingehend beleuchtet wurden, gewisse Ähnlichkeiten, die übergreifend einen Sinnzusammenhang vermuten lassen, wie ich im Folgenden darlege.

Beide erlebten im Rahmen ihrer Biographie große Enttäuschungen, die psychische Verletzungen zur Folge hatten und weiterhin haben. Es wurden bereits vielfältige Verlustsituationen skizziert, die als bildende Schlüsselereignisse zu deuten sind.

Bei [S.P.] handelt es sich dabei primär um den unmittelbaren Verlust seiner für ihn beweisträchtigen Fotos, Tagebücher und Texte, das erste Mal auf seiner Indienreise und zu einem späteren Zeitpunkt erneut bei der Räumung des Hinterhauses. [A.K.] beschreibt den Verlust ihrer heiß geliebten Bücher, die für sie sicherlich identitätsstiftend waren. Hinter dem unmittelbaren und direkten Verlust der beschriebenen Objekte versteckt sich meines Erachtens der viel entscheidendere und letztlich prägende Verlust der sich entwickelnden Identität. Das heißt, die Verlustsituationen gehen im Einzelnen immer mit einer emotionalen, also innerseelischen Verletzung einher, die zu einer Störung im Ich-Erleben führt und in einer damit verknüpften 'verrückten', soll heißen, 'abgerückten' und von der normalen, gesunden, abweichenden

Herausbildung des Proto-Subjekts mündet. [S.P.] und [A.K.] erwähnen den Tod und Verlust des Vaters ausschließlich in einem Nebensatz. Möglicherweise deutet das 'Nicht Erwähnen' und 'Nicht ins Zentrum' stellen auch bzw. gerade darauf hin, dass über den emotionalen Verlust der Vaterfigur nicht (noch nicht? nicht mit mir?) gesprochen werden kann. Beide Befragten zeigen in je individueller Weise und aus subjektiver Perspektive, dass im Kern keine Balance zwischen objektiver Außenwelt und subjektivem Erleben hergestellt werden kann. Die Mitmenschen werden als feindselig betrachtet, allemal als 'Gefahr' für die Aufrechterhaltung der selbst konstruierten und privaten 'Wahn'-Welt, an der sowohl [S.P.] als auch [A.K.], wiederum in individueller Weise, festhalten und die sie mit einem je eigenen 'Schutzschild' verteidigen. In gewisser Weise stellen beide Fälle tragische 'Heldenfiguren' dar, möchte sich [S.P.] doch gerne als 'Star' sehen und [A.K.] die Rolle der aufopfernden 'Märtyrerin' annehmen. Beide leiden an einem mangelnden 'Selbst-Bewusstsein', damit möchte ich insbesondere die große Schwierigkeit bzw. Unmöglichkeit betonen, sich im Rahmen einer psychotischen Erkrankung selbst reflektierend über die prägenden Schlüsselerlebnisse hinaus interpretativ, von einer Metaebene aus, zu beobachten und ein einheitliches Bild zwischen dem innerseelisch Erlebten und den jeweiligen Einflüssen der Außenwelt herzustellen. [S.P.] und [A.K.] können ihr Leben aufgrund von mangelndem 'Selbst-Bewusstsein' und daraus folgendem geringen Selbstwertgefühl scheinbar nicht 'selbst' steuern, sondern machen sich vermutlich in einem unbewussten Prozess zu Objekten ihres Lebens, die reaktiv agieren und wenig aktiv gestaltend Einfluss auf 'die Welten' nehmen bzw. nehmen können. Beider Verhalten gegenüber der Außenwelt ist geprägt durch für an Schizophrenie Erkrankten typische Ambivalenzkonflikte (vgl. Tölle 1988) im Umgang mit Nähe und Distanz. Ihre Flucht in die Schizophrenie lässt sich grundsätzlich auch als Überlebensstrategie begreifen, bei der der Mensch aktiv gestaltend in seiner Konstruktion auch immer (Ersatz-)Welten erzeugt. Mit Greenberg ließe sich auch sagen, dass der Erkrankte im Rückzug Sicherheit in der Krankheit sucht. Positive Anzeichen einer aktiv betriebenen Selbstgestaltung ihres heutigen Lebens sehe ich in dem kreativen Prozess eines Kunstschaffenden bei [S.P.] und in dem Aufbau und Beleben eines Freundes- und Bekanntenkreises bei [A.K.], beides Bereiche, die im Rahmen der Einrichtung Verein für Sozialpsychiatrie e.V. aktiv unterstützt werden.

6. Resümee und Diskussion

> Wenn jemand Gesundheit sucht, frage ihn erst,
> ob er auch bereit ist,
> zukünftig alle Ursachen seiner Krankheit zu meiden –
> erst dann darfst du ihm helfen.
>
> *Sokrates*

Das Krankmachende der Zwangsvorstellungen hat mich während der Beschäftigung mit der Thematik 'Schizophrenie im biographischen Bildungsprozess' und v. a. mit den beiden Menschen [S.P.] und [A.K.] tief berührt und beschäftigt mich weiter.

Einsicht zu gewinnen in Lebensmomente, die den Menschen bilden, ebenso wie in die individuellen aktiven Gestaltungsmomente des Menschen, die zu Weichenstellungen im Leben führen, bleibt sicherlich eine vorrangige Herausforderung, mit der ich mich auch weiterhin auseinander setzen möchte.

Der Griff nach der Biographieforschung mag auch die persönliche Färbung in der Sprache und Analyse meiner Spurensuche erklären. Ihre Ansätze halte ich für sehr geeignet, auf drei Ebenen Verstehen zu ermöglichen und zu vertiefen.

Ein erster Schlüssel zum Verstehen und Sich Verstanden Fühlen ist im Rückblick auf meine Erfahrung das genaue, konzentrierte und aktive Zuhören zusammen mit einem authentischen Interesse für den Gesprächspartner und das, was er mir sagen will. Diese Haltung schafft einen vertrauensvollen Rahmen und einen Resonanzboden, der Äußerungen in der Intensität und Tiefe erst ermöglicht und auch für den Erzähler essentielle Lebensmomente zu Tage fördert, die bislang verdrängt waren. Soll die Kommunikation zwischen Interviewer und Erzähler gelingen, investieren beide sehr viel gemeinsame Arbeit. Am Ende beider Interviews fühlte ich mich ebenso erschöpft wie beide Interviewpartner. Dennoch blieb am Schluss des Interviews in beiden Fällen das tragende Gefühl, weiter gekommen zu sein, nicht vergeblich sich angestrengt zu haben, lohnende Arbeit geleistet zu haben. Im Falle von [S.P.] stand der explizite Wunsch nach neuer Verabredung und die Einschätzung, diese Form des biographisch-narrativen Interviews könne ein möglicher Schlüssel zur Therapie sein. [A.K.] bedankte sich ausdrücklich für das Gespräch und lobte die vertrauensvolle Zusammenarbeit, die sie in einen ihr vertrauten therapeutischen Kontext einbettete.

Ein zweiter Weg zum Verstehen eröffnet sich aus meiner Sicht auf analytischer und interpretativer Ebene im Entschlüsseln entscheidender Botschaften. Das Augenmerk zu richten auf wiederkehrende Beschreibungen, auf, auch versteckte Appelle und Selbstoffenbarungen, ihnen genau nachzugehen, ist eine Aufgabe, die für mich als Interviewerin in der Interviewsituation begann, insbesondere in der Phase des Nachfragens wirksam wurde und sich in der nachfolgenden Analyse und Deutung des Gesagten, aber auch des (Noch-)Nicht-Sagbaren zwischen den Zeilen intensiv fortsetzte. Im Verfahren habe ich für den Interviewablauf formal die von F. Schütze vorgeschlagene Form als Orientierungshilfe benutzt. Im Bereich der Nachfrage und der Analyse habe ich mich sehr schnell von dieser starren, für meine Ziele untauglichen Form gelöst. Es war mir wichtiger, zentrale Themen, Motive und Symbole in der Lebensgeschichte, die die Erzähler mir anboten, aufzuspüren und sie in ihrer Bedeutung für den je individuellen Bildungsprozess auszuwerten. Der hermeneutische Ansatz der Deutung war mir in diesem Arbeitsprozess der Sinnkonstruktionen von unschätzbarem Wert. Sicherlich halfen mir meine Vorkenntnisse aus dem Germanistikstudium und meine eigene Lektüreerfahrung im Umgang mit Literatur, einen methodisch geeigneten Zugang in der Themenzentrierung zu finden. Erfahren habe ich in der Deutung der Interviewinhalte jedoch den zentralen Unterschied zwischen der Analyse und Deutung einer fiktiven Figur im literarischen Text und der Form der Interaktion mit einem realen Menschen, dem ich in der Interviewsituation begegne, was den erhöhten Komplexitätsgrad angeht. Meine hypothetischen Sinnkonstruktionen rieben sich teilweise am realen Ablauf, meine Rekonstruktionen aus der Erinnerung waren immer wieder an der vorliegenden akustischen Aufnahme mit ihren stimmlichen Elementen als zusätzlicher wichtiger Informationsquelle und hoher eigener Aussagekraft zu überprüfen und zu korrigieren. So begann ein langwieriger, kaum abschließbarer Arbeitsprozess der Analyse und Bewertung, der den Zuhörer als Interpreten ganz im Sinne von Iser (1976) zum Mitautoren werden lässt und in zirkulären Prozessen vertieften Verstehens in der Reflexion auch auf den je eigenen Anteil sehr intensiv fordert. Im Idealfall wäre ein triadisches Verhältnis zwischen Interviewer, Erzähler und Erzählung denkbar, die in der Interviewsituation nur sehr begrenzt als symmetrische eingelöst und im Nachdenken über die Inhalte nur aus meiner Perspektive als Interpretin geleistet werden konnte, was das Sich in Beziehung Setzen zur interviewten Person und den geäußerten Inhalten angeht.

Diese Überlegung führt zu der dritten Ebene des Verstehens, der Reflexion auf der Metaebene im Hinblick auf die Ergebnisse der Untersuchung, ihr Zustandekommen, ihre Richtigkeit im Rahmen der gewählten Bezugswissenschaft der Biographieforschung, auch im Blick auf meine Anteile aus meiner Lebensgeschichte und meine Interessenlage als Schlüssel zur Deutung. Die Biographieforschung eröffnet einen entscheidenden Weg, sich als Interviewpartner nicht nur in ein Verhältnis zu dem jeweiligen Interviewten zu setzen, sondern auch das eigene erkenntnisleitende Interesse zu erkunden und kritisch zu befragen. In der Auseinandersetzung mit an Schizophrenie Erkrankten ist mir deutlich geworden, wie schwierig es im konkreten Leben sein kann, sich als handelndes Subjekt die Welt verantwortungsvoll anzueignen und ebenso durch die Welt angeeignet zu werden. Eine Filmszene aus «La Haine» von M. Kassovitz bringt diesen oszillierenden Prozess in seiner Wechselwirkung gut auf den Punkt: Jugendliche aus der Pariser Vorstadt bewegen sich nachts durch öde Betonlandschaft Richtung Großstadtzentrum, kommen an einem Werbeplakat vorbei mit der Aufschrift «*Le monde est à vous!*». Mit einem Pinselstrich ändern sie einen einzigen Buchstaben, mit dem sie den Ausdruck und Sinn radikal umkehren und sich die Welt als ihre zu eigen machen: «*Le monde est à Nous!*». Wenn das doch immer so einfach wäre! Dieser Prozess, vom Angesprochenen zum Ansprechenden zu werden, erscheint mir als schwieriger, immer neu auszuhandelnder.

Die Erarbeitung des Themas und der Umgang mit an Schizophrenie Erkrankten hat mich in einem ersten Schritt aus der Außensicht der Psychopathologie zu notwendigen und wesentlichen Einsichten in das Krankheitsbild in seiner komplexen Symptomatik, in Diagnoseverfahren, faktorielle Bedingungen, Verlauf und Therapieansätze geführt.

Die im Rahmen der Biographieforschung eingenommene biographische Perspektive öffnet jedoch die wesentliche Tür, um im hermeneutischen Zugang der Deutung die Krankheit als Bildungsereignis im Leben eines Menschen einordnen und begreifen zu können. Als Fazit lassen sich folgende Ergebnisse der Untersuchung festhalten:

Kristallisationspunkte im Sinne von Schlüsselereignissen konnten in der Analyse der Interviews in beiden Fällen ausfindig gemacht werden, beide Erzähler gaben bereitwillig Auskunft über ihr subjektives Erleben in je eigenen Färbungen. Der Grad an Krankheitseinsicht bzw. ihre explizite Umdeutung, wie nachgewiesen werden konnte, ist in beiden Fällen sehr unterschiedlich ausgeprägt. Aus den unterschiedlichen Sichtweisen auf die eigene Erkrankung ergaben sich auch unterschiedlich genaue Angaben zum Zeitpunkt des Ausbruchs der Psychose und zu den sie bedingenden Faktoren. Mit Sicherheit lässt sich festhalten, dass die Erkrankung bei beiden ihre Weltsicht, auch auf die Alltagswelt verändert hat, sie sich im Verhältnis zur Welt als in einer früheren Zeit 'hängengeblieben' erfahren, wie im Fall von [S.P.] oder als in ihrem Leben grundsätzlich Bedrohte im Fall von [A.K.]. Mit der schwierigste Part bei der Deutung der Interviews war, zwischen den Zeilen zu lesen, um das Nicht Gesagte bzw. (Noch) Nicht Sagbare aufzuspüren. Ich hoffe, dass meine Hypothesen zu Identitätsverlust und Machtmissbrauch in der Analyse einiger Schlüsselereignisse auf der Deutungsebene in Richtungen weisen, die in einem umfassenderen therapeutischen Kontext aufgearbeitet werden könnten. Auf der schmalen Basis eines Interviews lassen sie sich nicht eindeutig verifizieren, auch wenn ich nonverbale körpersprachliche Signale bei der Deutung berücksichtigt habe. Im Blick auf die Situation beider Interviewten zum Zeitpunkt der Interviews ziehe ich aus dem, was sie mir über ihre aktuelle Lebenssituation mitteilten, den Schluss, dass beide sich in unterschiedlichen Stadien eines nicht abgeschlossenen therapeutischen Prozesses befinden und sehr unterschiedlich mit ihm umgehen. Der Anteil an Unzufriedenheit mit sich und den therapeutischen Anstrengungen scheint mir im Fall von [S.P.] deutlich höher als bei [A.K.]. Das soziale Umfeld, in dem beide in unterschiedlicher Ausgestaltung leben, wird aus meiner Sicht von [A.K.] viel stärker mitbestimmt als von [S.P.], der sich in eine Lebensform als Künstler zurückgezogen hat, mit der er sich von anderen isoliert.

Im Rahmen der vorliegenden Studie konnte gezeigt werden, dass die Erkrankung Schizophrenie selbst als Schlüsselerlebnis im Leben eines betroffenen Menschen gedeutet werden kann. Insbesondere scheinen solche Erlebnisse das Proto-Subjekt zu bilden, die mit Verlustsituationen einhergehen. Wie durch die Analyse und Interpretation der beiden biographisch narrativen Interviews belegt wurde, stellt die Erkrankung, gleich, ob sie von dem Betroffenen selbst als solche definiert und anerkannt wird, ein einschneidendes Erlebnis dar, das mit großem Leidensdruck (siehe die Haltung von [A.K.]), mit Hoffnungslosigkeit und Perspektivlosigkeit (siehe die Haltung von [S.P.]) einhergeht. Besonders das hohe Maß an Sensibilität im Proto-

Subjekt-Bereich, jedoch auch in Bezug auf gesellschaftliche Missstände lässt auf eine hohe Vulnerabilität der beiden Befragten schließen, ein für beide Fälle überzeugendes Konzept, das in Kapitel 1.3.4 vorgestellt wurde. Bei allen geäußerten Vorbehalten gegenüber der Kopflastigkeit des Konzepts half es mir, die Menschen im Hinblick auf ihre Empfindsamkeit besser zu verstehen, in den Interviewsituationen Verletzlichkeiten aufzuspüren und in der Analyse Schlüsselsituationen ausfindig zu machen. Mein Augenmerk richtete sich bei der Untersuchung auf die Fragilität des Proto-Subjekts, die in Anlehnung an Marotzki als ganz individueller Fingerabdruck seines Menschseins zu verstehen ist. Da die Erkrankung Schizophrenie besonders im Verlauf der akut psychotischen Phase mit einem Ich-Verlust einhergehen kann, scheint genau hier die Schwelle und Grenze des bewussten Weltenwanderns zu liegen. „Man kann sich total verrennen, wenn sich die Seele plötzlich irrt." (G.P.) (vgl. Bäuml, Psychosen, 2008, S. 3).

Letztlich ließ sich im Rahmen der Arbeit nicht trennscharf ausmachen, erstens wie stark die Eigeninitiative der beiden Interviewten in der Gestaltung ihres Lebens dazu beigetragen hat, dass sie sich heute in sozialpsychiatrischer Behandlung befinden und zweitens wie hoch die krankheitsbedingten Anteile bei ihrer Flucht in die Schizophrenie sind. Die Frage, welche Faktoren für die Erkrankung Schizophrenie relevant sind, lässt sich zum jetzigen Zeitpunkt der wissenschaftlichen Diskussion nicht eindeutig beantworten. Dominanzen in dem multifaktoriellen Bedingungsgefüge scheinen so individuell vielfältig wie die Erkrankten selbst. Genau deshalb ist für mich das Gespräch mit dem Subjekt der angemessene Weg, um individuell gewählten Grenzüberschreitungen auf die Spur zu kommen. Hier erscheint Schizophrenie eine subjektiv gefundene 'Lösung' aus subjektiv unerträglichem Leid.

Danksagung

Danken möchte ich meinen beiden Interviewpartnern, ohne deren Offenheit und Vertrauen diese Studie nicht entstanden wäre. Darüber hinaus bedanke ich mich herzlich beim Verein für Sozialpsychiatrie, insbesondere bei Dipl. Psych. Hans Jürgen Kiefer und Dipl. Psych. Volker-F. Dehn.

Ein besonderer Dank geht an Prof. Dr. Günther Bittner und Dr. Volker Fröhlich für die Durchsicht des Manuskripts und die wertvollen Hinweise und Anregungen.

Mainz, im Januar 2012
Helena Robillard

Literaturverzeichnis

Amador, X. F.; Flaum, M.; Andreasen, N. C. et al. (1994): Awareness of illness in schizophrenie and schizoaffective and mood disorder. Archives of General Psychiatry, 51, S. 826-836.

Arieti, S. (1985): Schizophrenie. Ursachen, Verlauf, Therapie. Hilfe für Betroffene. München: Piper.

Bäuml, J. (2008): Psychosen aus dem schizophrenen Formenkreis. Heidelberg: Springer Medizin Verlag (2. Aufl.).

Benedetti, G. (1992): Psychotherapie als existentielle Herausforderung. Göttingen: Vadenhoeck & Ruprecht.

Bittner, G. (1996): Kinder in die Welt, die Welt in die Kinder setzen. Zur Einführung in die pädagogische Aufgabe, Stuttgart: Kohlhammer.

Bittner, G. (2001): Der Erwachsene. Multiples Ich in multipler Welt. Stuttgart, Berlin, Köln: Kohlhammer.

Bittner, G.; Fröhlich, V. (Hrsg.) (2008): Ich handelte wie ein Mensch, nicht wie ein Formalist. Würzburg: Königshausen & Neumann.

Bittner, G. (i.E.): Das Leben bildet. Biographie, Individualität und die Bildung des Proto-Subjekts.

Blankertz, H. (1982): Die Geschichte der Pädagogik. Wetzlar: Büchse der Pandora.

Bleuler, E. (1975): Lehrbuch für Psychiatrie. Berlin, Heidelberg, New York: Springer.

Böhm, W. (2005): Bildung. In: ders.: Wörterbuch für Pädagogik, Stuttgart: Körner (16. Aufl.).

Brockhaus-Lexikon (DTV-Brockhaus). Mannheim, München 1992.

Bude, H. (2005): Die Kunst der Interpretation. In: Flick, U.; von Kardorff, E.; Steinke, I.: Qualitative Forschung. Ein Handbuch, S. 569-578. Reinbek bei Hamburg: Rowohlt (4. Aufl.).

Büchner, G. (1980): Lenz, München.

Camus, A (1942): Le mythe de sisyphe, S. 166, Paris, Gallimard

Ciompi, L. (1988): Außenwelt-Innenwelt. Die Entstehung von Zeit, Raum und psychischen Strukturen. Göttingen: Vadenhoeck & Ruprecht.

Conrad, K. (1987): Die beginnende Schizophrenie. Versuch einer Gestaltanalyse des Wahns. Stuttgart, New York: Thieme

Cutajar, M. C.; Mullen, P. E.; Ogloff, J. R. P.; Thomas, ST. D.; Wells, D. L.; Spataro, J.: Schizophrenia and Other Psychotic Disorders in a Cohort of Sexually Abused Children (Archives of General Psychiatry). Stand: 2. November 2010. URL: http://www.aerzteblatt.de/nachrichten/...43336/ Psychose_als_Folge_des_Kindesmissbrauchs.htm (abgerufen am 8. November 2010).

Davison, G.; Neale, J.; Hautzinger, M. (2007): Klinische Psychologie. Basel: Beltz Verlag, Weinheim (7. Aufl.).

Dilthey, W. (1968): Über vergleichende Psychologie. Beiträge zum Studium der Individualität. In: Dilthey, W.: Gesammelte Schriften, Bb. V: Die geistige Welt. Einleitung in die Philosophie des Lebens. Erste Hälfte. Abhandlungen zur Grundlegung der Geisteswissenschaften, S. 241-316. Stuttgart: B. Teubner Verlagsanstalt (5. Aufl.).

Dilthey, W. (1968): Die Entstehung der Hermeneutik. In: Dilthey, W.: Gesammelte Schriften, Bd. V: Die geistige Welt. Einleitung in die Philosophie des Lebens. Erste Hälfte. Abhandlungen zur Grundlegung der Geisteswissenschaften, S. 307-338. Stuttgart: B. Teubner Verlagsanstalt (5.Aufl.).

Dilthey, W. (1968): Der Aufbau der geschichtlichen Welt in den Geisteswissenschaften. In: Dilthey, W.: Gesammelte Schriften, Bd. VII. Stuttgart: B. Teubner Verlagsanstalt (5. Aufl.).

Dilthey, W. (1982): Die geistige Welt. Einleitung in die Philosophie des Lebens. Erste Hälfte: Abhandlungen zur Grundlegung der Geisteswissenschaften. Gesammelte Schriften, Bd. V. Göttingen: Vandenhoeck & Ruprecht.

Dörner, K.; Plog, U.; Teller, Ch.; Wendt, F. (2010): Irren ist menschlich. Lehrbuch der Psychiatrie und Psychotherapie. Bonn: Psychiatrie-Verlag (5. Aufl.).

Ende, M. (2010): Momo oder Die seltsame Geschichte von den Zeit-Dieben und von dem Kind, das den Menschen die gestohlene Zeit zurückbrachte, S. 52. München: Piper Verlag GmbH (2. Aufl.).

Finzen, A. (2008): Schizophrenie - die Krankheit verstehen. Bonn: Psychiatrie-Verlag (8. Aufl.).

Fischer-Rosenthal, W.; Rosenthal, G. (1997): Warum Biographieanalyse und wie man sie macht. Zeitschrift für Sozialisationsforschung und Erziehungssoziologie, 17, S. 405-427.

Flick, U.; Von Kardorff, E.; Steinke, I. (2005): Qualitative Forschung. Ein Handbuch.

Reinbek bei Hamburg: Rowohlt (4. Aufl.).

Green, H. (1978): Ich habe dir nie einen Rosengarten versprochen. Reinbek bei Hamburg: Rowohlt.

Göppel, R. (2005): Das Jugendalter. Entwicklungsaufgaben - Entwicklungskrisen - Bewältigungsformen. Stuttgart: Kohlhammer.

Handke, P. (2010) in: Die Zeit, ZeitLiteratur, Nr. 48, Nov. 2010, S. 8f.

Hermann, H. (2005): Interviewen als Tätigkeit. In: Flick, U.; von Kardorff, E.; Steinke, I.: Qualitative Forschung. Ein Handbuch, S. 360-368. Reinbek bei Hamburg: Rowohlt (4. Aufl.).

Hopf, Ch. (2005): Qualitative Interviews - ein Überblick. In: Flick, U.; von Kardorff, E.; Steinke, I.: Qualitative Forschung. Ein Handbuch, S. 349-360. Reinbek bei Hamburg: Rowohlt (4. Aufl.).

Iser, W. (1976): Der Akt des Lesens, München, W. Fink Verlag.

Kafka, F. (1997): Die Erzählungen, Originalfassung, Frankfurt am Main, Fischer Verlag, S.382.

Kassovitz, M.: La Haine, 93 Minuten, Kinowelt GmbH 2006 (DVD).

Kipp, J.; Unger, H.-P.; Wehmeiner, M. (1996): Beziehung und Psychose. Leitfaden für den verstehenden Umgang mit schizophrenen und depressiven Patienten. Stuttgart: Thieme Verlag.

Kowal, S.; O'Connell, D. (2005): Zur Transkription von Gesprächen. In: Flick, U.; von Kardorff, E.; Steinke, I.: Qualitative Forschung. Ein Handbuch, S. 437-447. Reinbek bei Hamburg: Rowohlt (4. Aufl.).

König, K. (1999): Psychoanalyse in der psychiatrischen Arbeit - eine Einführung. Bonn: Psychiatrie-Verlag.

Lüders, Ch. (2005): Beobachten im Feld und Ethnographie. In: Flick, U.; von Kardorff, E.; Steinke, I.: Qualitative Forschung. Ein Handbuch, S. 384-401. Reinbek bei Hamburg: Rowohlt (4. Aufl.).

Marotzki, W. (1995): Qualitative Bildungsforschung. In: König, E. & Zedler, P. (Hrsg.). Bilanz qualitativer Forschung. S. 99-134. Weinheim: Deutscher Studien Verlag.

Marotzki, W. (1997): Morphologie eines Bildungsprozesses. Eine mikrologische Studie. In: Nittel, D. & Marotzki, W. (Hrsg.): Berufslaufbahn und biographische Lernstrategien. Eine Fallstudie über Pädagogen in der Privatwirtschaft, S. 83-

117. Hohengehren: Schneider.

Marotzki, W. (2005): Qualitative Biographieforschung. In: Flick, U.; von Kardorff, E.; Steinke, I.: Qualitative Forschung. Ein Handbuch, S. 175-186. Reinbek bei Hamburg: Rowohlt (4. Aufl.).

Mayring, Ph. (1996): Lehrbuch qualitativer Forschung. Eine Einführung in qualitatives Denken. Weinheim: Psychologie Verlags Union (3. Aufl.).

Mayring, Ph. (2005): Qualitative Inhaltsanalyse. In: Flick, U.; von Kardorff, E.; Steinke, I.: Qualitative Forschung. Ein Handbuch, S. 468-475. Reinbek bei Hamburg: Rowohlt (4. Aufl.).

Müller, Ch. (1972): Psychotherapie und Soziotherapie der endogenen Psychosen. In: Kisker, K-P.; Meyer, J.E.; Müller, M.; Strömgren, E.: Psychiatrie der Gegenwart. Bd. 11/2, 2. Auflage. Berlin, Heidelberg, New York: Springer, S. 292-392.

Nießeler, A. (2003): Formen symbolischer Weltaneignung. Zur pädagogischen Bedeutung von Ernst Cassirers Kulturphilosophie, Würzburg (Ergon).

Penn, S.: Into the Wild, 142 Minuten, Universum Film GmbH 2007 (DVD).

Rosenthal, G.; Fischer-Rosenthal, W. (2005): Analyse narrativ-biographischer Interviews. In: Flick, U.; von Kardorff, E.; Steinke, I.: Qualitative Forschung. Ein Handbuch, S. 456-468. Reinbek bei Hamburg: Rowohlt (4. Aufl.).

Sartre, J.-P. (1964): Marxismus und Existenzialismus. Reinbek bei Hamburg: Rowohlt.

Sartre, J.-P. (1977): Der Idiot der Familie. Gustav Flaubert 1821 bis 1857. Reinbek bei Hamburg: Rowohlt.

Schäfer, G. E. (1995): Bildungsprozesse im Kindesalter. Selbstbildung, Erfahrung und Lernen in der frühen Kindheit. München: Juventa.

Schreber, D.-P. (1903): Denkwürdigkeiten eines Nervenkranken. Berlin (2003): Kulturverlag Kadmos.

Schütz, A. (1972): Gesammelte Aufsätze. Bd. 2: Studien zur soziologischen Theorien. Den Haag: Nijhoff.

Schütz, A.; Luckmann, Th. (1984): Strukturen der Lebenswelt. Bd. 2. Frankfurt a. M.: Suhrkamp.

Schütze, F. (1977): Die Technik des narrativen Interviewens in Interaktionsfeldstudien - dargestellt an einem Projekt zur Erforschung von kommunalen Machtstrukturen. Bielefeld: Universität Bielefeld, Fakultät für Soziologie.

Schütze, F. (1983): Biografieforschung und narratives Interview. Neue Praxis, 3, S. 283-293.

Tölle, R. (1994): Psychiatrie. Berlin: Springer Verlag (10.Aufl.).

Wienberg, G. (1997): Schizophrenie zum Thema machen. Psychoedukative Gruppenarbeit mit schizophren und schizoaffektiv erkrankten Menschen. Bonn: Psychiatrie Verlag (2. Aufl.).

Wolff, S. (2005): Wege ins Feld und ihre Varianten. In: Flick, U.; von Kardorff, E.; Steinke, I.: Qualitative Forschung. Ein Handbuch, S. 334-349. Reinbek bei Hamburg: Rowohlt (4. Aufl.).

Zimmer, R. (2009): Basis-Bibliothek Philosophie. 100 klassische Werke. Stuttgart: Reclam.

Abbildungsverzeichnis

Anhang

Die Notation der Textstellen folgt einem der Lesbarkeit wegen vereinfachten Transkriptionsverfahren. Den Interviewpartnern wurde Anonymisierung der Namen und der Orte zugesichert.

Thema	Darstellung	Erläuterung
Interpunktion, Rechtschreibung, wörtliche Rede		Konventionelle Benutzung
Anonymisierung von Personen und Orten	[ ]	Gesetzte Worte zur Anonymisierung in eckigen Klammern, Durchgehend anonymisiert
Pausen	* ** *(7)*	Kurze Pause Längere Pause Dauer in Sekunden
Kommentare und paraverbale Äußerungen	( )	Situationsbeschreibung in Klammern

Transkription des biographisch narrativen Interviews mit [S.P.]

Thema: Schizophrenie im biographischen Bildungsprozess
Interviewpartner: Herr [P.], 51 J. (regulär)
Interviewer: Helena Robillard, 28 J. (*kursiv*)
Ort der Interviews: Zimmer des Befragten, Verein für Sozialpsychiatrie, [T.]
Datum/Zeit: 23.08.2010 von 15:30h bis 17:05h
Transkript: Helena Robillard

Beginn der Transkription

Irgendwo da Play.

*Auf Recording drückt man. Das läuft so. Wir lassen es einfach mal hier liegen, dann nimmt es das Gespräch auf, ** damit ich mich nachher besser erinnern kann.*

Ja.

*Ich hab' dir ja erzählt, dass ich die Diplomarbeit schreibe im Augenblick, und dafür mache ich Interviews. Es handelt sich um biographische Interviews. Also, eigentlich interessiert mich die Biographie der Menschen, die ich interviewe. * Ja?*

Ja mmh.

*Und ich möchte gerne von dir wissen ähm * ja, wie dein bisheriges Leben verlaufen ist. Vielleicht erinnerst du dich noch mal an deine Kindheit zurück, * an besondere Ereignisse, * also einfach Momente oder auch Begegnungen mit Menschen, die dein Leben geprägt haben, oder was so wesentlich war für dich.*

Mmh ja.

*Von damals bis heute, was dir wichtig erscheint ** und wir haben Zeit. Ich mach' mir eventuell ein paar Notizen, wenn ich nachher noch mal Fragen hab'. Aber erst mal erzählst du einfach * was dir einfällt. * Ja? *4* *

Ja, * okay. Also ** ich bin also neunzehnhundert neunundfünfzig geboren. * Bin in 'nem kleinen Dorf aufgewachsen, irgendwie, wo ich meine Kindheit verbracht hab', irgendwie ey. *5* Ja, auch irgendwie so irgendwie auch so rückblickend, ich mein', das ist jetzt auch schon ziemlich lange her. Also irgendwie, aber so, ja so, was irgendwie hängen geblieben ist, dass es 'ne schöne Kindheit irgendwie war. Ich war viel draußen irgendwie * Wiesen, Felder * und so. Ich hatte auch ein paar Spielkameraden, also normalerweise wie jeder auch irgendwie hat. * Ja, das war das. ** Mit elf bin ich aufs Gymnasium gegangen * irgendwie in 'ner Kleinstadt. Na, und das war eigentlich auch jetzt so rückblickend, war eigentlich auch problemlos, eigentlich alles, sowohl in der Schule was so mitzukommen als auch äh * ja so was soziale Beziehungen angeht, irgendwie. Ich glaube auch, ich meine auch, ich hab' eigentlich relativ normal hat sich alles irgendwie entwickelt, auch so was weiß ich, meine erste Freundin oder so mit vierzehn äh * und ja. *5* Was eventuell irgendwie negativ war, das war irgendwie, das war so die Ehe meiner Eltern. * Also da gab's häufiger mal Krach irgendwie. * Aber dann auch immer irgendwie Zeiten, wo alles normal irgendwie lief. * Wir waren eigentlich relativ situiert * also zu Hause ne * ja also relativ situiert * (lächelt). Ja, aber da-da hat's dann oft, wo ich dann auch immer dazwischen stand und auch nie exakt wusste, zu wem, ja, zu wem halt ich jetzt irgendwie (stottert stärker), wo ich jetzt steh', wo dann die Schuld ist, * also von so 'nem Ehekrach irgendwie, aber so was, ja. * Ich weiß nicht, inwieweit so was prägend ist, aber es ist mit Sicherheit 'ne Erwähnung wert, denk' ich. Ja, und ich selber äh * ja *6* es waren ja so die siebziger Jahre. Die waren geprägt durch Schule, Freizeit, Fußballverein, ein paar Bekannte und so * ja (lacht leise) ** Weiß nich', Ende der Siebziger irgendwie hab' ich mich so politisiert, mit siebzehn, achtzehn irgendwie, da hab' ich viel Zeit in so 'nem Jugendzentrum verbracht. Das würd' ich auch sagen, also das war auch jetzt, auch nachträglich würd' ich auch sagen, das war eigentlich 'ne * also 'ne relativ äh-äh richtige, wie soll man sagen, äh-äh Sozialisationssache irgendwie. *Also ja, was weiß ich, Flugblätter verteilen, auf Demonstrationen fahren, irgendwie * mal ein Konzert. Das war auch alles nicht übel *5* organisiert damals irgendwie. Also ja, ** was ich, Ende der siebziger mit achtzehn war, hab' ich meine erste Reise unternommen, allein, * also beziehungsweise noch mit 'nem Schulfreund von mir nach London irgendwie zwei Wochen, ey (lacht). Da hatten wir die erste Nacht im Hyde Park gepennt, bevor wir irgendwo so'n Sleep In gefunden hatten. * Ja, weiß ich auch noch gut, * also ja, ziemlich exakt irgendwie alles ja. ** Ja neunzehnhundert neunundsiebzig hab' ich mein Abi gemacht, ** noch halbwegs irgendwie brauchbar zwei sechs, * ja ja. ** Hab' dann auch im selben Jahr, hab' ich dann auch zwei größere Reisen unternommen, also einmal mit ein paar Leuten *4* nach Marokko und im Herbst mit 'nem

Freund von mir nach Israel. * Das war neunzehnhundert neunundsiebzig. Ich war im Sommer zum ersten Mal richtig arbeiten * in einer Fabrik, also immer auch irgendwie, ja, um die Reisen dann zu finanzieren. *6* Ja, und so ähnlich ist es dann auch Anfang der Achtziger irgendwie weiter gegangen. Also, was weiß ich, also ein paar Wochen arbeiten irgendwie oder irgendwie und dann noch mal weggefahren. ** Neunzehnhundert achtzig im Frühjahr war ich mit drei Freunden in Kreta mit dem Zug vier Wochen. Im Sommer achtzig äh ** bin ich zu Hause ausgezogen, * wo ich sagen würd', da war ich einundzwanzig, das war auch halbwegs normal irgendwie. Also, es war weder zu früh noch zu spät. Ja es * ja es-ja es war ich nach [W.] gezogen und hatte auch direkt ein tolles Zimmer in 'ner WG bekommen. ** Also nach ein paar Tagen Suche, ey. * Ja, ** das war dann auch so ein Gefühl * jetzt endlich mal ja-ja mal irgendwie auf eigenen Beinen zu stehen *4*. Ja, dann war ich im September achtzig noch mal weg gefahren nach Portugal ein paar Wochen ** und hab' im Herbst angefangen zu studieren. *7* Ja, *6* äh wo ich mich erst in Philosophie eingeschrieben hab' irgendwie, aber eigentlich mit dem Ziel, irgendwie also Psychologie zu machen. * Hab' ich so probiert über Quereinstieg, irgendwie da reinzukommen und das hat dann auch, ein halbes Jahr später hab' ich dann auch die Zusage bekommen, * ja. *13* Ja, so Anfang der achtziger Jahre war dann auch die Zeit, ja auch so zum einen, die war dann auch so geprägt, wie man sich das auch wie das Studentenleben vorstellt irgendwie. * Also viele Bekannte irgendwie, * weiß nicht, weg gehen irgendwie und ja, zu der Zeit irgendwie hab' ich dann auch die ersten Drogenerfahrungen irgendwie, * ja. * Ja, das war so achtzig einundachtzig. * Ersten Joints und das hat sich dann so, * das Kiffen hat sich eigentlich dann so die, also die kompletten Achtziger so, ja irgendwie ja es hat irgendwie das hat alles dazu gehört damals. So im, würd' ich auch im Rückblick so sagen, irgendwie. Ja, viele Bekannte, ** Weggehen, das war sehr interessant irgendwie. * Was auch wichtig ist, also es irgendwie das Psychologiestudium fand' ich eigentlich auch gut, irgendwie. Also ich war eigentlich auch immer mit Interesse oder mit ja, mit irgend 'ner Arbeit dabei, also ** ja * ja **. Im Frühjahr dreiundachtzig hab' ich da mein Vordiplom geschafft, ey ** irgendwie. Allerdings (beginnt verstärkt zu stottern) also nicht so gut, wie ich es eigentlich erwartet hatte. Also ich war, das weiß ich auch noch, also als die Arbeiten zurück kamen und ich dann sah * da war ich doch etwas, also ich war * da hatte ich mich etwas höher eingearbeitet irgendwie. Aber ähm, das war dann ja so im Schnitt drei noch was ir-

gendwie * also ja * ja (atmet tief aus). Ja ** was an sich auch noch 'ne erwähnens-
werte Sache ist, und zwar, ich bin im Herbst, nee im Winter dreiundachtzig bis
Sommer des darauf folgenden Jahres war ich ein halbes Jahr in Indien, also Thailand,
beziehungsweise Indien. ** Ja, und ja das war auch * das war auch, in jeder Hinsicht
'ne ziemlich, ja, wie soll man sagen, 'ne ziemliche Selbsterfahrungssache irgendwie.
War zuerst zusammen mit 'nem Freund, zusammen in Thailand, heutiges Sri Lanka irgendwie und dann alleine los irgendwie, also da war ich 'ne Zeit lang also in
Südindien und dann nachher noch in Goa, * also dieses-dieses Hippieparadies. Ja al-
so-ja also was-was ziemlich hart war, als ich nachher noch mal zurückkam, also da
war auf einmal, ja also, da war auf einmal die Welt (stottert sehr stark) total anders irgendwie, also ja, also da hab' ich irgendwie auch ** noch mal ein halbes Jahr
gebraucht, um irgendwie hier so wieder reinzukommen. ** Ja (stöhnt) ** ja * ja, und
dann hab' ich noch mal normal weiter studiert, also Vorlesungen besucht, Seminare
also, es war eigentlich normal. Ich hatte auch in der Zwischenzeit, also ja, die eine
oder andere Freundin immer irgendwie, * also da kann ich auch nicht sagen also da
schon * Gott, wie soll man sagen (lacht) ja, * relativ erfolgreich auch irgendwie also
** hier und da immer mal 'ne tolle Beziehung * irgendwie und wenn's nur ein paar
Tage waren, aber ja. (lacht) * Ja, so was ey, muss man auch erwähnen also irgendwie.
Ja, (schnauft) ** mal überlegen. * Ja, das ist dann so weiter gegangen irgendwie. * Ja,
das Leben ist dann irgendwie so weiter gegangen, bis Anfang also bis-bis neunzehnhundert zweiundneunzig also Uni, Beziehungen, Drogen, irgendwie mal weg
gefahren ey. * Ja, ** zwischendurch war ich arbeiten auch mal irgendwie ab Ende der
achtziger war ich * war ich angewiesen auch selber zu arbeiten, weil ich kein, weil
ich die-die äh die Höchstzeit überschritten hatte. * Also ja, dann war ich halt auch arbeiten irgendwie. ** Hab' an sich auch alles gemacht irgendwie (lacht) ja. *8* Und
dann neunzehnhundert zweiundneunzig hab' ich dann aufgehört zu studieren irgendwie. Ich wollt's irgendwie immer herauszögern, * weil ich immer dachte, ich krieg'
das irgendwie noch geregelt irgendwie. Aber das, da sind ein paar Sachen zusammen
gekommen, also irgendwie zum Teil dann ** weiß nich' einige so Beziehungen dann
total auseinander irgendwie entwickelt hatten also die, ** ja, die Jahre lang noch so
ein Halt irgendwie waren auch. Oder meinetwegen auch nur so 'ne Arbeitsgruppe da
war-da war nachher zum Schluss überhaupt nichts mehr da irgendwie (stöhnt) * ja,
und finanziell auch. Ich hatt' dann auch keine Wohnung mehr gehabt, ey * und ja,

also da sind ein paar Sachen zusammen gekommen, wo ich dann irgendwie sagte: „Ich muss aufhören", * obwohl ich, obwohl mir irgendwie bewusst war, dass * irgendwie mit so 'ner Entscheidung dann ziemlich irgendwie also alles rum ist. Also, da wusste ich, ** jetzt hörst du da auf, und dann ist alles rum irgendwie. * Ja, dann sitzt du da ohne alles, * also ohne Arbeit, ohne Beruf irgendwie, * ja so was irgendwie, ja das war dann auch ja irgendwie ja ziemlich einschlagend * ja. *5* Weil da war ich in 'nem Alter irgendwie, wo-wo ich eigentlich normaler Weise irgendwie fertig studiert hätte, und irgendwie 'ne normale Karriere irgendwie angefangen hätte. Und bei mir ist es irgendwann exakt in die andere Richtung gegangen. Also * irgendwie anstatt also irgendwie ** ja, Beruf ist das irgendwie also, was weiß ich, Tal bergab gegangen irgendwie ** ja (atmet laut, stöhnt). Ja, das war, * das war so was in der Zeit neunzig dreiundneunzig ja. *4* Ja, das war dann auch die Zeit, als mich meine Mama dann irgendwie * irgendwie zum Psycho * äh zum Psychiater geschleppt hat irgendwie ey. *4* Und der hat mich dann erstmals in die, ja, die Psychiatrie nach [N.] überwiesen. *4*

*Mmh * mmh*

Und da war ich dann acht Wochen oder so. Ja, ich mein', es waren acht Wochen. * Ja * und ja, das war dann auch irgendwie so die Bestätigung von dem, was ich eben sagte. * Also, dass ich das Gefühl hab', jetzt tut alles nur noch bergab gehen. Jetzt ist alles noch * ja all die Arbeit, all die, das war alles umsonst. * Ja, ich hab'-ich hab' ohne alles da gestanden *4* ja. ** Das war so dreiundneunzig. Da war ich dann 'ne Zeit lang zu Hause dann ** also gewohnt hatte wieder irgendwie also. *6*

Zu Hause, heißt das dann bei deiner Mutter?

Ja-ja, ** mein Vater war auch in der Zwischenzeit dann auch gestorben irgendwie so. Ja, so Ende der Achtziger ist der gestorben. *3* Ja, und dann war ich dann da. Und * ja, also ohne alles und dann war die Frage, „Ja, was machen?" und ja, irgendwie ja und dann bin ich dann irgendwann zum Sozialamt irgendwie und die haben mich dann irgendwie an so 'ne Gruppe vermittelt, ey. Das war der [Sozialdienst], irgendwie so was, weiß nich', irgendwie. Und da war ich dann exakt zwei Jahre, und also in einem ganz winzigen Zimmerchen. ** Und völlig, also irgendwie total anders als ich all die Jahre irgendwie. Hatte also mit einem Schlag, zack, irgendwie ja, ich-ich hab' gedacht, irgendwie ja, was soll ich irgendwie holen. Irgendwie da hab' ich auch zuerst gedacht ey, das hältst du nicht aus da. Aber ich hatte keine Alternative gehabt irgendwo ey, * ja. Und dann war ich exakt zwei Jahre da, und hab' dann auch zur halben Zeit dann fürs Sozialamt gearbeitet irgendwie in so einem Recycling Center ey, * ja. *4* Das war dann dreiundneunzig bis fünfundneunzig * so rum * ja, oder bis sechsundneunzig. ** Das waren zwei Jahre, aber irgendwie ein Jahr ist da, * fehlt mir jetzt da, ey (lacht, atmet tief, Körper angespannt). * Ja, und sechsundneunzig war ich irgendwie, als die zwei Jahre zu Ende waren ** bin ich irgendwie ins ATZ gekommen. Das haben sie mir dann auch so wärmstens empfohlen irgendwie, weil das so toll wär', und irgendwie noch mal, was weiß ich, einen Beruf um da wieder rein zu kommen, aber **

Wie heißt das? Sag' das noch mal, bitte.

ATZ * Arbeitstrainingszentrum.

Ja.

In [W.] am [J.] ist das **

*Mmh, ** wie war es dort für dich?*

Irgendwie jetzt, ich krieg das auch zu der Zeit, also, ich musste mich echt zwingen da, auch dieses halbe Jahre also * also durchzuziehen also * war schon irgendwie also schon auch 'ne Tortur irgendwie. Weil die haben einen da so halb, ja die haben einen da so halb behandelt, als ob man gerad' von der Hilfsschule gekommen wär' oder * ja (hustet laut) * ja.

Möchtest du was trinken?

Nee, lass mal. **

Ich hab' Saft hier, wenn du möchtest.

Ich mach mal den Sprudel auf.

*Ja, nimm dir, * klar*

Ja *5* ja, das war dann auch zu Ende irgendwann ey. *9* Ja, das war dann auch irgendwann zu Ende. * Dann war ich wieder ein paar Monate zu Hause, ey. ** Und hab' dann im Sommer achtundneunzig war das, bin ich jetzt hier in den Verein für Sozialpsychiatrie.

Da bist du hierhin gekommen?

Ja.

Direkt in die [N.]-Straße?

Nee, zuerst in die [I.] * [I.]-Straße, ein paar Monate zwei drei Monate oder so. ** Ja, also wie gesagt, also die neunziger Jahre, die waren eigentlich so, ** also im Rückblick, die kann ich also total abhaken irgendwie, also die waren also (ringt nach Luft) ja. *4* (trommelt mit den Fingern nervös auf dem Tisch) Ja-ja, irgendwie auch so, wie soll man sagen, so-so emotional und auch so kommt man ja auch nicht irgendwie-irgendwie-irgendwie so man ist auch so sozial irgendwie total am Arsch irgendwie. Also jetzt nicht nur, dass man psychisch irgendwie angeschlagen ist, sondern irgendwie auch so draußen überall irgendwie. * Man bekommt überall gezeigt, ja, was man jetzt irgendwie für ein Verlierer ist, irgendwie ey. ** Ja, ** also die neunziger Jahre war schon ** ja. * Na gut, andererseits muss man sagen, ich hab's auch irgendwie überstanden. Also, ** was weiß ich, irgendwie ey. * Aber es war schon so, also seit der Zeit hatte ich auch gar keine anderen Beziehungen mehr so irgendwie also * ja. Das ist dann auch so 'ne seltsame Geschichte. Also in den achtziger Jahren irgendwie * ja, wie ich eben sagte, irgendwie relativ erfolgreich irgendwie * irgendwie immer so total da und dann auf einmal gar nichts mehr ey. * Da hat man keine Freundin mehr, gar nichts. ** Ja, eigentlich überhaupt nichts mehr. ** Ja, und das ist dann auch irgendwie schade. * Dann kannste auch immer da sitzen und denkst: Ja, * ja was ist denn jetzt irgendwie? Auf der einen Seite ist man immer noch derselbe, trotzdem ist man überhaupt nicht mehr angesagt, sondern ja-ja-ja (stöhnt) *4* Ja, und die ersten Jahre im Verein, die waren auch nicht einfach, also da hatte ich auch irgendwie zu kämpfen gehabt, also weiß ich nicht den anderen gegenüber irgendwie. Irgendwie mich so zu behaupten, ey. ** Ja, das war so ein Kampf, irgendwie so ein ja so ein Hickhack, irgendwie wo ich auch mal dachte, ach Gott, scheiße ey, wieso eigentlich, ey * ja-ja-ja war so ein Hickhack irgendwie. * Ja und das war eigentlich auch, weiß nicht, auch neu irgendwie. Ich mein', all die Jahre vorher war alles irgendwie so, ja so locker und es war alles da. Es war alles easy irgendwie ja. Und dann auf einmal irgendwie ** ja war das auch irgendwo zu Ende (atmet tief aus). Ja, das ist

144

dann auch so, ja * ja dann so Anfang der zweitausender Jahre so zweitausend zwei, drei, vier ist dann alles so-so-so weiter gegangen dann irgendwie, ne. Arbeit, die auch nicht grad so sehr befriedigend war, irgendwie in der Holzwerkstatt, ey. * Ja und dann mit Leuten zusammen also, ** wo ich eher als feindselig irgendwie empfunden hab' ey ** ja. Irgendwie noch nach draußen auch irgendwie keinen, weiß nicht, niemanden mehr irgendwie ey, wo ich irgendwie noch Vertrauen gehabt hätte oder so was. ** Ja, ** das waren so die Anfang zweitausender Jahre, ** ja. Man ist dann mal irgendwie, also irgendwie also dieses Reisefieber, das hatte ich dann irgendwie auch nach wie vor, also irgendwie halt auch nicht mehr in dem großen Stil wie vorher. Aber ich war ich war schon ein paar Mal in [P.], jeweils so ein Tag. Ich war in [B.] drei Mal, ein Mal in [D.], in [K.] * und in [F.] waren wir zwei Mal und in [K.] * irgendwie, aber auch immer nur so maximal zwei Tage ja also ja. * Und das waren dann so ein paar Reisen, die dann irgendwie so, irgendwie-irgendwie den grauen Alltag so etwas * ja ** aufgelockert haben. * Waren noch dann, also jetzt mit der Gruppe hier, dann noch ein paar Mal im [E.]. Da war ich auch mit ey * Südfrankreich, Spanien und Holland ey * ja ja (stöhnt) und * ja * uff (atmet tief aus). Was so da jetzt, also zeitlich jetzt 'ne wichtige Sache ist, sagen wir mal, das ich so zweitausend vier fünf hab' ich dann wieder irgendwie angefangen zu malen * und da hab' ich einen größeren Raum bekommen irgendwie. Dann hab' ich da irgendwie-irgendwie direkt am anderen Tag angefangen, dann aufzuräumen und zu streichen irgendwie. Hab' dann irgendwie auch Platz- und Materialmäßig ein bisschen was gehabt und ja, hab' dann wieder angefangen zu malen. Und eigentlich auch Sachen, die eigentlich nicht übel sind, * wo ich auch selber irgendwie den Eindruck hab', dass ich jetzt nicht irgendwie Blödsinn, sondern so halbwegs * ja ** schöne Sachen auch irgendwie, * ja. Das war so zwei fünf, so die Zeit, irgendwie und also da würd' ich auch sagen, das hat mir noch mal so, also auch psychisch noch mal so einen Halt gegeben irgendwie so * ja ** ja * ja. Das war eigentlich alles. * Ja, und so läuft das jetzt die letzten paar Jahre auch schon so irgendwie. * Ich sitz' so im Zimmer, lese, * ab und zu male ich was. Ich hab' eine große CD- Sammlung anschaffen können, ey.

In der Tat.

Ja, 'ne ziemlich große mittlerweile sogar. * Da, da sind ja auch noch welche (deutet auf die CD-Regale in seinem Zimmer).

Ja, da auch. (lacht)

Also zwei Türme (lacht) und hier und direkt hinter dir * ja-ja *4* ja. Und zur Zeit ist es so, ich ** was soll ich sagen, ich hab' mich spätestens wieder ab zweitausend fünf wieder einiger Maßen erholt irgendwie und-und wo ich eigentlich ** ein Leben wieder führen kann, wo ich sag', ja es ist einiger Maßen okay alles und so ja * irgendwie. Aber ich-ich häng' halt noch ziemlich in den Achtzigern noch so zurück, ** irgendwie und so ja * ja.

Wie meinst du das genau, du hängst in den Achtzigern zurück?

Emotional irgendwie, dass ich auch oft ** hier noch irgendwie so ein paar Leute, die hab' ich * ja, bevor ich *4* ja zwanzig Jahre jetzt nicht mehr sah, aber so irgendwie sind sie mir noch relativ präsent ey ** irgendwie. Auf der anderen Seite hatte ich auch so'n ja * Enttäuschung irgendwo dabei. Ich dachte irgendwie, irgendwie haben sie mich alle irgendwann hängen lassen, ey * irgendwie. Aber * ja, aber da jetzt einen Vorwurf draus zu machen, wär' auch irgendwie nicht richtig, weil ja ** wahrscheinlich werden sie auch ihre Gründe gehabt haben oder irgendwie ja. *5* Was halt auch alles so bezeichnend ist, es ist alles bei mir so perspektivlos geworden. * Also ich, * ich leb' eigentlich auch nur von einem Tag auf den anderen irgendwie. Also ich hab' jetzt überhaupt keinen Plan ja, irgendwie mal, ja was weiß ich, was noch zu tun oder wie soll man sagen ja * also ja ** ja Beruf irgendwie. *4* Ja, wenn überhaupt noch 'ne Arbeit wär', dann was als Hilfsarbeiter irgendwo ey * ja. Also das sind irgendwie so Sachen, die doch so, auch irgendetwas auf die eigene Feindlichkeit dann so schlagen, ne. Das wird nie mehr anders, das wird höchstens noch schlechter, ja. *4* Also, zur Zeit ist ja also so jetzt noch ein Ziel * nee. Und ich bin auch keine dreißig mehr und wenn ich jetzt noch dreißig wär', wenn das alles noch mal vor mir wär' irgendwie * ja * irgendwie. Andererseits weiß ich auch jetzt nicht exakt, was ich hätte können anders machen oder * besser machen ey. * Ja, das ist eigentlich auch ziemlich * äh *5*, ja mit Sicherheit * Was hätte ich anders machen können, irgendwie? Ich hätte probieren können weiter zu studieren, dass ich wenigstens-wenigstens-wenigstens ein' Abschluss gehabt hätte. Aber das hab' ich ja probiert. Das ist ja nicht mehr gegangen damals ** ja. Und heute ja, man sitzt hier rum irgendwie. * Ja-ja, ich mein', also so-so-so schlecht ist es auch nicht irgendwie. Also, auf der anderen Seite, irgendwie ist es 'ne tolle Sache, dass du weißt, ** ich-ich hab' auch Zeit irgendwie. * Ja, ich

mach' was ab und sag' „Ja, morgen fünf Uhr" und ich hab' dann keinen Terminkalen-
der, wo ich dann erst sag': „Nee, wird erst irgendwie in drei Wochen gehen." und dass
man sich dann irgendwie sieht und irgendwie. Auf der anderen Seite ist das auch 'ne
tolle Geschichte oder so, wie soll man sagen, es ist fast schon wieder so 'ne Art
Künstlerdasein irgendwie, also so-so was man da drunter dann irgendwie so versteht
irgendwie, * ja (atmet tief) *4*. Ja, ich hab's geschafft, mir 'ne tolle CD-Sammlung
anzuschaffen irgendwie und, was weiß ich, ein Handy zu kaufen und 'nen gebrauchten Computer (lacht). * Ja, jetzt-ja jetzt haben wir bald zweitausend zehn, ja so rum.
Das war'n so die letzten paar Jahre irgendwie, was ich eigentlich auch immer nur so
ja so weitergeht. Ich hab' auch oft so ein Gefühl, ich hab' auch gar kein richtiges
Raum-Zeitgefühl mehr also (lacht) ja, dass man so * Ja, sicherlich ich weiß, dass-dass
wir heute zweitausend zehn haben, der zweiundzwanzigste achte oder so irgendwie
aber so von früher ebenso könnte es jetzt, was weiß ich, Januar sein oder wie oder ja
** ja zweitausend zehn. Ob ich Ziele hab'? Ob ich noch was erreichen kann? Also
eher nicht irgendwie ** irgendwie, ob ich noch mal irgendwie 'ne Beziehung bekomm' irgendwie, was weiß ich, noch mal irgendwie 'ne Freundin irgendwo treffe *
kann ich mir im Moment auch nicht irgendwie richtig denken ey. * Also * zum einen
ist man so alt, obwohl man irgendwie jugendlich ist. Ja aber (lacht) ** auch schwierig, ey *6* ja * hmm * hm *3* Ja, das war's dann so ungefähr. *5*

Ja, vielen Dank schon mal.

Das war so ungefähr die Geschichte.

*Ja, ** ich hab' mir ein paar Notizen gemacht.*

Ja, so ein paar-so ein paar Seiten Notizen, ey. (deutet auf das Notizheft, beide lachen)

*Ja, ** würd' gerne noch ein paar Fragen stellen, wenn das für dich okay ist.*

Ja, * warte mal gerade.

Ja, wir machen 'ne Pause. In Ordnung?

Ja, musste hier auf Stop machen. Oder?

Kannst' ruhig einfach laufen lassen.

Machen wir mal ein bisschen Luft, ey.

Machen wir ein bisschen groß auf. *(7)* Guck' mal, jetzt kommt die Sonne rein.

Ja. *6* Und das war jetzt das biographische Interview? Und was ist da so interessant dran, dass man das als Diplomarbeit sogar macht? Ich mein', es ist nichts Spezifisches. Es hat nichts zu sagen.

So, findest Du?

Es hat nichts zu sagen.

Doch, das hat es. * Es hängt damit zusammen, dass ich mich für Menschen interessiere und ihre Lebensgeschichten und -wege ganz allgemein. * Im Zusammenhang mit meiner Arbeit interessiert mich die subjektive biographische Perspektive. Also, dass in unserem Fall du mir von deinem Leben, deiner Sicht und Deiner Erinnerung erzählst, * was dich auf deinem Weg geprägt hat. Eigentlich das, was dir selbst wichtig erscheint.

Ah ja.

(Interviewerin schaltet das Aufnahmegerät aus, da Straßengeräusche die Aufnahme verhindern.)

(Pause)

Wir können ja später noch mal aufmachen, ja? (Interviewerin schließt das Fenster.)

Ja.

Also, du sagtest gerade, dass Reisen * auch prägen.

Ja-ja.

Ja, * wie meinst du das genau?

Ja, irgendwie dass ** ja, dass sie einem die Sicht, ja die Sichtweise eventuell ** beeinflussen oder so. ** Das Gefühlsleben, * nicht unbedingt jetzt auf so einer kognitiven Ebene, aber so unterbewusst irgendwie. * Das halt immer irgendwas hängen bleibt. Andererseits ist es auch immer die Frage, wie ich jetzt reise. Wenn ich jetzt mit dem Flugzeug zwei Wochen nach Antalya fliegen würd', ist das noch mal was anderes, als wenn ich mit dem Rucksack oder dem Zug. Also, was weiß ich, 'ne Reise machen kommt halt immer drauf an, wo man dann ist und ja, * was so passiert.

148

Wie waren deine Reisen? Wie bist du gereist?

Ja, sagte ich ja eben, eigentlich viel mit dem Zug, per Anhalter.

Mmh.

Also gut, nach Indien sind wir auch geflogen, also nach Colombo ** irgendwie-irgendwie, aber dann auch einmal da unten sind wir dann auch mit dem Zug in Sri Lanka noch rum irgendwie. * Man hat dann noch den totalen Kontakt zur-zur Bevölkerung irgendwie, die da in so 'nem Omnibus neben einem saßen. * Oder man hat nachts draußen gezeltet. Das ist da auch ja 'ne total andere Sache, ob ich jetzt ja, ein Hotel hab' oder so irgendwie * ja. (seufzt) *10* (holt ein scharfes Küchenmesser, um einen Apfel zu schälen)

Darf ich noch ein paar Fragen stellen zu dem, was du mir vorhin erzählt hast? Zu deiner Biographie?

Okay, ja-ja * ich versuche drauf zu antworten.

*Ja, * also ich fang' mal vorne an. Du hast ja gesagt, es war eine schöne Kindheit in deiner Erinnerung. Ne? Wobei ähm * es scheinbar ja auch Streitereien gab zwischen deinen Eltern. Hast du die denn miterlebt als Kind?*

Ja, doch zum Teil, ey * ja. *11* Was soll ich denn jetzt sagen? Also, es hat mich mit Sicherheit auch belastet zeitweise irgendwie. * Es wär' jetzt falsch zu sagen, dass das alles so aber ja. * Was willste da tun irgendwie-irgendwie? Und es war jetzt auch nie so konkret, irgendwie.

Mmh.

Ja, und ** ja.

Hast du noch Geschwister eigentlich?

Nein, * nee, stimmt, ** wird ja dann auch oft in so 'nem Zusammenhang gefragt ** nee,

Dann hast du vorhin erzählt, dass deine erste Reiseerfahrung Richtung London ging mit achtzehn in etwa.

Ja, stimmt.

Das hast du mit einem Freund gemeinsam erlebt?

Ja * ja.

Und das war so ein sehr guter Freund von dir, oder? Du kanntest ihn aus der Schule?

Ja. **

Und hast du auch viel Musik gemacht zu dem Zeitpunkt? Du hast mir ja vorhin das Foto gezeigt mit der Gitarre. *

Ach so, ja * irgendwie also irgendwie, was ich Ende der Siebziger bis Anfang der Achtziger hab' ich auch, wir hatten mal * wir hatten mal, weiß nich' von neunundsiebzig bis einundachtzig eine Punkband gehabt, ey.

*Ne Punkband? * (lacht)*

Ja, * ja. (lacht)

Und da hast du dann Gitarre gespielt, oder?

Ich hab' die Texte geschrieben und gesungen * ja * ja.

Kannst du dich da noch an Auftritte erinnern?

Ja, so vage. * Ja-ja doch ey, irgendwie hier halt in der Ecke. ** Was weiß ich, waren meine ich ja-ja-ja in [N.] im Jugendzentrum haben wir mal gespielt, aber da waren grad zwanzig Leute da. (lacht) Irgendwie-irgendwie noch mal in so zwei Lokalen irgendwann. ** Dann hat sich das dann auch so aufgelöst. * War dann auch irgend so ein Problem, die Leute zusammen zu trommeln immer, die dann grad dann Zeit hatten, weil wir auch alle nicht zusammen gewohnt hatten.

Also zum regelmäßigen Proben?

Ja-ja-ja, * da ist das dann auch so einundachtzig zweiundachtzig oder so irgendwie ja, aber da waren zwei Jahre irgendwie, ** ja, wo wir uns eigentlich irgendwie regelmäßig getroffen haben. ** Ja, zusammen Spaß hatten, sagen wir es mal so, so irgendwie neutral, ja.

Ja.

Ja.

Dann hast du vorhin noch von deinem ersten eigenen Zimmer in der Wohngemein-
schaft gesprochen, so neunzehnhundert achtzig, einundachtzig.

Ja genau, Herbst achtzig.

*Ja, wie * was war das für eine Wohngemeinschaft? Kanntest Du die Mitbewohner*
schon? Waren das Freunde von Dir?

Nee-nee-nee-nee, also ich bin irgendwie nach [W.] gefahren an die Uni und hab' da
nach so einem Aushang geguckt und da bin ich dann irgendwie hingegangen, irgendwie. Die haben dann gesagt „Okay gut, wir schauen mal und rufen dich in zwei Tagen
an irgendwie ob oder ja oder wie" und * ähm ** Das weiß ich auch noch relativ genau, das war ein Altbau. Waren auch nur Studenten irgendwie von überall her, also
einer war aus [O.] irgendwie, einer war aus [H.] aus der Ecke von [F.], * 'ne Frau aus
[M.], ey. * Warte mal, ja irgendwie äh sechs Leute.

Ist dann ne richtig große WG gewesen mit sechs Leuten.

Ja, * war auch ne richtig große Wohnung irgendwie und so. Und da, zum ersten Mal,
also da hatte ich so ein Gefühl, ja jetzt ist man total frei, * also von zu Hause gekommen, also das war auch so die Zeit, also auch so Juni Juli, irgendwie so rum.,
irgendwie. * Ja und boah ey! (ruft) *5* Ja, und da war ich dann auch ja schnell irgendwie so integriert worden und da hat sich auch der Bekanntenkreis und alles; das
war schon ziemlich unüberschaubar ziemlich schnell, ey. * Ja, immer Leute getroffen
da. Ja, einer hat mit mir auch Psycho studiert irgendwie-irgendwie und der hat auch
Texte gemacht. Mit dem hatte ich dann auch ziemlich schnell dann zu tun gehabt. Ja
zum einen, weil er so dasselbe studiert hat und halt auch geschrieben hat.

Im Privaten dann?

Ja, * warte mal, ich muss schauen, ich meine, ich hab' hier irgendwie noch so einen
Text aus irgendwie der Zeit irgendwie. (beginnt den Text zu suchen) *15*

Können wir gleich mal in Ruhe nach gucken.

Ja ja * weil wenn ich ihn jetzt auf Anhieb finde, ich meine, ja ich müsste ihn noch irgendwie da rumliegen haben. Ja also, das war irgendwie ja das war schon alles
irgendwie schon *

*Also hast du eigentlich dein, * den Beginn des Studiums und die erste Zeit des Studentenlebens * so erlebt, dass du viele Kontakte hattest und*

Ja.

dich eigentlich wohl gefühlt hast.

Ja ja ja, auf jeden Fall. * Ja, es war eigentlich ja, 'ne coole Zeit dann ist auch irgendwie-irgendwie ja so gleichzeitig irgendwie ist dann auch so die Drogenzeit so gekommen irgendwie. Ja, ja * ja, also Haschisch halt nur, also sonst eigentlich nichts (stöhnt, atmet tief aus).

*Mmh, * du hast vorhin kurz gesagt, dass ähm du drei und*

Was war denn noch da?

Erzähl' ruhig.

Nee, * ich überleg' grad, was man da jetzt * was ich noch dazu sagen könnt' * nee, wir haben also eigentlich alles so abgeschlossen.

Du hast vorhin gesagt, dreiundachtzig hast du dein Vordiplom gemacht. Ne?

Dreiundachtzig im März, wenn ich mich erinnere * ja * ja.

Und, du hast gesagt, dass du da Noten hattest, mit denen du nicht ganz zufrieden warst. Warst du enttäuscht oder wie hast du das genau erlebt?

Ja, sicherlich ist man da enttäuscht irgendwie. Also wenn ich jetzt bei einer Weltmeisterschaft wär' und ich denke, ich mach' wenigstens Bronze und ich werd' nur Zehnter, * ja, da sind die Leute alle enttäuscht.

Na andererseits, du hast dein Vordiplom. Das ist doch auch super.

Ja schon, äh ja eben, aber ich-ich es waren meine ich, alles nur dreien und zweimal ein ausreichend und ich hab' gedacht, ich mach' wenigstens zwei Stück noch mit 'ner zwei, sagen wir es mal so, ja. (lacht)

Ja, glaubst du denn

Das ist aber auch 'ne Sache, die hat mit, die wiederum mit meiner Erziehung zusammenhängt, weil ich hab' das nicht anders gekannt. Also da war von außen auch immer so Druck irgendwie, ja. „Was hast du? Nur 'ne drei? Wieso ist das denn keine zwei geworden?" und so. Also noch oft in der Schule auch also da war schon jetzt nicht direkt ein Leistungsdruck da, aber die Erwartung einfach irgendwie-irgendwie, ja.

Von beiden Eltern aus?

Eigentlich schon eher noch von meinem von meinem Alten ey * ja, ja. *5*

In deiner Kindheit wurden da eigentlich zum Beispiel Kindergeburtstage gefeiert?

Oh Kindergeburtstage, ** (atmet tief) also wir hatten die ersten Jahre irgendwo zur Miete, wo im selben Haus unten, also irgendwie die Leute, die hatten auch zwei Söhne gehabt, die waren zwar zwei Jahre älter als ich, aber da hatten, also da saßen wir dann öfters mal auch so zusammen und so. Also das, das waren dann auch Spielkameraden irgendwie. Also ich kann mich erinnern, wir hatten schon-schon sechsundsechzig gegrillt draußen, irgendwie also was weiß ich, als das noch kein Schwein gekannt hat, hatten wir da schon gestanden und hatten irgendwie Rostwürstchen gehabt und was weiß ich * ja so was, ja. ** Die hab' ich dann aber spätestens als ich achtzig nach [W.] gezogen bin, hatte ich da die Zeit überhaupt nicht mehr. Da hat man sich dann total aus den Augen verloren, * also in dem Ort, in dem wir gewohnt haben damals. **

Zu deiner Mutter hast du schon noch Kontakt oder wie ist das jetzt?

Ich, * ich hatte zu meinen Eltern eigentlich immer Kontakt irgendwie. Okay gut, jetzt so-so die Zeit, wo ich an der Uni war, okay, da waren auch irgendwie Zeiten dabei, wo ich auch mal mal sechs Wochen überhaupt nicht heim bin, irgendwie. Weil ** da hatte ich so viel tausend andere Sachen auf einmal gehabt, ey *5*. Irgendwie da hat sich der Kontakt dann auch irgendwie so was so gelegt irgendwie. ** Und heute ist es so, dass ich halt zusehe, * ah ja gut, ** es ist auch so, dass meine Mama, die wird auch immer älter und irgendwie da guck' ich halt, dass ich, weiß nich', einmal in der Woche rüber fahre irgendwie, * ja * ja. *6*

*Magst du noch ein bisschen ausführlicher über den Indienaufenthalt erzählen? * Wie die Reise war?*

Oh ja, ey. **

*Du hast vorhin das Stichwort Hippieparadies gebracht * und dass das so ein biss-chen das Gefühl einer anderen Welt war.*

Ja ja, mit Sicherheit. * Ah ja, gut. Jetzt so die Indiengeschichte ist so, ** da hab' ich auch manchmal so den Eindruck, die hab' ich schon so oft mit Leuten irgendwie, weiß nicht, erzählt irgendwie, wo die dann auch gefragt haben auch schon zu der Zeit, als wir damals zurückkamen, also da hatte ich da auch schon oft so ein Gefühl oder auch heute oder auch, was weiß ich, ** hier jetzt im Verein. Da hab' ich das ja auch irgendwann erwähnt und die haben dann auch gefragt „Ja, wie war denn das?" und so, da hab ich jetzt auch irgendwie, wo ich denk', ey, das hab' ich jetzt schon so oft runter gekaut, das will kein Schwein mehr hören (lacht plötzlich und unerwartet). Obwohl ja, was soll ich da im Einzelnen sagen? *6* Ich kann mich noch an das eine oder andere erinnern, also die Route bekomme ich noch zusammen irgendwie, * also wie gesagt ich bin

Ja, vielleicht

Also gut, dann mache ich es also doch, obwohl es zum tausendsten Mal irgendwie

Nee, nur wenn du möchtest , also vielleicht eher was dir davon wichtig erscheint * also die Route weiß ich jetzt gar nicht, aber wie hast du dich dabei gefühlt, zum Bei-spiel in so eine fremde Welt einzutauchen?*

Ja-ja-ja eben, also *5* also es war so, ich war mit ähm 'nem Kumpel von mir, der hat auch Psycho studiert irgendwie, wir sind zuerst nach Thailand ein paar Wochen, vier Wochen. Ich hab' mich dann, vor Weihnachten war das, dreiundachtzig haben wir uns irgendwie getrennt ey, haben dann gesagt „Okay, gut, ** wir werden uns dann irgend-wann im Februar oder so halt noch mal treffen", ey. Dann bin ich alleine weiter. Ich bin geflogen von Colombo nach Trivandrum, ey. (lacht) Trivandrum ist 'ne Großstadt in Südindien. Da * da war ich dann 'n Tag oder so irgendwie und hab' mich dann ent-schlossen äh weiterzufahren im Omnibus also da unten rum irgendwie. Und ** ja, das weiß ich auch noch, ich bin irgendwie ich bin irgendwie an den Omnibus-Bahnhof gekommen und die haben da ziemlich große Omnibus-Bahnhöfe irgendwie-irgend-wie, weil das ist da so, weil, wie soll man sagen, das Reisemittel, weil die Leute selber keine Autos haben. Die fahren alle mit dem Omnibus irgendwie da unten und ich-ich-ich hab' noch was ich hab' noch in der Zeit Leute getroffen, also auch so

Rucksack-Leute, ey. Das eine war ein Pärchen aus der Schweiz. Ich mein', die waren aus Bern oder so (lacht) und noch ein Italiener irgendwie, der war auch mit einem Rucksack unterwegs. Ja, und wir sind dann, wir drei, also die beiden anderen und ich, wir sind dann irgendwie, wir waren dann ** ja ein paar Tage zusammen unterwegs und wir sind dann irgendwie, ja, wir sind dann halt mit dem Omnibus, weiß nich', da rum gefahren. Ich erinnere mich, meine ich, noch, da waren in einem kleinen Ort am Rand von so 'nem Nationalpark so was. Ja, da kannste irgendwie hin irgendwie aus dem Omnibus aussteigen und da warste im Nu * im Nu bist du dann schon irgendwie * ja, wo Leute kommen und fragen „Ja, suchen Sie irgendwie ein Hotel?" also-also-also Hotel in Anführungszeichen, ja und kannste dann irgendwo dann irgendwo so ein Zimmerchen mieten ey für zwei Mark am Tag irgendwie ja. ** Ich weiß noch, was auch irgendwie so komisch war, so irgendwie-irgendwie Weihnachten, Abends. Wir saßen da irgendwie auch abends in Südindien in so einem winzigen Ort fest. Es hat geregnet irgendwie, wie nichts und wir saßen schon den ganzen Nachmittag in so 'ner irgendwie in so 'nem Lokal und tranken Tee und haben Shit geraucht und abends irgendwie-irgendwie ist dann so 'ne winzige Prozession durch den Ort irgendwie gekommen und die sind dann auch schon 'ne Hand voll Leute und die sind dann * mit Weihrauch haben die dann irgendwie in der Kneipe dann so versprüht. Das weiß ich auch noch. Das war Heiligabend irgendwie und zuerst hab' ich gedacht, ey, was ist denn da jetzt los? Und dann hab' ich erfahren, dass Kerala, der Staat, wo das ist da, Christen sind da in der irgendwie in der irgendwie in der Haupt, ach, sind da in der Mehrheit irgendwie, also.

Ja.

Da sind mehr Christen als Hindus irgendwie in Kerala, ja. ** Ja, das war da das. Ist jetzt schon das, wonach du gefragt hast, gell?

*Ja, das geht schon in die Richtung, klar. * Das ist ja auch besonders, so ein Heiligabend in Südindien.*

Ja-ja.

*Das ist ja schon speziell, oder? * Wie hast du dich denn dabei gefühlt? War das schön, so weit weg zu sein von zu Hause, an Heiligabend?*

Ich hab' das überhaupt nicht also ** nee, ich mein', ich war auch an dem Tag so breit irgendwie, da tuste irgendwie an so Sachen überhaupt nicht denken, ey. * Ja, da ist man einfach da. Ja und auch heute, jetzt wo ich-wo ich jetzt hier sitze, ist das auch schon also ist das auch schon 'ne Zeit lang her, also da weiß ich nicht mehr im Einzelnen, wie jetzt irgendwie das Gefühl irgendwie war, ob man irgendwie sentimental wird oder irgendwie einfach die Situation irgendwie einfach genießen tut, also keine Ahnung genau.

Und die drei, mit denen du da unterwegs warst, hattest du nach der Reise noch Kontakt zu denen?

Ich weiß es nicht. Nee, ich weiß es nicht. Ich hatte auch zwei, drei Wochen bevor ich ** bevor ich irgendwie noch mal zurückgereist bin, hatte ich abends irgendwie mit meiner Tasche so, ja ungefähr auch so 'ne Tasche so wie die da, (deutet auf meine Tasche) so 'ne Ledertasche irgendwie, auf so 'ne Strandparty gegangen und da ist mir die abhanden gekommen irgendwie. Da waren zwei oder drei Filme drin, also die ich fotografiert hatte, und halt ein ** Tagebuch, Adressbuch, Kamera, * ja und so Zeug. (wirkt sehr traurig über den Verlust) Und ja, irgendwie die, ja und deswegen habe ich zu denen keinen Kontakt mehr. Ich weiß nur noch, wie sie mit Vornamen heißen, die beiden Schweizer, also einer der ist dann schon eher, der hat sich dann schon eher abgesetzt, aber mit den zwei Schweizern bin ich dann nach Südindien über Majesore irgendwie hoch gefahren mit dem Omnibus so drei Tage lang, ja. ** Majesore ist irgendwie so 'ne Großstadt da unten. Also da waren wir zusammen vielleicht auch nur zwei, drei Tage irgendwie. Wir sind dann ganz langsam immer mit dem Omnibus Richtung-Richtung Norden gereist, also ich, wie gesagt, ich hatte so'n Adressbuch gehabt und das ist mir ja ** ja. *5*

*Hast du zu dem Zeitpunkt eigentlich auch schon Collagen gemacht oder war das äh ** kam das zu einem späteren Zeitpunkt? Du hast mir ja im Atelier einige gezeigt, die, meine ich, auch schon aus den achtziger neunziger Jahren gewesen sind. *4*

Nee, das war mit Sicherheit später. * Die Collagen, die ersten, das war, als ich die, diese alte Zeitung gefunden hatte, diese alte Le Monde. ** Das war neunzehnhundert neunundachtzig neunzig muss das gewesen sein. Also ja, ich hatte halt irgendwie so die Achtziger kunstmäßig also so die Achtziger war eigentlich Schreiben und Fotografieren, irgendwie.

156

Und Singen, wenn Du Sänger warst in der Band.

Ja, ja, dann hat man da noch die Punkband gehabt, aber es war eigentlich eher so'n ja so'n Spaßprojekt. Also jetzt nicht ernsthaft, da jetzt richtig was zu machen irgendwie irgendwie. ** Ich hatt' auch tolle Fotos gemacht, ey irgendwie. Also ja, also ja, das hat mich dann ziemlich getroffen, als äh als die da bei der Räumung irgendwie, alles ja verschütt gegangen ist, ey.

Wann ist alles abhanden gekommen, sagst du?

Irgendwie da war 'ne Räumung und zwar ich-ich hatte 'ne Zweizimmerwohnung gehabt, irgendwie und dann hieß es irgendwann „Das Haus wird renoviert.", also also halt ausziehen. **

Ja.

Und jetzt war ich-war das aber schon die Zeit, weiß nicht, Ende der Achtziger, wo ich wo ich auch sowieso kaum mehr Geld hatte ey. ** Folglich hab' ich auch keine neue Wohnung mehr bekommen. Jetzt hat mir der Vermieter aber angeboten, irgendwie und zwar im Hinterhaus von dem Haus, da war auch noch so'n, da war auch noch so'n Gebäude irgendwie, und der hat gesagt „Okay, gut dann tue dein Zeug da unterstellen." irgendwie. ** Das war im Sommer neunzehnhundert neunzig war das ** irgendwie. **

Das war dann, nachdem du aus Indien wieder kamst. Oder wie?

Ja ja, Jahre später irgendwie. * Ja, auf jeden Fall ich, ich hab' es nicht geschafft, innerhalb von zwei Jahren also noch mal 'ne Wohnung ** 'ne Wohnung zu checken irgendwie. Ja und dann irgendwie hieß es, in ein paar Tagen kommen die und reißen auch das Hinterhaus ab, ey. Und dann hab' ich da gestanden, irgendwann werd' ich morgens um halb sieben wach und da ist dann außen schon so ein Teil gestanden und ja, dann ich hab' dann nur noch so ein paar Sachen irgendwie aus dem Schuppen noch mal rausziehen können. ** Also Platten, hab' ich dann noch, ja also wie gesagt, was man dann so, was weiß ich, in zehn Minuten schnell ja irgendwie, aber * ich hab' ein paar alte Schränke gehabt, die sind ja-ja alles weg boah! *** (regt sich sichtlich auf und stöhnt). Irgendwie und auch irgendwie so ein Schrank, wie der hier mit so 'nem

Packen Alben, weiß nicht, mit zwanzig oder dreißig Kassetten also mit-mit-mit Dias ey. Also, das hat mich auch **

*Alles Bilder, die du selber gemacht hast, auf deinen Reisen, ** die dann weg waren plötzlich? *27**

Ja-ja-ja, also das hat mich da total geschockt irgendwie, weil da war auch 'ne Kiste, ein Karton mit Tagebüchern, alles weg ey wo ich-ich hab' Texte, die ich geschrieben hab' nicht alle, also einen Großteil hab' ich irgendwie retten können, also von den Schnellheftern irgendwie, aber irgendwie auch, ich hab' irgendwie zwei Jahre, die sind total weg, aber ein Teil hab' ich dann noch gerettet ey. ** Ja, das mit den Fotografien, das war schon übel irgendwie *4*.

Hast Du danach

weil

Ja *

weil's auch immer so 'ne Art Beweis irgendwo ist. * Man kann dann immer sagen, ja das ist da und da, wenn ich jetzt erzähl' oder ich hab' hier auch oft das Gefühl, ich hab' erzählt und dann sitzen die da und denken „Komm' hier, Großmaul" irgendwie und so, ja kommt schon vor.

Und das war neunzehnhundert neunzig in etwa, hast du gesagt? *

Ja, * und dann war das (steht auf, wird unruhig, geht durchs Zimmer)

*Sollen wir noch mal 'ne Pause machen? ** Sag' Bescheid, können wir jederzeit.*

Ja.

(Pause)

Du hast vorhin gesagt, so ungefähr zweiundneunzig war der Zeitpunkt, wo du entschieden hast, dass du dein Studium nicht weitermachst, ne? Wo 's nicht so richtig weiterging.

Ja, wie gesagt, das war auch die Zeit, wo auch irgendwie die Räumung da ** die Räumung von meinem Schuppen, ey. ** Das war im Herbst, meine ich, ja. Und dann hab' ich auch gesagt, nee jetzt * jetzt-jetzt ist aus. * Was weiß ich, ich hab' Akten verloren, Literatur irgendwie, was da rumlag irgendwie. Ja, das hat mich auch geschockt. * Ich hab' dann Jahre lang auch nichts mehr schreiben können irgendwie, und ich hab' auch Jahre lang nicht mehr fotografiert, bis ich dann hier irgendwie dachte, ja, komm' kauf' doch mal 'ne preiswerte Kamera, um ein paar Bilder zu machen, aber so, ja so richtig, ja also, das ist schon, ja. **

Wie waren denn deine Kontakte zu dem Zeitpunkt? Hattest du einen Freundeskreis in [W.]?

Ja, ist auch *6*, muss ich auch sagen, so ist irgendwie, es fängt, es fing eigentlich auch schon in den späten Achtzigern an, dass es mehr so verebbt ist irgendwie. ** Ja, zum Schluss eigentlich nur ein paar Leute noch gehabt, irgendwie ja-ja und die waren ***

Wie kam das?

Und die waren zum Teil auch so dran wie ich, also auch ohne Kohle irgendwie, ohne irgendwie alles und so. ** Ich weiß nicht, ich sag' immer, es hat sich so entwickelt irgendwie. Ja-ja-ja-ja ja so der Anfang irgendwie, also auch als ich nach, also als ich aus Indien zurück kam. Das hat auch schon so 'ne Zäsur dargestellt, irgendwie ja.

Da hattest du vorhin gesagt, es war für dich schwierig, dich hier, also in der Welt, wieder einzuleben.

Ja, auf jeden Fall also *

*Was war denn anders? Es sind ja schon sehr unterschiedliche Kulturen. Das weiß ich, aber wie war es für dich speziell, * in deinem Erleben?*

Ja ja, es war, * ich hatte so ein Gefühl gehabt, als ob ich mit einem Mal irgendwie die Welt irgendwie richtig sehe, und irgendwie so'n Gefühl gehabt, die ganzen letzten Jahre völlig sonst wo gelebt hab', mehr so ja, irgendwie aufgefallen, ja, was eigentlich in der Gesellschaft ist. **

Und was ist da?

Ja, wie soll ich das jetzt beschreiben, ey? *5* Ich glaub' auch irgendwie so dieser irgendwie der räumlich zeitliche Abstand, der war das irgendwie auch. Ich bin heimgekommen und hab' gedacht „Was hab' ich eigentlich die letzten Jahre irgendwie naiv da irgendwie rum gelebt?" und ja, ** ich hatte da so ein Gefühl, mit einem Mal irgendwie wesentlich mehr zu sehen oder zu erkennen. **

Und was zum Beispiel?

Was für ein Spiel gespielt irgendwie wird, ja. Wie soll man sagen? Ich bin drei Jahre an die Uni gegangen und hab' gedacht, ich mach' das jetzt alles gut und dann ist alles in Ordnung. Dann bin ich zurückgekommen und mit einem Mal, * ja-ja hatte ich irgendwie so ein Gefühl, ja man ist da einfach nur so'n Idiot, der da irgendwie rumrennt. Ja irgendwie so so'n Idealist, so was ey. * Also da hab' ich 'ne Zeit lang irgendwie so etwas um mich wieder einzuordnen danach. ** Das hat mich auch getroffen irgendwie. Ich mein', das war irgendwie so die erste Zäsur irgendwie ** ja *4* ja. * Ich weiß nicht, ob das mit Idealismus zu tun hat oder mit Naivität oder mit, ja so irgendwie ja, auf jeden Fall *5* das war auf jeden Fall ne Bewusstseinserweiterung, sagen wir's mal so, ey. *4*

Meinst du damit die Zeit in Indien selbst oder das Zurückkehren?

Ja * ja, sowohl also auch *4*. Ja, das Zurückkehren na ja ** okay, ich mein', irgendwann war ich wieder hier und dann ja, und dann ist es irgendwie so weiter gegangen, wie es aufgehört hatte.** Ja, irgendwie aber so die Wahrnehmung überhaupt irgendwie so * ja. *4*

Die Wahrnehmung hatte sich verändert?

Ja. *4*

*Wie? *9* Auch im Kontakt zu anderen Menschen? ** Also im Austausch mit anderen? War das anders?*

(atmet tief und heftig aus) *9* Ich weiß es nicht exakt. Irgendwie, also jetzt, also von meiner Seite jetzt nicht unbedingt, ** aber jetzt so die Gesellschaft überhaupt, die hab' ich anders gesehen. So Politik, Radio, so Sachen ** und es hat sich irgendwie *4* und daran hat sich eigentlich auch nicht so viel geändert irgendwie. Ich hab' auch heute noch so, wo ich also kaum Nachrichten gucken kann, ohne ruhig zu bleiben irgendwie-irgendwie oder das Radio anzumachen, wo ich denke „Ey, ist das eine Scheiße!" (wird plötzlich laut, beruhigt sich aber schnell wieder) irgendwie. * Ja-ja und das hatte ich so zum ersten Mal da gehabt eigentlich irgendwie *4* irgendwie.

160

An meinem Alltag, was war da anders? Ich war spätestens ab Herbst noch mal total in dem Leben irgendwie drin. Uni, was weiß ich, irgendwie mal jobben, irgendwo Leute treffen, irgendwo mal hingehen.

Ja, was waren das denn für Jobs zum Beispiel? Erinnerst du dich da jetzt an einen Speziellen oder hat dir mal einer besonders Spaß gemacht?

Na gut, das war rein pragmatisch, wegen der Kohle, ja. * Also ich hab' zuerst hab' ich in den Sommerferien auf der Hütte gearbeitet, irgendwie hier auf der [B.] Hütte.

*[B.] Hütte, * ja das kenne ich, glaub' ich, auch.*

Da hat mein Onkel gearbeitet und der hat mir dann über Beziehungen Ferienjobs immer besorgt. Da war ich dann, ja da war ich dann, war ich dann ein paar Mal, aber Ende der Achtziger als ich dann in [W.] war, was weiß ich. Das waren dann eher nie lange, immer nur ein paar Tage. Wenn ich dann am Tag hundert Mark hatte und dann drei, vier Tage gearbeitet. * Das hat dann eigentlich mit dem Rest dann ** Ja, was hab' ich gearbeitet? Umzug öfters * Was weiß ich, halt mal Container entladen am Güterbahnhof irgendwie oder mal beim Innenausbau helfen, aber nie lange, also ** ja, das waren ja das war die Arbeit.

Also Jobs, die du gemacht hast.

Ja, war eigentlich nur so was in der Art. Also jetzt so Kneipenjob bin ich jetzt, war ich jetzt noch nie.

Nee, muss man ja auch nicht.

Ich hab' ein paar Bekannte gehabt, also die in der Kneipe gearbeitet haben zwei, drei Tage die Woche.

*Du sagst gerade Bekannte. Du hast mir letzte Woche erzählt, als wir uns gesehen haben, dass du dich noch mal mit einem Freund oder Bekannten getroffen hattest, vor einiger Zeit. Also, dass du da noch mal einen neuen Kontakt hattest? *4* Ein Treffen vielleicht?*

Ich weiß es jetzt auch nicht auswendig. ** Es kann einer sein, * warte mal, an dem Tag, als du noch irgendwie rüberkamst. * Ja, den hab' ich an der Uni kennen gelernt und wir hatten auch halt ab Ende der Achtziger irgendwie mal, wo ich mal zu ihm kam und er mal zu mir kam, ey. * Ja, und er ist einer der wenigen, wo mich überhaupt noch also in [W.] *4*

Wo noch ein Kontakt besteht?

Ja, ** und irgendwie, aber auch jetzt auch mehr oder weniger zufällig irgendwie, weil der auch so ein Betreuer ist, also von zwei Leuten von bei uns hier.

Ach so.

Er hat irgendwie Psycho studiert und arbeitet hier schon seit Jahren irgendwie, als so ein gesetzlicher Betreuer, also ist irgendwie so eine Art Sozialarbeiter. * Also der dann so einen Schreibkram macht und alles ** und ja. Wie gesagt, ich glaub', wenn er jetzt, weiß ich nicht, nicht ab und zu mal hier rüber käme irgendwie, dann hätten wir, glaub' ich, auch keinen Kontakt mehr. Also dann hätte sich das auch auch irgendwie irgendwie verlaufen, ey.

*Gibt es denn noch andere Kontakte, die du hast von früher * oder auch neue?*

Also kaum, jetzt fast überhaupt nichts mehr, obwohl ich eigentlich aus der Ecke hier komm'. Also ich seh' auch hier, wenn ich mal in die Stadt gehe, ich seh' nie jemanden, wo ich noch kenne irgendwie.

*Wie ist das denn, wenn du hier durch die Stadt gehst? ** Wie, wie fühlst du dich dabei?*

Schlecht.

*Ja? ** Wieso?*

Ja, * ziemlich fremd irgendwie. *4* Also, ich geh' grad mal in die Stadt, wenn ich was brauche. **

Um Besorgungen zu machen?

Ja, in ein Geschäft rein und dann noch mal mit dem Rad zurück, schnell irgendwie. Oder ich setz' mich noch grad hin auf eine Zigarette. ** Dann hab' ich, ich weiß nicht, dann hab' ich so 'ne Aversion irgendwie entwickelt hier, ja also dieser Kleinstadtmief ja, ** ja.

*Du hast vorhin auch gesagt, als du die ersten Jahre im Verein, * also hier in deinem Zimmer warst, * dass das schwierig war, sich den anderen gegenüber zu behaupten.*

Ja-ja.

*Wie meinst du das genau? *4* Meinst du damit so einen Erstkontakt? Also, wie ihr euch kennengelernt habt? *5**

Ich weiß jetzt auch nicht mehr, wie das jetzt im Einzelnen war irgendwie. Ich mein', hier haben auch schon zig Leute gewohnt, irgendwie. Ich weiß nur, wie ich halt eben sagte, es war schon schwer irgendwie. Vielleicht hab' ich mich auch getäuscht. Vielleicht war es auch eine Wahrnehmungstäuschung irgendwie, dass das eigentlich nicht so war. Wenn du jetzt 'nen anderen fragen würdest, würde der eventuell sagen „Nee, was soll denn da irgendwie zwischen gefallen sein?" würde der sagen und ich-ich hab's aber als Problem aufgefasst irgendwie. Also da kann ich jetzt nichts exakt zu sagen, irgendwie. *

Ja.

Ich weiß nur, es war schwer irgendwie. Ich hab' mich, ich weiß nicht, so als Außenseiter gefühlt irgendwie, auch von den Betreuern her irgendwie so. Die waren auch nicht grad', wie soll man sagen, sehr, sehr hilfreich oder sympathisch oder ** ich weiß nicht. Wenn ich irgendwie 'ne Alternative gehabt hätte, ich wär' nach 'nem halben Jahr wieder weggezogen irgendwie. Aber dann war's doch irgendwann so-so ein Tran drin mit den Tabletten auch und alles * und ** ja *4* Also das ist schon schwer.

Und wie siehst du das heute?

Ja, ja, ich seh' das eigentlich immer noch so. Ich würd' schon sagen, * wenn ich jetzt 'ne Alternative hätte, wenn ich jetzt finanziell zum Beispiel ein bisschen variabel wäre, dann würd' ich sagen, nichts wie weg, ey. **

*Würdest du denn sagen, die Angebote, die 's hier gibt im Verein, * ist da was für dich bei, das dir hilft und dir Spaß macht?*

Na gut, ** nee, eigentlich nichts. Also * weiß nicht, halt Sport machen irgendwie. *4*

Nutzt du das denn? Machst du Sport?

Okay, also ich war jahrelang dabei, aber jetzt so seit zwei Jahren, wo ich sag', das ist mir echt zu anstrengend. Aber ich war ** jahrelang dabei, zweimal die Woche, ** aber irgendwie auch so, ich hab' mich auch immer, * das war auch immer 'ne Sache von der Überwindung. * Also um zwei zu sagen, so jetzt zieh' ich mich an, dann kommt der Bus, dann in die Halle fahren, dann wieder zurück. ** Nee, will ich alles nicht mehr. **

*Und die Möglichkeit, dass du hier ein Atelier hast, * wie empfindest du das?*

Also das ist, sagte ich ja eben schon, als ich den großen Raum bekommen hab', den hab' ich noch am selben Tag geräumt und angestrichen, * wo ich mir Farbe gekauft hab'. Also, ** das war so für mich sicherlich so ein Punkt auch irgendwie, wo ich dann auch wieder mit mir selber irgendwie, wo ich wusste, es ist 'ne Art der Selbstverwirklichung oder ja so was irgendwie. ** Das war schon gut irgendwie, ** überhaupt Platz zu haben und etwas selber machen zu können. * Aber wie ich eben sagte, wenn ich irgendwie variabler wär', dann würd' ich sagen, nee, ich, was weiß' ich, irgendwie weg. ** Dann ist es auch so, ich bin häufig auch so K.o., ey. ** Wo ich mir dann sagen würd', jetzt schau mal, in so 'nem Zustand noch jetzt jeden Tag noch 'ne eigene Wohnung wieder zu haben und jeden Tag jetzt noch einkaufen zu gehen und alles zu tun. Das würd' ich auch nicht auf die Reihe kriegen. ** Tatsache ist, ich hab's hier irgendwie schon 'ne Zeit als ziemlich hart irgendwie empfunden, ey. * Also, wie sie mit einem umspringen irgendwie, wenn sie merken, der ist irgendwie angeschlagen. *4*

Wie meinst du das genau?

Also psychisch und physisch irgendwie, ey. ** Dann ist man echt irgendwie *4*, ja *5* gut, das ist aber 'ne gesellschaftliche Sache irgendwie. ** Nee, aber ich hab' auch gedacht irgendwie, ja, komm', sieh' zu, irgendwie noch mal in [W.] 'ne Zweizimmerwohnung, ** aber ich bekomm's auch nicht auf die Reihe im Moment. ** Andererseits sind dann auch wieder so Tage da, wie heut', wo ich mir dann sag', ja ey Alter, du hast doch alles ey * aber ** ja (atmet tief durch) *7* Oh je *5*

Wollen wir noch mal eine Pause machen vielleicht?

Na gut, es ist eh noch *4*

Wir wollten noch einen Kaffee trinken. * *Und ein bisschen frische Luft reinlassen?* **
Ich öffne mal das Fenster. *13*. *(Öffnet das Fenster. Zeitgleich beginnt [S.P.] Kaffee
vorzubereiten.) Kann ich dir helfen?* *6*

Du könntest dir noch eben 'ne Tasse unten holen.

Klar, mach' ich. * *(Interviewerin verlässt das Zimmer.)* *41*

Du kennst bestimmt Fehlfarben, oder? ** Die sind sogar aus [S.].

Ja, das sagt mir was. ** *Das ist eine Band, oder?*

Ja, so Punkrock, ** auf jeden Fall. Die haben mal einen Text geschrieben, der ist mir
jetzt grad' eingefallen, wo auch 'ne Zeile geht „Schreib' dein Leben auf ein Stück Papier und merke, wie die Zeit vergeht". Ja doch, * die hab' ich auch mal live gesehen.
Ich war im Jugendzentrum in [W.], auch so zweiundachtzig muss das gewesen sein.
(lacht) ** Ja, Fehlfarben und „Schreib dein Leben auf ein Stück Papier" das war
dann, nee oder waren das wieder andere? Oder waren das (...) „Schreib dein Leben
auf ein Stück Papier?" *4* (Der Wasserkocher unterbricht den Gedankengang)
Kocht. *20*

Ich find den Blick aus dem Fenster schön, so ins Grün. **

(lacht) Na ja. *5*

Ich mach' noch mal zu hier, ja? ** *Okay? (will Fenster schließen)*

Nee, lass doch auf, so lang wir hier Kaffee trinken.

Ja gut. *5*

Das hier, das kommt aus Marokko. (holt einen Kerzenständer)

Aus Marokko? Ist ein Kerzenständer, oder wie?

Ja-ja und da hab' ich noch 'ne Schale stehen irgendwo. ** (beide schauen sich im
Zimmer um)

Die hier? (S.P. nickt) Die ist auch sehr schön. Aus Ton gefertigt, * *handgemacht
wahrscheinlich.* *12*

Irgendwie, auf der anderen Seite ist es aber auch richtig so. Also ich hab' eigentlich, also so 'ne, also so 'ne reichhaltige Zeit hinter mir, wo ich dann jetzt auch die Zeit, die eigentlich eher so richtig übel war, also da hab' ich teilweise auch so auffangen kön-nen, auch so psychisch, wenn ich sag', also auch heut' irgendwie runter bin, wenn ich sag', komm', ist egal, ich hab' das ja alles erlebt.

Die Erinnerungen meinst du dann, dass die so reichhaltig sind und lebendig?

Ja genau. Hier 'ne Reise dahin, irgendwie Erfahrungen, ** Freundinnen irgendwie, ** alles, was so toll ist, irgendwie. * Auch wenn das jetzt alles auch schon seit zehn Jah-ren nicht mehr oder noch länger, * aber ich sag' auch, jetzt wo die anderen weg gefahren sind heute, hab' ich auch gesagt, was soll das, ich bin schon so oft wegge-fahren. *7*

Die sind, glaube ich, jetzt nach [F.] gefahren, oder? Gibt's dort ein neues Ferien-haus?

Nee, irgendwie so ein, wie soll man sagen, ich weiß es nicht speziell, aber irgendwie so 'ne Ferienanlage oder so.

Das wird bestimmt noch häufiger angeboten. So kannst du dir überlegen, ob du ir-gendwann darauf Lust hast.

Ich glaub', der ist gut. (deutet auf die Kaffeemaschine, holt den Kaffee) *17* Oh, jetzt wird's hier aber eng. (stellt Kaffeebecher, Milch und Zucker auf den kleinen Tisch)

Danke.

Bitte.

*Toll, * frischer, warmer Kaffee, * herrlich. ** Vielleicht magst du mal noch ein biss-chen von der Ausstellung erzählen? Du hattest mir ja einen Zeitungsartikel gezeigt letzte Woche.*

Ja.

Das ist ja im Juli gewesen, hier in [T.], die Ausstellung. Ne?

Im Juni eigentlich schon, aber im Juli war dann einer von der Zeitung da. ** Ja, das war dann auch so 'ne Sache, wie ich's eigentlich erwartet hatte, dass dann kein größeres, * irgendwie also es war kein größeres Event irgendwie, auch von der Reaktion. Na ja.

Hattest du dir da was anderes erhofft oder gewünscht?

Nee, also nee, wie soll man sagen, also das lief irgendwie so ab, wie ich's auch dachte. ** So kaum Resonanz irgendwie; * Ich hab' auch nichts erwartet vorher irgendwie. Sagen wir's mal so *

Aber du hast doch einige deiner Collagen verkauft oder nicht? Hattest du erzählt, ich glaub' an die Tagesstätte, die haben doch welche, oder?

Ja, aber ich mein', das ist jetzt nur im Verein, also das ist fast nur wieder vom Verein. ** Wie gesagt, die [Frau A.] von der Tagesstätte, die hat irgendwie eins gekauft, also für die Tagesstätte selber. Der [Herr L.] hat mir 'ne Collage abgekauft aus der Le Monde Serie, also so 'ne alte und dann ist zwei Wochen später [Frau A.] noch mal gekommen und hat für sich privat noch zwei geholt und (lacht und atmet tief) jetzt am Wochenende hab' ich noch irgendwie überraschend Besuch bekommen von Bekannten. * Nee, vom Sohn und der Schwiegertochter von 'ner Freundin meiner Mama, also die hatten auch anscheinend die Zeitung irgendwie und die riefen dann an, ja, ob sie noch rüber kommen könnten. Ah, pass auf, ich hab' sogar dran gedacht, dir den Artikel abzukopieren.

*Oh, das ist ja toll, * wunderbar. Danke. Ich hab' den nämlich unten auch im Büro entdeckt, da hängt der auch noch mal.*

Ja, kann sein. (überreicht die Kopie des Zeitungsartikels)

*Wie toll, herzlichen Dank. *7* Ich finde, das ist schon ein schöner Erfolg, so 'ne Ausstellung.*

Es ist halt die, ** ich weiß es nicht, also Erfolg * ich weiß es nicht, es ist alles so 'ne Sache vom Gesichtspunkt irgendwie. Also ich hab's jetzt mehr so, also Erfolg würd' ich jetzt nicht sagen irgendwie, ich mein, die Sachen haben da wochenlang in dem Raum gehangen irgendwie, ey **

Wie war das denn bei der Eröffnung? Da warst du doch sicherlich anwesend. Wie hast du dich dabei gefühlt?

Ja, auch so komisch irgendwie, also (atmet schwer und seufzt) *10* Nee, ich mein', das ist irgendwie so bezeichnend. Da kommen die Leute jetzt nicht, weil sie irgendwas Interessantes sehen können, sondern wegen dem kaltem Büfett.

Nee, das weiß ich aber nicht. Die waren doch schon an deiner Kunst interessiert.

Nee, aber absolut nicht. *

Also, ich finde deine Collagen sehr interessant.

Ah, ja gut, * du bist irgendwo ja auch so die Ausnahme, du bist eher so die Intellektuelle. ** Ja schon so, mit Sicherheit. Gell?

(lacht) Keine Ahnung, ich meine, ich interessiere mich für Kunst.

Das sind aber andre Leute, die da in der Tagesstätte rumhängen. Die sitzen nur da und warten, denn um zwölf Uhr gibt's Essen, ey.

Waren denn deine Mitbewohner hier auch in der Ausstellung?

Ich glaub nicht irgendwie. ** Nee, also nicht, dass ich mich bewusst erinnern würde. Hier du brauchst bestimmt auch (reicht die Milch für den Kaffee)

Nee danke, ich trink keine Milch im Kaffee.

Schwarz?

Ja.

Aber Zucker?

Nee, brauch' ich auch nicht, danke. Vielleicht können wir ja die Tage

Ja, das ist dann auch so 'ne Sache, die ich auch schon thematisiert hab'. Also dass mir schon etwas der Kontakt nach außen irgendwie so fehlt. * Also so ein paar Leute, die auch so in etwa ähnliche Interessen haben oder auch meinetwegen eine ähnliche Geschichte haben irgendwie ** wie gesagt, ich sitz' seit zehn Jahren hier und ja. *5*

Kommst du denn manchmal mit dem [Hans] ins Gespräch? Der malt ja auch, der macht auch Kunst.

Ja, * wir hatten mal 'ne Zeit, wo er öfters rüber kam. Mal alle zwei, drei Wochen irgendwie, aber jetzt auch schon seit längerer Zeit gar kein Kontakt mehr. ** Ja, aber

168

okay, mit ihm hatten wir ja-ja hatte ich auch irgendwie-irgendwie wo wir auch nicht nur über Malerei geredet haben,sondern ** viel auch so über die Philosophie oder so, ich weiß es nicht. * Aber seit einiger Zeit hat er sich auch wieder mehr zurückgezogen, ja. *4*

Und wenn du noch mal auf ihn zugehst?

Na ja, ich weiß nicht. ** Hab' ich probiert irgendwie, * aber da hat er auch mehrmals abgeblockt. ** Aber, wie gesagt, wir hatten so die letzten Jahre, wo er öfters mal abends hier war und so.

Ja, das stelle ich mir ganz schön vor, wenn man

Ich glaub', was ich irgendwie bräuchte, wären ein paar Leute, die irgendwie irgendwo Power haben und mich noch mal ein bisschen mitziehen können. Also ja, weil auch so ich hab' sonst noch so zwei, drei Kontakte, aber auch welche, die hier mal im Verein waren. Die sind alle irgendwie in derselben Situation irgendwie, ** da kommt auch nichts rüber irgendwie.

*Wo leben die denn mittlerweile? Wieder in Wohnungen oder in WGs? * Betreutes Wohnen oder?*

Die haben wieder Wohnungen hier in [T.].

Und gehst du die dann manchmal besuchen oder wie ist der Kontakt?

Also schon irgendwie, zum einen hab' ich schon noch Kontakt, * aber da ist auch dieses Haupt-, wie soll man sagen, Verbindungsstück ist eigentlich Musikhören oder wir tauschen aus, ich kann mal was von ihm leihen oder das ist eigentlich so dieses Hauptding so. ** Aber so richtig mit ihm reden, kann ich auch nicht irgendwie, ey. ** Da ist er auch noch zu, irgendwie ja, zu zu irgendwie. **

Ja, verstehe.

Also, wie ich eben sagte, was ich mir irgendwie wünschen würd', wären ein paar Leute, die ja, die irgendwie Power haben, sagen wir's mal so. Zack, „Komm', wir machen jetzt mal was!", also die mich so etwas rausziehen aus einer Lethargie, irgendwie auch.

Lethargie sagst du?

Ja, * ja so ein Rumhängen * ist es eigentlich auch. Ich mein', das seh' ich auch. Ich seh' auch die Probleme, die ich hab' so. Aber ich weiß absolut nicht, was ich machen soll, ey.

Was meinst du damit genau?

Ich hab' auch kaum einen zum Reden irgendwie. ** Ich mein', wir haben die Psychologin da irgendwie. Mit der hab' ich letztes Jahr im Februar das letzte Mal hier zusammen gesessen, * da hab' ich sie dann noch zweimal gefragt, ob sie Zeit hat ** also auf einen Kaffee so und da kam nichts und dann sag' ich mir auch so, na gut, ** dann eben nicht.

*Könntest du denn nicht auch regelmäßige wöchentliche Gespräche haben mit ihr? Denn das findet ja hier im Haus auch statt. ***

Hab' ich auch. * Also ich hab' einen, * also ein regelmäßiges Gespräch mit dem [Herrn E.], * aber das ist auch nicht sehr heilend irgendwie. Also, weiß ich nicht, es ist auch seit einer längeren Zeit, wo ich überlege, ob ich das nicht ganz irgendwie kappen soll, weil das auch nichts, *4* ja also Richtiges irgendwie bringt. ** Das ist dann immer so, ja, „Wie war das Wochenende? Hast du da was unternehmen können?" oder man redet über irgendwas aus der Zeitgeschichte, also aus der Zeitung was, irgendwie so. Ist aber dann, sag' ich mir, auch irgendwie, ja ich weiß auch nie, wie sie einen an * irgendwo richtig sehen, ** dass sie dann auch irgendwo gespieltes Interesse zeigen irgendwie, aber in Wirklichkeit dann halt * dann meinen, „Mein Gott, was ist das da denn für einer?" ** ja. *4*

*Also, das denke ich mit Sicherheit nicht. * Dass das ein geheucheltes oder gespieltes Interesse ist, sondern schon ein Interesse an dir und deiner Person. Eben ein Interesse, wie 's dir geht.*

Keine Ahnung. (rührt heftig mit dem Löffel im Kaffee) **

*Aber worüber würdest du denn gerne sprechen? Wenn zum Beispiel nicht über das Wochenende und wie du deine Zeit gestaltet hast, sondern was * wären denn Themen, die dich interessieren würden?*

Schwierig irgendwie, ** ja gut. *4* Man hätte irgendwie von Anfang an schon so ein Gespräch wie jetzt führen können, ** dass er weiß, wer ich bin und sich nicht auf irgendeine Akte stützt, die irgendein Beamter über mich angefertigt hat und in der steht, dass ich rauschgiftabhängig bin. ** Weißt du, so Sachen halt. *5*

*Aber ihr werdet doch auch mit Sicherheit über deinen Lebensweg und Deine Biographie gesprochen haben. ** Oder?*

Nee, kaum irgendwie, nee, ich kann mich eigentlich an so Sachen kaum erinnern irgendwie. (rührt erneut heftig mit dem Löffel im Kaffee)

Wie hast du denn jetzt unser Gespräch erlebt, so rückblickend? Wie war das für dich?

Na gut, bis jetzt, *5* ich würd' mal ein bisschen Zucker da rein machen (deutet auf meinen Kaffee) ** weil der schmeckt echt

Ist stark, aber gut.

Ich weiß jetzt nicht, wie er schmeckt ohne alles.

Ist okay für mich. (lacht) Danke.

Ey, das weiß man irgendwann nicht mehr. Ich wüsste auch nicht, ja schon, ja was ** ich wüsste auch nicht, was man anders machen könnte jetzt mal. *4* Von der anderen Seite gesehen, ich weiß nur was, irgendwie ist irgendwie irgendwas läuft nicht richtig oder, ja. ** Ich weiß jetzt aber auch nicht, wie man's anders gestalten könnte, oder * irgendwie richtiger. ** Was ja auch noch wichtig ist, ich bin nicht der einzige, ich hab' ja, * ich kann ja auch nicht nur hier sitzen und erwarten ja, jetzt hat sich alles um mich irgendwie zu * zu kümmern und so, ey. ** Kann ich ja auch nicht, wenn ich objektiv bin, wenn ich irgendwelche Zusammenhänge versuche zu sehen. Ja, und das Gespräch jetzt eben, es war eigentlich relativ leicht gefallen, alles noch mal zusammenzubauen also, ja. *4*

Ja, ich bedanke mich auf jeden Fall ganz herzlich.

Also auf jeden Fall, ** ich hab' noch kein Alzheimer. (lacht)

Ja. (lacht)

Wie heißt denn deine Freundin von neunundachtzig? Wüsste ich immer noch, wenn jetzt die Frage käm'.

Hast du denn da noch Kontakte zu früheren Freundinnen?

Nee, gar nicht mehr, ** also das hat mich auch * na gut, die werden halt irgendwen geheiratet haben in der Zwischenzeit ja und ** (lacht)

*Ich hab' mal noch eine andere letzte Frage und zwar ist mir deine Tätowierung, * du hast einen Stern tätowiert, aufgefallen und du trägst auch eine Kette mit einem Amulett, einem Stern. ** Ähm, * wo ist die Tätowierung entstanden und was bedeutet der Stern für dich?*

Na, auf jeden Fall habe ich mir die Tätowierung in Indien machen lassen. * Ja, * das war so, dass zu der Zeit am Strand auch schon viele rumliefen mit Tattoos irgendwie. Da hab' ich gedacht, komm, ich mach' mir jetzt auch eine. ** Aber einerseits hab' ich mir auch gedacht, jetzt so ein großes, wer weiß, was in zehn Jahren ist, * wenn ich mal irgendein Hemd an hab', dann so ein Tattoo. * Nee, komm jetzt, aber ich wollt' eins haben. Dann hab' ich gedacht, komm', irgendwas Einfaches * und der Stern hier (zeigt auf sein Amulett), das hab' ich mir erst vor ein paar Wochen gekauft. Da war abends so ein Stadtteilfest und das hat mir gut gefallen, einfach. ** Und jetzt speziell, ob ich was zu sagen hab' zum Stern? **

Ob der für dich eine Bedeutung hat, interessiert mich.

Ja, an sich der Stern irgendwie am Himmel, irgendwas Helles in der Finsternis, irgendwie keine Ahnung ** oder der Stern als Assoziation zu dem Ausdruck Star, dass ich damit ausdrücke, dass ich auch gerne ein Star wäre. *4*

Wärst du denn gerne ein Star?

Ich weiß nicht, ich hab' oft gedacht, irgendwie etwas bekannt wäre nicht schlecht, ey. ** Also ja, ** ich will jetzt nicht jeden Tag in irgendeiner Zeitung stehen.

Mit deiner Kunst dann?

Nee * aber **

Hier haben wir dich schon mal. (zeigt auf sein Bild in der Zeitung, beide lachen)

Ah ja, gut, aber das war auch eher so ein Zufall und das ist, ** was weiß ich, warte mal, ich hab' ja seit neunundachtzig schon Sachen geschrieben, aber in dreißig Jahren einmal in der Zeitung und dann grad' mal so ein kurzer Abschnitt. *10*

Also, ich finde das mit der Ausstellung wirklich toll und hab' mich sehr gefreut, als ich davon gehört und gelesen habe.

Ja.

Bei den schönen Collagen, vielleicht können wir auch die Woche über noch mal

Ja, das war ** das war auch irgendwo in den Räumen da, * die sind auch sehr hell und groß * und die Sachen, die ich da aufgehängt hatte, die hatte ich alle in Rahmen drin, also es hat schon toll ausgesehen.

Nach welchen Kriterien hast du die Sachen ausgewählt für die Ausstellung?

Boah **

Waren das besonders wichtige Stücke für dich, oder?

Nee, ich hab' einfach ein paar, irgendwie hab' ich auch gedacht, jetzt will ich nicht zum zwanzigsten Mal alles durchgucken und dann hab' ich gesagt, ich hol' die, die und die.

Also schnell entschieden?

Also, was beruhigend war, war, was ich eben erzählt hab', dass da am Wochenende da die Bekannten von meiner Mutter da waren. Und die waren auch relativ beeindruckt ** und die haben dann auch zwei Stück gekauft, ** direkt irgendwie.

Wie schön, Glückwunsch.

Das heißt, ich hab' im Moment so viel Kohle, wie ich schon seit zwanzig Jahren nicht mehr hatte. (lacht) Ich weiß noch überhaupt nicht, was ich damit anfangen soll. **

Das wirst du schon irgendwann wissen.

CDs werd' ich mir noch kaufen. Was anderes, ja keine Ahnung oder bei Zweitausendeins, wenn der neue Katalog kommt, * kann ich mir da dann was bestellen und dann hab' ich immer noch ** das ist auch ganz seltsam, wenn du nie Kohle hast oder immer nur grad' so das Nötigste, und dann hast du auf einmal zweihundert Euro, dann ist das * ja, * dann ist das, auch schon komisch, ey.

Ist das ein gutes Gefühl?

Es ist beruhigend. * Ja, aber es ist seltsam. * Einerseits zu wenig, um jetzt was Größeres zu planen, also jetzt irgendwo hinzureisen. * Ich bin auch im Moment zu K.o., um jetzt irgendwo hinzureisen. Ich würd's nicht packen und wenn jetzt nur ein Tag mit dem Omnibus nach Paris wär', ey.

Ist schon sehr anstrengend dann. Ne?

Würd' ich nicht packen, nee, *5* na ja.

Hast du selber das Gefühl, dass so die Müdigkeit oder Energielosigkeit eine Nebenwirkung der Medikamente ist? Oder wie erklärst du das?

Also, mit Sicherheit kann man das da zuordnen und es ist auch so eine psychische Müdigkeit. Die führ' ich dazu zurück, dass ich eigentlich nur mit so Leuten so zu tun hab', die auch nichts bringen. Und dann tut das irgendwann * wird man dann auch so, wie die, also so kaputt, na man sagt doch, es färbt ab, so der Umgang. * Ich mein', ich war früher viel mit Leuten zusammen, die aktiv waren, die interessiert waren an allem und die gesagt haben „Sollen wir dahin fahren?" und dann haben wir gesagt „Ja okay, jetzt ist es zehn Uhr abends, wenn wir jetzt los düsen, sind wir morgen früh da. Rauchen wir noch was unterwegs." und so, ja und heut', * was soll ich denn mit jemandem anfangen wie mit dem [Anton], der da in seinem Zimmer sitzt? ** Ja, also ich will nicht alles auf die anderen schieben irgendwie, das wär' nicht richtig, aber es tut abfärben. ** Irgendwann ** irgendwie und ich bin etwas traurig, dass von außen kaum Ersatz kommt, dass da einer, was weiß ich **

Was meinst du mit von Außen?

Mitreißen kann noch mal, irgendwie 'n bisschen aufbauend. ** Es sind immer nur Probleme und alles ist Scheiße und der kommt an, oh Gott, ja ** ja. (atmet schwer)

Und mit Außen meinst du dann Menschen, die nicht hier leben?

Ja-ja-ja-ja-ja also irgendwie so ein ** ich weiß nicht, irgendwie soll man auch nicht unterschätzen, zehn oder zwanzig Jahre lang Psychopharmaka zu schlucken ey, ** weil das ist kein Saft, irgendwie. *5*

Aber es scheint schon notwendig zu sein, damit du so im Gleichgewicht bleibst, oder?

174

Ja gut, es hieß ja, * dass alle gerne im Gleichgewicht bleiben. Das sind ja alle irgendwie, ** dann würden ja alle Psychopharmaka nehmen, *4* ich weiß nicht. * Ich weiß
nur, ich hab' jahrelang da so gelitten drunter, drei mal am Tag die Tabletten zu holen
und man war total abgemeldet. Da biste nur noch pennen gegangen und aufgestanden
um pissen zu gehen und dann wieder abgelegt. ** Kannste Jahre lang überhaupt
nichts machen, also *5*

*Das dauert, glaube ich, auch sehr lang, bis man da so richtig drauf eingestellt ist.
Ne? Ich mein', bis man die richtigen Medikamente gefunden hat, die passen. Oder?*

Ja, * na gut auf der einen Seite ist's so, die letzten Jahre ist ein Gewöhnungseffekt bei
mir eingetreten. ** Oh, es ist schon genau fünf Uhr. Also pass auf, ich fänd's nett,
wenn wir uns mal abends hier treffen können.

*Ich meld' mich bei dir. ** Ich hab' ja jetzt deine Telefonnummer. Ich ruf' dich die
nächsten Tage an.*

Ich hab' zwar nicht ** also **

*Was denn? *4* Was meinst du?*

Ich hab' zwar jetzt nicht allzu viel Hoffnung, dass das läuft, aber wir halten's mal im
Auge. Wäre doch nett, irgendwie.

*Ja, * wie gesagt, ich muss mal schauen, wie 's zeitlich passen kann.*

Ist halt nur die Sache, wie du dann hierher kommst. **

*Ich nehme immer den Zug. ** Aber, das soll nicht deine Sorge sein. Ich danke dir fürs
Gespräch.*

Ende der Transkription

Transkription des biographisch narrativen Interviews mit [A.K.]

Thema:	Schizophrenie im biographischen Bildungsprozess
Interviewpartnerin:	Frau [K.], 53 J. (regulär)
Interviewer:	Helena Robillard, 28 J. (*kursiv*)
Ort des Interviews:	Büro, Verein für Sozialpsychiatrie, [T.]
Datum/Zeit:	26.08.2010 von 10:00h bis 11:00h
Transkript:	Helena Robillard

Beginn der Transkription

*Ich leg' das mal so hier hin, dann wird es aufgezeichnet. * Ja?*

Ja gut.

*Also, ich möchte gerne von Ihnen wissen, wie ihr bisheriges Leben verlaufen ist. ** (beide lächeln sich erwartungsvoll an) Also, dass Sie sich einfach noch mal zurück erinnern an Ihre Kindheit. **

Ja.

Von da an

Also ich kann da eigentlich nur erzählen, was mich so krank gemacht hat. ** Das weiß ich noch. Ich hatte zwar eine schöne Kindheit, aber da wurde schon äh * der Grundstein für meine Krankheit gelegt, in der Kindheit schon. Und heute hängt bei mir alles daran, dass ich nicht gesund werde. Ich hab' einfach nie die Chance gehabt, zu lernen mich zu wehren. Verstehen Sie? Und, weil ich mich nicht wehren kann, mich mal durchsetzen, zack, mich mal wehren, ** ähm, bin ich auch auch irgendwie so, * mach' ich so innerlich (zeigt ein Zusammenkrampfen mit ihren Händen), dass ich dann auch, ** wenn ich mich wehren würde, würde ich mal nach vorne gehen und könnte meine Schizophrenie mal ablegen oder die schizoaffektive Störung, die ich hab'. * Das ist echt ein Wahnsinn. * Ich-ich werd' auch in die Tagesstätte, in die ich geh', gemobbt und äh * zum Glück gestern konnte ich immer ausweichen. Da waren eine Menge Leute da, wenn ich gemerkt hab', „Oh weh, jetzt wird 's gefährlich", dann bin ich immer aufgestanden und zu anderen gegangen. ** Das ist, * das ist schlimm, ja. ** Jetzt hab' ich da, damit Sie überhaupt wissen, was bei mir das A und O ist **

Und jetzt, da mach' ich mir noch so mörderisch Sorgen. Bei mir wohnt eine Freundin, nach hinten, also die Wohnung ist, die ist ähm ** die hat so was Ähnliches wie ich, die ist auch krank. Die kann sich auch nicht durchsetzen. Die gibt sich für alles die Schuld. * Die ist wieder anders wie ich. Die gibt sich für alles die Schuld, * meint, sie wär' alles schuld - die Gesellschaft würd' sie für 'ne Schlampe, Hure halten. Sie würde von allen ausgelacht werden. Sie hat einen Verfolgungswahn. Ja, und jetzt sagt sie gestern, ** sie hätte Angst, sie müsste wieder nach [U.] und das wär' fürchterlich. Aber der Vermieter sagt: „Psychisch Kranke können anscheinend nicht zusammen wohnen, da zieht einer den anderen runter". Also, ich konnte der Sache immer noch begegnen, aber weil-weil ich hab' einen guten Freund und ich hab' auch meinen Hund. Da hat sie mich gelassen und ich konnte sie immer beruhigen. ** Jetzt hat aber vor drei Wochen mein Freund gesagt, er möchte gerne wieder nach [N.] ziehen. Da hab' ich gedacht: „Und ich, spiel' ich denn in seinen Plänen überhaupt keine Rolle? Was ist das denn dann für ein Freund?" Dann liebt der mich ja gar nicht. Könnte mich ja fragen, ob ich Lust hätte mitzuziehen, ne. *4* Ja, und da bin ich irgendwie von ei- nem Podest runter gefallen und seitdem krauchen wir so auf dem Boden rum. Und sie, also bei ihr dreht sich da immer dieser Zwangsgedanken, ich weiß nicht, wie man das nennt, paranoid oder ich weiß nicht. ** Ja, das sind jetzt die aktuellen Sorgen, die ich jetzt hab', also es müsste doch, * dass es mir gelingt, die [Daniela] hoch zu halten, ** aber ich merk' auch an mir selbst * Das ist auch gut, ich danke Ihnen, dass ich mich mal aussprechen durfte. ** In meiner Wohnung, ich hätte so viel Arbeit, ich-ich hab' tausend Gedanken. Ich kann mich gar nicht mehr auf eine Arbeit konzentrieren und Hausarbeit ist im Moment furchtbar. * Und jetzt ist noch das Schlimmste: ** Die Leute, von denen ich gemobbt werde, die hasse ich überhaupt gar nicht, weil die sind mir sogar irgendwo noch sympathisch, * weil ich weiß ja auch nicht, warum das so ist. Und gerad' was das Thema betrifft, vor zwei Jahren da hab' ich meinem Freund, da waren wir in einer Krise, ** da hab' ich ihm einen Brief geschrieben. * So Partner schaft ist ja auch, geht 's ja auch rauf und runter, der heißt [Thorsten]. ** Na, hoffentlich kann ich 's lesen ohne Brille. Darf ich den Brief mal kurz vorlesen? *

Gerne, wenn Sie möchten. **

Das sagt viel über mich aus. ** [Thorsten], ich schätze dich als Freund, aber * eine Liebesbeziehung kann ich mit dir nicht eingehen, äh * weil mir-weil mir dann ständig meine Schwäche und mein Unvermögen vor Augen geführt wird. Meine Krankheit ist eben da. * Ich verstehe schon, wenn du ** ach meine Brille. * Haben Sie vielleicht eine Lesebrille dabei?

Leider nicht.

Ach Gott, * ach, das ist ja Pech. *4* Ach, warum hab' ich die jetzt vergessen? (liest weiter) Ja, ** ich versteh' schon, wenn du sagst, man soll äh sollte in gesundem Maße sich selbst lieben. Natürlich, aber wenn du schreibst, ich hätte genug gelitten, kann ich damit nicht ganz einverstanden sein, eben weil ich die Krankheit nicht beeinflussen kann oder sagen wir nur bedingt beeinflussen kann. **Äh * ich muss weiter leiden und ich äh * weiß aber * ob ich will oder nicht ** Nee, ich kann den Brief nicht lesen. ** Meine Augen machen nicht mit, * schlimm. *5*

*Dann erzählen Sie doch davon ***

Soll ich Ihnen den Brief vielleicht geben?

Wenn Sie das möchten.

Die Schrift ist einigermaßen lesbar? (überreicht mir den Brief)

Dann würde ich mir nachher eine Kopie machen und Ihnen das Original direkt wiedergeben.

Ja, * können Sie das in etwa lesen?

Ja.

Wissen Sie, ich hab' irgendwann in meinem Leben angefangen, aus meiner Schwäche, weil ich mich nicht wehren kann, eine Tugend zu machen, aus der Not eine Tugend. Ich hab' äh ja von der Religion her, * „Selig sind die Sanftmütigen." und auch „Liebet eure Feinde." äh auch ** ja geduldig ich-ich weiß auch nicht irgendwie ** So, jetzt will ich aber mal von meiner Kindheit erzählen, wie das Ganze kam. Und zwar war bei der Familie mein Bruder, der mich schon von der Kindheit auf nicht gemocht hat. Wenn wir, wir waren vier Kinder und meine Eltern und wenn wir dann am Tisch gesessen haben und ich wollte mal irgendwas sagen, hat er sofort gesagt „Ach, du hast doch keine Ahnung!". Der hat mich immer schon unterdrückt und meine Eltern haben ihn nicht gestört, und wie ich da acht Jahre alt war und das Mein und Dein in dieser Phase so wichtig war, da hab' ich Bücher, ich war eine Leseratte, und da haben Bücher unter meinem Bett gelegen und da äh ** da äh ** kam ich eines Tages von der Schule und die ganzen Bücher waren weg. Ei, mein Bruder hat die Bücher einfach sich angeeignet, sich die Bücher in seinen Bücherschrank gestellt, in seinem Zimmer und da bin ich zu meiner Mutter laut weinend und hab' gesagt, der [Werner] hat mir die Bücher weggenommen, und da hat meine Mutter mich angeguckt, meinen Bruder angeguckt und hat dann den Fehler ihres Lebens gemacht. Dann hat sie zu mir gesagt: „Ach weißt du, [Annette], der [Werner], wenn du ein Buch willst, brauchst du ihn ja nur zu fragen. Die sind ja nicht äh; * Der [Werner] sagt: „Ach, du machst sie ja nur dreckig". Der hat meine Sachen für seinen Sachen einfach bezeichnet. Ja einfach, ** das war furchtbar, und meine Mutter hat sich immer auf die Seite meines Bruders gestellt, immer waren es zwei gegen einen. Verstehen Sie? So hatte ich nie eine Chance, mich zu wehren. ** Das war ganz schlimm. ** Das-das war dieses Ohnmachtsgefühl, dieses ekelhafte Gefühl. Ja, und dann mit zehn Jahren hat man mich in ein Internat getan, und da wurde 's ganz schlimm. Warum weiß ich bis heute nicht, sehen Sie meine Stimme ist ganz belegt. Es geht mir im Moment auch nicht gut, ** ach ja. * Ja, ** (atmet tief durch) ja mein Vater hat auf dem Weg * jeden Montagmorgen sind wir ins Internat gefahren und ich war in der Woche immer im Internat und samstagmorgens immer abgeholt worden, und montagmorgens immer hingebracht worden ins Internat und auf dem Weg von zu Hause bis ins Internat hat mich mein Vater den ganzen Weg, die dreißig Kilometer lang, nur über meine Mutter hergezogen, das hat mir auch nicht gut getan. ** Das kann ich Ihnen sagen. ** Wenn, also, ich hab' ja nie begriffen, warum die sich überhaupt geheiratet haben. Also, ich versteh' es nicht und es war auch keine schöne Ehe. ** Meine Mutter hat viel, viel müssen weinen. Mein Vater ist * Ständig haben sie Kampf und Streit gehabt. Das war sehr schlimm, also ein harmonisches Elternhaus, das hab' ich nicht gekannt. Und meine Mutter, die hat auch gar nicht ** also sie hat ihrem Mann einfach nur immer gehorcht und hat gar nicht viel getan. So ein selbstständiger Mensch wie heute, das gab's da gar nicht. ** Mein Vater hat bestimmt, und meine Mutter hat gesagt „Ja" und war still und nie irgendwie sich hervorgetan und ihre Wünsche mal geäußert, gar nichts. ** Ja, ** da hatte ich das Pech. Im Internat kam ich dann vom Regen in die Traufe, weil eine Ordensschwester, die konnte mich nicht leiden, * die hat mich gemobbt, ** die hat * wir waren, da war Sitte und Brauch, dass wir abends nach dem Abendessen immer noch in die Kapelle beten gegangen sind und da bin ich dann mitgegangen. ** Musste ich ja, ich war Sextanerin und plötzlich in der Messe da in der Kapelle, wie's dann stille war, * und auch Oberprimanerin auch Ältere alle waren vertreten, sagt die doch tatsächlich, also die Schwester: „Ja, und die [Annette K.], die hat natürlich wieder das und das und das". ** Ich weiß nicht mehr genau, was sie gesagt hat, aber ich hätte mich im Mauseloch verkriechen können. ** Glauben Sie mir? (sucht Blickkontakt und Bestätigung, ich nicke ihr zu) Ah (stöhnt), war das so furchtbar. ** Ja, und dann hab' ich was getan, das war vielleicht nicht so gut, aber das war mir auch nicht so bewusst. Ich war ja ein Kind mit zehn Jahren und ich war gewohnt von zu Hause vom Dorf, auf Bäume zu klettern. Jetzt hab' ich Federball gespielt und dann flog der Federball aufs Kapellendach und ich, zack, den Baum hoch aufs Dach und den Federball geholt und jetzt haben da so Fenster aufgestanden und ich hab' gedacht, vielleicht haben da die Schwestern ihre Zimmer, und da hab' ich aus Vorwitz so ein bisschen reingespitzt und hab' so Grimassen geschnitten. Unten, die anderen haben gestanden und gelacht, und dann stand sie am Fenster, die Schwester, und ruft: „[Annette], sofort runter!" (verstellt die Stimme und ahmt die Ordensschwester nach) Ja, und dann hat sie am Eingang auf mich gewartet und zog mich in so einen dunklen Gang und hat mir ordentlich Schläge gegeben mit ihrem Gürtel und mich dann ins Bett geschickt. * Ja, da war es dann ganz aus. ** Da hätte mein Vater mich dann unbedingt müssen rausholen. *7* Ich hab' dann gesagt: „Papa, hol' mich aus dem Internat raus." und da hat er gesagt: „Nein, du willst ja bloß deinen Willen durchsetzen. Wir lassen dich in dem Internat." (fängt an zu weinen, ich reiche ihr ein Taschentuch) *9* Ja, und wie ich dann rausgekommen war, war ich dann für mein ganzes Leben zerstört. ** Ich hatte die Jugendschizophrenie. *4* Das wurde aber nicht erkannt. In meiner Familie gab es keine Schizophrenie, keine psychische Erkrankung. Das wurde nicht erkannt. *5* Erst nach einem schweren Leidensweg bin ich dann mit dreiundzwanzig total durchgekracht. Hab' überall versagt, an jeder Ausbildungsstelle. Mein Bruder meinte, ich wäre ein durch und durch fauler Apfel. ** Ich hab' ein Martyrium ausgestanden. Glauben Sie mir das. ** Ja, und dann bin ich, hab' ich mit dreiundzwanzig den Nervenzusammenbruch bekommen. Da war mein Vater in der Zwischenzeit gestorben. Meine Mutter konnte sich nicht mehr so um mich kümmern. Also vorher, weil mein Vater so schwer krank war. * Mein Vater hat ja auf dem Sterbebett vorhergesagt, dass sie mit mir noch viel, viel Probleme und Sorgen haben wird. ** Und der hat auch gesagt, ich könnte nichts dafür, dass ich krank im Kopf wäre. Nur warum und wieso, das wissen Sie jetzt. Nicht mein Bruder, das weiß keiner, außer der [Herr L.], der weiß das auch, ** ja. *5* Ja, dann bin ich zusammengeklappt, bin immer um den Tisch zu Hause rum mit so hängenden Schultern, (ahmt die Position nach, lässt die Schultern hängen) Tag und Nacht. ** Und da hat sich meine Mutter keinen Rat gewusst und ist mit mir zum Professor, ich weiß nicht mehr, wie er hieß, nach [T.] gefahren, und der hat mich nur kurz angeguckt und hat gesagt: „Ja, [Frau K.], ihre Tochter muss nach [O.] in die Nervenklinik. Das kann man mal als Kur betrachten. Ihre Tochter ist psychisch krank." und dann musste sich meine Mutter erst mal setzen. *4* Erst die schwere Erkrankung ihres Mannes und dann jetzt ein krankes Kind. * Ja, und seit neunzehnhundert achtzig, seit dreißig Jahren bin ich in der Psychiatrie. In den achtziger Jahren Heimaufenthalte *5* neunzehnhundert neunzig bis neunundneunzig war ich dann zu Hause bei meiner Mutter. Sie zog, sie war in der Zwischenzeit in das Haus ihrer Mutter, also meiner Oma gezogen und hat meine Oma gepflegt. Das war ein großes Haus. Da waren oben noch Zimmer frei, und da konnte ich dann schlafen und habe neun Jahre bei meiner Mutter gelebt. ** Meine Mutter war aber so streng und furchtbar zu mir ** und mein Bruder hat auch ganz in der Nähe gewohnt und ist nachher sogar auch in das Haus eingezogen. Da musste ich weg, sonst wär' ich aus dem Fenster gesprungen. Da hab' ich dann den Sprung geschafft, * mir hier in [M.] ein Zimmer zu holen, und da fing das neue Leben wieder an. ** Ja, ** jetzt fragen Sie sich sicher, wie ich das alles ausgehalten habe. Könnte ich Ihnen jetzt auch sagen. Ich weiß aber nicht, ob ich Ihnen das sagen soll. Das ist nämlich, * ja, das ist, * ich habe etwas entdeckt: Eine Kraftquelle, die mich über Wasser hält. *7* Meine Oma war eine schwer kranke Frau. Die hatte allerdings eine vorbildliche Ehe gehabt. Meine Oma war eine schwer kranke Frau und die hat unheimlich an Gott geglaubt, und ich habe als Kind gesehen, wie sie all die Schmerzen laut betend ausgehalten hat. * Ja, * ja und da hab' ich gedacht, gibt es Gott wirklich? Lässt er sich finden, wie das in der Bibel immer so heißt? * Ja, und da ist mir auch Gott begegnet. ** Ja, (atmet tief) und wenn ich dann bete, das hilft mir. Und dann sagen mir Leute, das ist gefährlich in der heutigen Zeit davon zu sprechen. Wenn man zu Gott spricht, das ist Beten, und wenn Gott zu mir spricht, nennt man das Schizophrenie. ** Aber das würd' ich nicht sagen, ähm * ja. *7* Jetzt weiß ich im Moment nicht, ich meine, wir machen mal eine Pause. Was meinen Sie?

Wie Sie möchten. Ja, natürlich können wir eine Pause machen.

Ich weiß es nicht, ob ich jetzt noch ** ob ich jetzt noch weiter (atmet tief) *4*

Wir können einfach eine Pause machen.

Ja?

Ja, natürlich. Möchten Sie noch Wasser haben? (schenkt ihr Wasser nach, sie trinkt) *10*

Wenn-wenn es mir ganz komisch geht, dann denk' ich „Ei Mensch, [Annette], du hast doch jetzt dreißig Jahre alles ausgehalten. ** Dir hat doch schon so oft das Wasser bis zum Hals gestanden. Immer hast du's doch irgendwie ausgehalten. Du weißt doch, wo deine Trost- und Kraftquellen sind. Geh' doch dahin." ** Ich glaube daran, dass Leiden auch einen tiefen Sinn hat ** und wenn ich seh', hier in der Stadt die Schickimickis, dann könnte ich was an mich kriegen. * Das ist wie ein Schlag ins Gesicht. Überall auf der Welt ist's so-so schrecklich und hier, ** na ja, das ist wieder ein anderes Thema. Haben Sie mal ein Kind gesehen, das am Verhungern war? Wie fürchterlich das ist (spricht sehr erregt), und dann gibt es anderswo Leute, die wissen nicht wohin mit dem Geld, die ziehen ihrem Hund Halsbänder an mit Brillanten und das-das-das, wissen Sie, ** das schreit zum Himmel! *5* Ja, ** ja, jetzt ist die berühmte Frage. Es hat mir jemand gesagt, ich soll im Hier und Jetzt leben. ** Was vorbei, ist vorbei, die Zukunft wissen wir noch nicht, ** aber wie's in der Gesellschaft aussieht, wird es wohl so sein, dass wir auch irgendwann als lebensunwert bezeichnet werden. ** Man geht ja schon das-das die ungeborenen Kinder werden ja schon umgebracht, im Bauch. Die-die alten Menschen, an denen wird auch genagt, und irgendwann sind wir, die chronisch Kranken, auch wieder an der Reihe. Also, das glaube ich, ** ich sag' mir immer, wenn jeder Tag schon ein Kampf ist, dann müssen wir das auch ** ja hinnehmen, ja. * Ja, jetzt muss ich immer in die Tagesstätte gehen. ** Und ich weiß nicht, mir sagt eine Freundin, ich könnte meinen Hund ihr geben, wenn ich auch ins Krankenaus käme, aber, und das ist das Pech, sie hält selbst einen Hund bei sich und das ist ein Rüde und mein Hündchen ist im Moment heiß und das wär' jetzt nicht so gut. *4* Ich muss noch 'ne Zeit lang aushalten. (stöhnt) *10* Ja, für mich ist jeder Tag ein schwerer Kampf, das können Sie mir wirklich glauben. *8* Ja, jetzt diese Krankheit. Der Arzt sagte zu mir, ich hätte schizoaffektive Störungen.

Wenn ich raus gehe, wie ich das aufnehme, wie ich das verarbeite, das ist schon schlimm. Und da hat mir mein Hund sehr geholfen, und jetzt hab' ich das Pech, die Freundin, die bei mir wohnt, die kann mir keinen Halt gegeben. Die ist jetzt nur noch am Jammern. Ich glaub', die muss nach [U.] und ich auch. Ich glaub', das geht nicht mehr anders. (stöhnt)

Haben Sie das mit [Herrn L.] auch besprochen?

Nee, das muss ich noch. Hat der jetzt Zeit?

Der hat noch bis elf Uhr einen Termin, * aber wir können nach unserem Gespräch mal anklopfen und fragen, ob er Zeit hat. In Ordnung?

Ja-ja-ja. **

Darf ich noch ein paar Fragen stellen, zu dem, was Sie erzählt haben bisher?

Ja. *4*

Also, Sie haben ja von Ihrer Kindheit erzählt und dem Bruder [Werner], mit dem das so schwierig war. ** Stehen Sie noch heute mit ihm in Kontakt?

Ja, er sagt immer so wegwerfend, was er für Geschwister hätte. * Ja, mit der älteren Schwester versteht er sich nicht, die andere ist krank im Kopf. *4* Ich bin krank im Kopf, wenn der wüsste, was das bedeutet. ** Oh Gott.

Ist der Bruder älter oder jünger als Sie?

Älter.

Und wie ist der Kontakt zu den anderen Geschwistern?

Meine andere Schwester kommt einmal im Jahr zu mir, aber ist auch eine ganz andere Welt. Die ist gesund, vermögend. Wenn sie zu mir kommt, muss ich immer noch jemanden einladen. Die [Marie-Louise], das ist die Frau meines Cousins. Ja, die muss ich immer noch einladen ** und dann zu dritt. Allein kann meine ältere Schwester, * alleine hat sie Angst vor mir. * Immer wenn die [Marie-Louise] dabei ist, dann trinken wir Kaffee und gehen abends vielleicht noch ein halbes Hähnchen essen oder so, ja. * Und-und zu meiner jüngeren Schwester habe ich einen guten Kontakt. Die hat auch so ein ähnliches Schicksal gehabt. Wie ich so todkrank wurde, ich war immer ihre Lieblingsschwester, und wie ich da so schrecklich krank wurde, hat sie auch den Halt verloren. Der Vater gestorben, ** die Schwester krank, und sie hatte niemanden. Da ist sie abgehauen nach [P.] * und hat dann einen Inder geheiratet und hat dann auch 'ne Tochter. Die Tochter ist heute dreißig und die ist schwer in Ordnung, die hat's geschafft. ** Ja, und der geht's jetzt aber gut. Die nimmt keine Medikamente. Ja, die hatte Glück, meine jüngere Schwester. Die hat sich aus allem raus-die hat gelernt, sich zu wehren. Das war der Anfang ** ihrer besseren, ja ihrer Genesung ja. * Also mein älterer Bruder, der ist sich gar nicht bewusst, was er alles getan hat. ** Es gibt ja Menschen, die würden nie glauben, dass sie irgendwas falsch machen. Da sind's immer die anderen. Die kämen nie auf den Gedanken 'Was habe ich falsch gemacht?' , das-das gibt so Menschen. Das sind nicht wenige. Dass die mal bei sich selbst anklopfen! *4*

Ja.

Ja. *4*

*Gab es denn da mal eine Situation, in der Sie Ihrem Bruder ähm * das geschildert haben? Also, Sie haben vorhin von einem Ohnmachtsgefühl gesprochen, auch was diese Büchersituation betrifft.*

Ja, * ich habe diesen [Thorsten] neunzehnhundert achtundachtzig schon mal kennen gelernt, meinen Freund. Und da hab' ich ein paar Wochen bei dem gewohnt und ich habe da meinem Bruder in meiner Verzweiflung wirklich mal drei Briefe geschrieben. Die hat er sich auch gut hinters Ohr gesteckt, ** ja. Das hat seine Frau mir gesagt, die hat er sich gemerkt; mein Bruder fühlt sich schon ein bisschen schuldig. Ich glaub' schon, weil er hat mal zu mir gesagt: „Ach [Annette], ** wenn du mal finanziell irgendwas brauchst", also mein Bruder ist nicht nur schlecht. Es gibt keinen Menschen, der nur gut oder nur schlecht ist. Jeder Mensch hat auch gute Seiten. *4* Ich habe auch lange überlegt, warum das Ganze in meinem Leben so sein musste. Mein Bruder war vielleicht auch nur Werkzeug. Und im Jahr zweitausend fünf war in [T.] der Katholikentag. Da hab' ich die Ordensschwester im Internat besucht und die wusste gar nichts mehr von mir und gar nichts. Ich hab' auch nichts verraten, (Stimme wird leise, geheimnisvoll) ich hab' nur gesagt, ich war auch mal im Internat. Die ist mittlerweile dreiundneunzig Jahre alt und ja, dann haben wir zusammen Kaffee getrunken. Ich hab' irgendwann erkannt, dass das alles nur Werkzeuge waren. Gott hat das so gewollt, hat das zugelassen. *4* Es gibt Menschen. Das Leid ist da, das gehört zum Menschen, und ich hab' auch gemerkt warum. Ich hab' auch mehr mir ein Urteil gebildet, warum heute jede dritte Ehe auseinander geht. Das ist, weil wenn man nur ein gutes Leben hat, man bleibt infantil. Wissen Sie? Oder sogar entwickelt sich zum Egoisten. Man braucht Leid und Not, um zu reifen. ** Man reift, es hat jedes Ding seine zwei Seiten. Man reift, es gibt viele, die sind beziehungsunfähig geworden, und wir-wir halten zusammen wie Pech und Schwefel in meiner Welt. ** Irgendwann hab' ich erkannt, natürlich tut das alles ganz furchtbar weh. Dieser Leidensdruck ist ein Wahnsinnskampf, aber Millionen Menschen auf der Welt, die haben's auch nicht leicht. Die müssen hungern. Man sagt ja, Essen und Trinken hält Leib und Seele zusammen, jetzt stellen Sie sich mal vor, es fehlt das, es ist ja entsetzlich (spricht leidvoll). Oder in Pakistan da schwimmen tote Tiere im Wasser und die Leute trinken das Wasser und Kinder *4* ach Gott, das dreht einem ja das Herz im Leibe um, kleine Kinder, ach Gott. (Stimme zittert, Tränen sammeln sich in ihren Augen, sie atmet schwer) *5* Jetzt hätte ich auch meinen Bruder gerne gebeten, dass er mir einen größeren Betrag schickt, um den zu spenden, * aber die Spenden, das habe ich jetzt erfahren müssen, sind erschwert worden, weil die übers Girokonto abgebucht werden und ich kann ja keinen größeren Betrag auf mein Girokonto, ** da fragt sich das Versicherungsamt „Ei, wo hat denn die das Geld her?". *4* Früher konnte man einfach mit einem Scheck mit so einer Karte zur Bank gehen. Das war auch gebührenfrei und konnte das spenden. Ich finde das nicht gut, wie das heute ist. Sicher, dann sagen die anderen als Argument, viele Spendengelder sind in falsche Kanäle geraten und sind gar nicht da angekommen, sondern sind irgendwo versickert und dann haben sich irgendwelche Typen das Geld unter den Nagel gerissen. Das stimmt ja auch irgendwo. ** Ja, * darf ich mir noch einen Schluck Sprudel nehmen?

*Ja selbstverständlich, * natürlich. *(12)* Ich würd' gerne noch mal kurz * auf Ihre Kindheit eingehen. Sie sprachen ja von der Beziehung Ihrer Eltern als von einer eher schwierigen oder nicht schönen Ehe. *

Mmh * mmh.

Und dass es eher kein harmonisches Elternhaus war.

Nee, überhaupt nicht.

Ein Ungleichgewicht?

Ich war immer auf der Seite meines Vaters. Ich hab' immer auf der Seite meines Vaters gesessen und meine ältere Schwester und mein Bruder haben immer meine Mutter getröstet und die hat sich in der Küche dann verbarrikadiert. *4* Ach ja, * aber mein Vater hat auch meine Mutter geliebt, die haben immerhin dreißig Jahre ** Und ich hab' auch gesehen, wie sie sich mal geküsst haben und wenn dann Krach war, war die Versöhnung um so schöner. Dann hat er seinen Kopf in ihren Schoß gelegt und sie hat ihm die Haare gestreichelt. Das haben wir Kinder auch gesehen. Nur sie war so still, sie ist nie vor und hat nie so zurück geschrien, sie war immer * sie war immer stumm und dann sind da so die Tränen die Wangen so runter gelaufen (deutet mit ihren Fingern an, wie die Tränen gelaufen sind). ** Aber meine Mutter hat dann schon ihren Mann gestanden, später im Leben. Das können Sie mir glauben. Wie sie dann da allein, als verwitwet, und jetzt ist einer im Dorf zu ihr hin und wollte sie heiraten und dann hat sie gesagt „Nein, ich hab' ein krankes Kind, ich kann nicht", das rechne ich meiner Mutter auch hoch an (beginnt zu weinen). Ja, * das rechne ich ihr hoch an ** und da hat sie, * sie kam mich überall besuchen in jedes Krankenhaus, wo ich auch war. * Sie hat mich nie im Stich gelassen. * Andere sind in Krankenhäuser und Irrenanstalten abgeschoben worden und sind von ihren Angehörigen vergessen worden. Meine Mutter kam jedes Wochenende bei Wind, bei Sturm, bei Wetter ** hat für andere Kaffee und Kuchen mitgebracht, hat gegeben. * Aber sie kam nicht allein. Ihre Schwester war immer dabei. ** Ja, * meinen Sie, ich könnte da jetzt mal kurz mit dem [Herrn L.] sprechen?

Der hat noch bis elf Uhr einen Termin, so viel ich weiß.

Weil ich hab' da jetzt jemanden gehen gehört.

Vielleicht reden wir noch bis elf und dann? Ist das in Ordnung?

Ja, * ja.

Sie haben ja gesagt, bei dieser Internatszeit sind Sie vom Regen in die Traufe gekommen, also das war

Oh Gott-oh Gott-oh Gott, da konnte ich mich auch nicht wehren, gegen die Mitschülerinnen. Da haben wir mal im Ruheraum gesessen und Platten gehört, und da war was gewesen und da hat eine ältere Schülerin gesagt „Ei [Annette], dann bell' doch mal zurück! Dann wehr' dich doch mal!". Die haben nicht begriffen, warum ich mich nicht wehren konnte. Das haben die nicht begriffen. *4* Könnte ich mich wehren, hätte ich auch mal mehr Selbstbewusstsein. ** Dann würde ich, dann ging's mir gut, dann-dann würd' ich ganz anders leben. ** Schlimm, * na ja ** ach ja-ja-ja.

Sie haben damals dann zu Hause bei Ihren Eltern thematisiert, dass Sie eigentlich gerne aus dem Internat rauswollen.

Ja, ** dann hat mein Vater das nicht ernst genommen und gesagt „Du willst ja bloß deinen Willen durchsetzen", schlimm ja.

Was hat das genau mit Ihnen gemacht? Ich mein', dass Ihr Vater so reagiert hat? Wie war das?

Ei, da war ich völlig schutzlos. * Da geriet ich dann in die Krankheit. Kein Halt und keine Hilfe von keiner Seite. Und die Schwester hat ganz ausgeklügelt, mich dann im Studiersaal, die saß so weit weg wie Sie jetzt von mir, ich war in der ersten Bank ** und guckte mich dann so oft an. Da hat's in meinem Gehirn so gemacht. Und da kam ich in die Pubertät und da hatte ich solche Augen (deutet auf ihre Augen) und da hat's geheißen „Die nimmt Haschisch." anstatt da war eine Störung. Da hab' ich mit fünfzehn plötzlich gemerkt, dass ich gar nicht mehr klar denken kann. Ich hätte die Schule nicht mehr geschafft. Ich konnte plötzlich nicht mehr klar denken, *9* aber ich wusste nicht, was mit mir los war. Ich hab' plötzlich nur noch Sechser geschrieben und da hab' ich zu Hause, anstatt zu sagen: „Mit mir stimmt was nicht. Ich komm' nicht mehr mit in der Schule. Ich bin krank. Ich hab' was im Kopf." hab' ich dann gesagt: „Ich möchte kein Abitur machen. Ich möchte Krankenschwester werden und ich geh' mit sechzehn ab nach der mittleren Reife". „Ja, mach' doch das Abitur um Gottes Willen, dann kannst du immer noch entscheiden, was du machen willst." „Nein, ich möchte Krankenschwester werden." und da war ich siebzehn, als ich aus dem Internat raus kam und mit achtzehn konnte man Krankenschwester werden. ** Und ich musste noch ein Jahr Haushaltslehre machen, und das hab' ich aber, äh * da war ich lieber noch ein Jahr hier, auf dem Gymnasium auch total oder hab' sogar versucht hier ** überall Sechser geschrieben, nirgendwo ausgehalten, durchgestanden. *4* Das war schon schlimm, und dann kam ich dann neunzehnhundert fünfundsiebzig nach [A.], *5* wo ich dann hätte können Krankenpflege machen. Und dann, ganz komisch auf der Station bin ich nicht mitgekommen. Da äh ** ich hab' mich immer nur in den Putzraum verkrochen und hab' Bettpfannen geleert, und die anderen Schülerinnen, die konnten sich auch mal gegen die Ärzte behaupten: „Ach, Herr Doktor, was haben Sie heute?". So hätte ich nie reden können, wenn ein Arzt kam, da haben mir die Hände gezittert, da war ich total perplex. (ihre Hände zittern) ** Ja, ich hatte Angst vor Ärzten, ja, und da war eine Schwester, eine Ordensschwester, und das war leider nicht gut. Ich hab' ja gewusst, Schwestern, Ordensschwestern sind meine größten Feinde. Das war ja meine Grundeinstellung, das war jetzt aber eine ganz gütige Schwester, die hat mich ins Büro gerufen. Und sie hat gesagt: „[Fräulein K.], ** wie wäre es denn, wenn Sie mal in die Psychiatrie gehen? Wie wäre das denn? Wir würden Ihnen das wirklich empfehlen." Da hab' ich gesagt: „Nein, ich möchte meine Lehre abbrechen. Ich geh' wieder zurück." und dann „[Fräulein K.] verlässt auf eigenen Wunsch", ** ja, ich hätte auf sie hören sollen. Hätte in die Psychiatrie gehen sollen. Vielleicht wär' da was zu retten gewesen. Da war ich achtzehn, na ja, aber ich hab' keine gute Meinung von Schwestern gehabt. Ja, * Frau ** wie heißen Sie noch mal?

Robillard

Robillard ** Frau Robillard, ich bin schizophren. Und ich muss damit leben und lebe merkwürdigerweise schon seit dreißig Jahren damit. * Ich weiß selbst nicht, wie ich das durchgestanden hab'. ** Ich weiß nicht, wie ich das geschafft hab'. Ich hab nur einen Wunsch, dass ich nicht mal an Selbstmord sterbe. Das ist der einzige Wunsch, den ich hab'. ** Ja, und dann von [A.] aus kam ich dann nach [K.] in das Mutterhaus der Borromäerinnen, in diese Krankenpflegeschule. Und da war die Angst noch größer. Ach, was war das so furchtbar, was hab' ich da *4* Da trat Gott in mein Leben. Da kam im Kino der Film Ben Hur. * Den müssen Sie im Kino auf Breitleinwand sehen. Das hat mich schwer beeindruckt, und ich bin oft in den Klostergarten und habe dort gebetet und irgendwie hat das mir, ah ja *5* da hab' ich gedacht „Mensch, gibt es etwas Schöneres und Größeres als dieses Leben, als dieses wahnsinnige Leben? Gibt es etwas, für das es sich auch zu leiden lohnt? Gibt es einen Sinn? Wo kommen wir einmal hin, wenn wir gestorben sind? Was ist im Menschen drin? * Ist nicht irgendwas in jedem Menschen, was unsterblich ist?" In meiner Krankheit hatte ich nämlich mal einen Zustand, da hab' ich mich selbst gesehen. Meine Seele wie ein großes flaches Land mit Bäumen ohne Anfang ohne Ende, * ein Dasein, *schöne Bäume. Das hab' ich mal erlebt. ** Ich bin ja, wie ich so krank war, meine Schwester und mein Bruder haben geheiratet und meine Schwester hat neunzehnhundert achtundsiebzig ihr erstes Baby bekommen und war viel krank. Und meine Mutter musste oft zu ihr fahren und war auch sonntags eingeladen und da hat sie mich immer mitgenommen. Und ich hab' dann immer im Nebenraum gelegen auf dem Bett, weil ich so krank war, und meine Mutter hat dann mit meiner Schwester Kaffee getrunken. Und ich hab' immer im Bett gelegen oder auf der der Couch, das war schon schlimm. *7* Neunzehnhundert sechsundachtzig bis bis neunundachtzig war ich dann hier im Verein für Sozialpsychiatrie hier-hier in dem Haus [D.]-Straße. Es war auch schön, wenn ich zurückdenke, also es war auch fürchterlich auf der einen Seite, aber * wir haben auch viel müssen lachen und ich hatte auch Liebe in meinem Leben, also Freunde. Ohne die Liebe hätte ich das alles gar nicht ausgehalten. Aber nicht bis zur letzten Konsequenz wie heute, dass man gleich mit einem ins Bett geht. Es war, es war auch verboten. Ich war auch fast immer in die Zivis auch verliebt (lacht) und das-das durfte ich nicht sein. Ja, und da war ich mal furchtbar in einen verliebt, und äh, da würd' ich gern mal wissen, der ist heute verheiratet und hat drei Kinder, dem würd' ich echt mal gerne begegnen. Kennen Sie den Film „Vier Fäuste für ein Halleluja" mit Terence Hill? Das war so ein Terence Hill Typ. Nobody hab' ich ihn immer genannt * und dann kam neunzehnhundert achtzig dieser [Thorsten] in mein Leben. Den habe ich in der Tagesstätte kennengelernt und der hatte damals ein Auto und sagte mir, er wohnt in [N.] und ja, * neunundachtzig bin ich dann zu ihm gezogen. Die Zeit mit ihm war wie ein Märchen, * wie ein Märchen. * Nur als junger Mensch kann mal so verliebt so was erleben also das * so ihr Alter, Frau Robillard. ** (ein Lächeln auf ihrem Gesicht)

Also, Sie sind dann von der [D.]-Straße nach [N.] zu [Thorsten] gezogen?

Ja, neunzehnhundert neunundachtzig ja und dann wollten wir heiraten, und da hab' ich einen großen Fehler gemacht. Ich hab' meine Tabletten weggelassen, Ich dachte, wenn du mal ein Kind willst * und das ging schief. Ich wurde todkrank und kam nach [N.] in die Psychiatrie. Da hat der [Thorsten] seinen Fehler gemacht. Anstatt mich zu besuchen, hat er sich eine andere Freundin angelacht. ** Ja ** ja *4* und diese Freundin hat ihn dann gleich wieder betrogen und dann wollte er wieder zu mir zurück und dann hab' ich ihn nicht mehr gewollt. * Dann hab' ich dort in [N.] einen kennengelernt, mit dem ich dann zehn Jahre zusammen war, * den [Alexander], ja. Und neunzehnhundert neunzig sagte meine Mutter dann: „Du kannst zu mir kommen, du musst mir nur helfen, die Oma pflegen." ** Aber es war keine schöne Zeit bei meiner Oma. Ich hätte das da nicht ausgehalten, wenn nicht mein Freund gewesen wäre. Oh, wie hat meine Mutter, ** (erhebt die Stimme) die ist hart geworden, die hat mich immer morgens um halb sieben aus dem Bett geworfen. Die war immer da, immer da -kommandiert-getadelt-kritisiert (spricht sehr schnell) und wenn ich dann gesagt habe: „Mama, ich kann nicht. Ich hab' keine Lust.", dann hat sie gesagt: „Ei, dann machst es halt ohne Lust." Und wenn ich irgendwie spülen wollte, nach dem Essen musste ich ja immer den Abwasch machen, hat meine Mutter immer Fernsehen an gehabt. „Mama, ich kann nicht." „Das ist meine Wohnung und hier wird gemacht, was ich will und du hast hier gar nichts zu vermelden! Hier tanzt du nach meiner Pfeife!" (schreit fast), und ich hab' dann alles gemacht. Aber wissen Sie, das Gemeine daran war, wenn wir beim Mittagessen waren und es ging mir nicht gut, dann kam meine Tante von drüben vorbei und dann haben meine Mutter und meine Tante sich die größten Horrorgeschichten, was sie in RTL Explosiv gehört haben, erzählt und da hat sich mir der Magen umgedreht. ** So kommt's, dass ich bis heute kaum eine Zeitung lesen oder Fernsehen gucken kann. Da hab' ich eine tiefe Depression darauf entwickelt. * Das-das war schlimm, ja.

Konnten Sie das äußern in der Situation? Also Ihrer Mutter und Tante gegenüber?

Ja, * dann hat sie gesagt: „Sei ruhig, man muss wissen, was in der Welt passiert." ** Warum sie sich immer über die schrecklichsten Sachen ausgetauscht haben, weiß ich bis heute nicht, ach Gott. Hat Gott auch zugelassen, ja. * Ich kann heute kein Fernseher haben und nichts. ** Sehen Sie, ich bewundere Sie, wie Sie hier ruhig und friedlich können sitzen am Schreibtisch. Wie schön, * ja-ja bewundere ich so, dass können Sie sich gar nicht vorstellen. ** So kann ich, * das ist mir nicht vergönnt. *7* (wir schauen uns einen langen Moment in die Augen)

*Ich habe noch eine Frage an Sie. Darf ich? Sie sprachen vorhin von der Kraftquelle, Ihrem Glauben an Gott, und dass Sie im Beten eine Begegnung mit Gott haben, einen Kontakt, einen Austausch. ** Und ähm was, * wie-wie funktioniert dieser Austausch? Können Sie mir das genauer erklären?*

Ja-ja, ich hatte ja eine gläubige Oma schon von früh auf und wie ich sechzehn war, hab' ich ja vorhin erzählt, ich war ja noch ein Jahr hier am [S.-R.] Gymnasium. Da war ich im Elternhaus und mein Vater hat noch gelebt. Da ging ich über den Friedhof und da war ein ganz hohes Kreuz. *4* Und da hat ein Mann dran gehangen. Und auf einmal guckt der mich an. (spricht aufgeregt) Erst steh' ich da ganz verdutzt, verdattert und auf einmal guckt der mich an. Ich weiß nicht, es soll ja Schizophrenie sein oder nicht, dann: „Du, du da am Kreuz! Sag' mal, dir geht's auch nicht gut, gell? Was sind das für fürchterliche Schmerzen, da zu hängen?" und dann hat er zu mir gesprochen, das werd ich nie vergessen, ja das-das ist ein Erlebnis, so was. ** Und das zweite neunzehnhundert dreiundachtzig, meine Oma hat ja von Schönstatt vom Pater Kentenich, * der ging ja für seinen Glauben nach Dachau ins KZ, der hat die Schön-statt * Es gibt auch Schönstätter Marienschwestern, die so voll und ganz von Rom akzeptiert, die hat da immer über der Küchentür so ein schönes Bild von der Mutter Gottes von Schönstatt und das hat mir so gut gefallen. * Und dann bin ich so oft mit-gefahren, nach Schönstatt. Und das ist ein Stadtteil von [A.], und das hat mir so gut gefallen dort und wie ich einmal neunzehnhundert dreiundachtzig ganz schlecht dran war zu Hause, * ja, dann plötzlich lag da ein kleines Bild von mir mit dem Pater Ken-tenich. Da hat er einen schwarzen Hut angehabt. Da hab' ich gesagt: „Das gibt's doch nicht! Guckt der mich an? ** Der guckt mich ja an, als wenn der leben würde. Was ist denn das?" *4* Also, das war-das war wie etwas aus einer anderen Welt. Ich weiß nicht, wie ich das sagen soll. * Was ist mit diesem Mann? Und dann hab' ich das Bild umgedreht, und was da auf der Rückseite stand, (klingt überrascht und staunend) das habe ich mir behalten. ** Das hat mich bis zum heutigen Tag getröstet, was da auf der Rückseite gestanden hat. *5*

Was hat da gestanden?

Da stand: „Bewahren Sie Ihren Platz im Herzen der Gottesmutter. Dorthin gehören Sie auf jeden Fall. Dort ist Ruhe, Sicherheit und Siegeszuversicht in allen Lagen und für alle Fälle. ** Tun Sie Gutes, wo immer Sie Gelegenheit dazu haben und erblicken Sie in allem eine gute Vaterhand, die Ihr Schicksal lenkt und leitet nach einem weisen Liebesplan. * Denken Sie immer an die schlichte Wahrheit. Gott ist Vater. Gott ist gut. Gut ist alles, was er tut. Wenn Sie daran festhalten, meistern Sie das Leben." (spricht voller Überzeugung, erinnert von der Intonation her an ein Gebet) Und dafür

ging der nach Dachau. Hat allerdings überlebt. Gibt schon Leute: Mutter Theresa, **
Papst Johannes Paul der Zweite. * Es gibt Menschen, die weisen auf etwas hin. Es
gibt wirklich etwas. Es gibt-es gibt tatsächlich etwas und glauben Sie mir, in aller
Menschheitsgeschichte haben Menschen noch immer an etwas geglaubt. Das ist ein
Merkmal der Neuzeit, dass * so viele Atheisten wie heute, das gab's noch nie. Also,
ich könnte jetzt, ich will aber hier nicht, dass das in eine Predigt ausartet, dass will
ich doch nicht, weil ich weiß, man kommt heute mit Gott, dann geht die Klappe runter. Ja, und da hab' ich angefangen * mich für Pater Kentenich zu interessieren. Und
was bin ich da auf eine Goldader gestoßen. ** Oh! Mein ganzes Zimmer ist heute
voll mit Schriften, mit Büchern, was Pater Kentenich sagt. Zum Beispiel hat er gesagt: „Wo wir unsere Natur schicksalhaft empfinden, hängt alles davon ab, dass wir
uns mit einer höheren Macht verbinden. Ich habe keine Angst wegen des unerschütterlichen Vertrauens auf die Macht der Gottesmutter. Die Gottesmutter muss uns
wandeln. Sie ist die große Erzieherin". *4* Was mir jetzt noch so-so-so hilft, wie er
gesagt hat, es gibt kaum ein Mittel, das uns so tief im Göttlichen heimisch macht wie
die Art und Weise, wie wir zu antworten haben auf die Schwächen unserer Natur. *
Ich hab' ja eine kranke Natur. Ich bin ja krank, aber mein Herz ist gesund, meine Seele. Aber der Kopf ist kaputt. Aber ja, ich muss das Beste draus machen. Ja, aber es ist
so schwer, in der heutigen Zeit Gott zu finden. Überall wird er am Kreuze weggenommen. Es ist kaum noch, * früher war das ganz anders. Da wurde zu Hause
gebetet. Das war ganz normal. ** Vor fünfzig, vor hundert Jahren galt Frömmigkeit
als eine Tugend, heute wird man verlacht. * "Bleibe fromm, bleibe brav, dann bist du
ein blödes Schaf." lernt man heute die jungen Menschen. Schlimm, * schlimm. *4*

*Sie haben vorhin * über Gott gesprochen, als Trost und Kraftquelle. Dann haben Sie*
den Satz gesagt „Leiden hat einen tiefen Sinn."

Ja-ja.

Was meinen Sie genau? Wie erleben Sie den Sinn?

Tja, ** dass die Waagschale so gehalten wird. (deutet mit ihren Händen ein Ebene,
ein Gleichgewicht an) Sonst hätte Gott die Welt schon längst bestraft. ** Schauen Sie
mal, wie viele Abtreibungen, wie viele Morde! Das ist kein Stück Holz im Leib. Das
ist Leben, und diesen armen Kindern werden Ärmchen und Beinchen ausgerissen, der
Kopf abgerissen, wenn die abgesaugt werden. (klingt schockiert und aufgebracht,

auch traurig) Wie schrecklich das ist? Das schreit zum Himmel! Und dieses furchtba-
re Leiden anderer Menschen, das hält irgendwie warum muss ** Warum hat Gott
seinen eigenen Sohn so wahnsinnig leiden lassen? Es muss einen Sinn haben *4*

*Und ihr Leiden? * Hat das auch einen Sinn für Sie?*

Ja, oh-ja, da könnte ich jetzt auch noch viel dazu sagen und zwar äh, * mein Vater
hatte eine Schwester. Diese Schwester hat einen Millionär geheiratet, den [Herrn A.],
der äh * der äh * der Gründer der [J.]-Messe ist. Das sind hochmütige Leute und
Hochmut ist eine Todsünde. Und mit dem Sohn und mit dem Cousin hab' ich als Kind
immer gespielt. ** Ja, und jetzt hat mir ein Priester gesagt, vielleicht deckt ihr Leidensweg eine große Sünde in ihrer Familie zu. Wer weiß?

Und was denken Sie darüber?

Ja, das ist, * wenn man das jetzt auch nicht glauben könnte, ** ich war früher ein
bildhübsches Mädchen. Ich hatte früher so langes blondes Haar. Das ist mir ausgegangen, wegen der Medikamente. ** Also, ich hatte auch diese Ambitionen. Ich
glaub', wenn ich gesund geblieben wäre, ich wäre vielleicht auch geschieden und **
ja, das Leiden hat mich, ja, ** es ist ein sinnerfülltes Leben. ** Ich-ich steh' heute
vollkommen zu meinem Alter. Andere kriegen kalte Füße, wenn sie dreiundfünfzig
sind, weil ich bin dankbar um jedes Jahr, das ich hinter mich gebracht habe. Ich traue-
re nichts nach. Es liegt mir nichts auf den Schultern. ** Aber wissen Sie, was mich so
quält, ist, dass immer die Unschuldigen so leiden. * Diese Frau, die da bei mir wohnt,
die quält sich so. Die meint, sie hätte ihren Sohn verlassen und sie wäre schuld. Und
dann hab' ich gesagt: „Ei, es ist vielleicht grad' umgekehrt. Warum tut denn der Sohn
nicht mal seine kranke Mutter besuchen?" Es ist ** Warum? ** Damit tät' er der armen [Daniela] so helfen, dann wäre ihr eine Zentnerlast genommen. Das-das versteh'
ich nicht. Dann hat sie so schlimme Gedanken. Da kommt sie nicht von runter. *4*
Ich weiß auch nicht, ** aber ich danke Ihnen, dass ich mich mal wirklich bei Ihnen
aussprechen durfte. Ja-ja es ist schon viel, was ich zu sagen habe. Wurde das alles
jetzt auf Tonband aufgenommen?

*Ja genau. Wenn Sie möchten, können wir mal eine Pause einlegen und schauen, ob
[Herr L.] jetzt gerade Zeit hat.*

Ja-ja.

(Pause)

Ich fühl' mich im Moment auch ziemlich schwach. ** Aber ich hab' den kleinen Hund zu Hause.

Der gibt Ihnen doch auch viel Kraft.

Ja, der gibt mir viel Kraft. * Der braucht mich. Und wenn ich jetzt auch nach [U.] käme? Wohin dann mit dem Hund?

Wäre das für Sie denn eine Erleichterung, nach [U.] in die Klinik zu gehen?

Nein, wär' schlimm.

Was wäre daran schlimm? Wie erleben Sie das?

Das Krankenhaus, da hab' ich keinen Hund. Da hab' ich nichts. Da ist zwar nettes Personal, aber das bringt mir nichts. Ich muss kämpfen.

Ja.

Ich hab' aber auch eine paar Kraftquellen. Um die Mittagszeit rufe ich die [Anna] an. Die hat gesagt, sie wollte mich besuchen. Wie ein Engel vom Himmel kam die [Anna] am Dienstag, als es mir ganz schlecht ging. ** Da hat sie mir ein paar Äpfel von ihrem Baum mitgebracht. Und ich hab' mich so gefreut. Das sind doch Bioäpfel, die schmecken doch so gut. Und da hat sie gesagt: „Wenn du willst, dann bring' ich dir nächste Woche noch mehr Äpfel." und da hab' ich gesagt: „Meinst du, ich würde nächste Woche noch da sein?" und da hat sie gesagt: „Du schaffst das. Ich komme nächste Woche." und daran klammere ich mich, Frau Robillard. *5* Ich wollte sie heute mal anrufen, wann sie jetzt genau kommt. (trinkt Wasser, das ich ihr zuvor ein- geschenkt habe) Ah, das tut mir gut. Danke.

Gerne.

Ach, ich weiß auch nicht. Das ist auch unverschämt.

Was?

Dass ich ihr Wasser trinke.

Nein, warum unverschämt?

Ja. *5*

Sie haben vorhin von [Thorsten] erzählt und gesagt „Der ist auch aus meiner Welt."

Ja.

Was ist denn Ihre Welt? Wie ist denn Ihre Welt?

Meine Welt, * das sind die Menschen, die an Gott glauben, weil die meisten ** Wer glaubt denn noch an Gott und geht in die Kirche? ** Wer denn noch? Sicher hab' ich auch gelernt, dass gute Menschen Atheisten sein können. Ich dachte früher, wer gut ist, geht in die Kirche. Und wer nicht gut ist, geht nicht in die Kirche. ** Irgendwie so komische Gedanken, aber das war dummes Zeug. Ich seh' Menschen, ** ich glaub' an Gott und geh' in die Kirche und das sind ganz-ganz wenige. Das ist schon merkwürdig. ** Ja, gehen Sie mal hin. Da sitzen drei Omas da, ** ein Witz ist das, ein Witz. **

*Sie hatten ja, * ich glaube dreiundachtzig, nee früher ähm * das Erlebnis mit Gott, * oder dem Mann am Kreuz. Wie genau haben Sie das erlebt?*

Als etwas Wunderschönes. Auf einmal kam eine Wärme. (lächelt) *5* Das war so ein trüber, dunkler Tag. Es war November. * Ja, als etwas Wunderschönes. Ich kann's nicht beschreiben * Als etwas Wunderschönes *7*

Ich hätte noch eine Frage zu Ihrer aktuellen Situation. Sie wohnen ja alleine. Wie kommen Sie damit zurecht?

Das weiß ich selbst nicht, wie ich das schaffe. (lacht) Da muss ich lachen. Schon elf Jahre seit neunundneunzig wohn' ich da. Völlig * ich bräuchte gar nicht in den Verein zu kommen, aber ich kann mir nicht so gut kochen. Ich bin von meiner körperlichen * her ziemlich zart und ich zittere auch. (hebt ihre Hände, um mir das Zittern zu zeigen) Vielleicht krieg' ich mal Parkinson. Ich weiß es nicht. * Also äh, ** ich muss ein gutes Mittagessen haben. Hier in der Tagesstätte ist prima Essen für drei Euro und deswegen geh' ich dahin. Ich bezeichne das auch ein bisschen als meine Arbeitsstelle. Sehen Sie, wenn man alleine wohnt und ist krank, dann ist ganz wichtig, dass man eine Struktur hat, einen Wochenplan und Rhythmus. ** Und am Wochenende kommt mein Freund zu mir, dann koch' ich was Feines. * Ach, jetzt geht es mir ein bisschen besser.

Das ist schön.

Ja, ich ruf' die [Anna] an und die hat mir gesagt „Du schaffst das." Mit der kann ich auch prima über Gott reden.

Ist wichtig soziale Kontakte und Freunde zu haben, ne?

Oh ja, ich hab' ein soziales Netz, * ja. *10*

Was Ihre Erkrankung betrifft, erleben Sie das selber so, dass es in Phasen verläuft?

Was mich quält, nimmt mal zu und wieder ab. Und dann kommt was Neues, aber das sind seelische Probleme, aber was ich gar nicht aushalte, ist, wenn der Kopf * das ist das Schizophrene, wenn ich wieder die schwarzen Schleier sehe. ** Aber da hilft mir mein kleiner Hund so. Ja, wie soll ich das sagen, wenn ich gute Menschen erlebe, dann ist auch die Krankheit, ** die geht dann zurück. *4* Ja, ich bin manchmal so weg getreten oder ununterbrochen Gedanken, ich * aber ich red' nicht gerne von meiner Krankheit. Das tut mir leid. Es hat mir mal einer gesagt, wenn du deine Krankheit nicht mehr aushältst, dann setz' dich hin und überleg', wem du heute helfen kannst. Das ist ein prima Mittel, wenn du dann jemandem helfen konntest, dann fühlst du dich einigermaßen wieder, ** ja. *10*

*Ich hab' noch eine letzte Frage. ** Neunzehnhundertachtzig als Sie dann nach [O.] in die Nervenklinik gegangen sind und Ihnen der Arzt eigentlich das erste Mal gespiegelt hat „Es liegt eine Erkrankung vor." Wie war das für Sie? Wie haben Sie das erlebt?*

Na, ich war ja schon mit vierzehn, fünfzehn krank und ich habe es als Erlösung erlebt. Endlich mal, dass mir einer sagen konnte, was ich hab'. Und dass ich vielleicht Hilfe bekomme. Endlich mal, dass jetzt mal was anfängt, das mir hilft und auch meine Familie erkennt, dass ich gar kein fauler Apfel bin, sondern dass mir bei mir eine Wahnsinnskrankheit vorliegt. ** Ja, und mein Bruder, wenn der mich von [O.] nach Hause genommen hat, dann hat der im Auto immer geschimpft. * „Oh, dann brauchst du nicht zu schaffen. Dann brauchst du dir keine Gedanken zu machen. Hast du ein schönes Leben." Mein Bruder hat immer nur geschimpft und der kommandiert mich bis zum heutigen Tag. Es ist schon schlimm. Manchmal denk' ich, was ist das nur? ** Ja, man ist schon froh für die Medikamente und für die Hilfen. Und ich glaube, Sie haben auch, und das sag' ich jetzt abschließend: Sie haben schon einen tollen Beruf und können vielen helfen. Der [Herr L.] ist auch ein ganz wichtiger Mann. Der hat schon vielen Menschen geholfen. Glauben Sie mir?

Ja, davon bin ich überzeugt.

Ja, * ich danke Ihnen herzlich.

Ich danke Ihnen ganz herzlich und wünsche Ihnen alles Gute und ein schönes Telefonat mit der Freundin.

Ende der Transkription

Text von [S.P.], 30. Oktober 1983

WEISSE ROSE

empfindungen
in begriffe gießen.In wörter.Schwarz-auf-weiß.
Dieses bedürfnis,wieder festzuhalten.Stakkato
der maschine zerreißt seelen.Unbarmherzig.
Von der schönheit der beschriebenen welt über-
wältigt,über-weltigt.Wie literatur schmeicheln
kann,wie literatur alle register des unter -
gangs zieht.
Ausspucken!
Fließen lassen.Finger stürzen sich wie hungrige
raben auf die tastatur.Wortspiele,spiele mit
worten,ganz atemlos.Wie betäubt,besinnungslos,
gesinnungslos diese s herumtanzen zwischen den
zeilen.Draußen tanzen kongresse,klirren gläser.
Draußen wartet sie,gestiefeltes schneewitchen
der sehnsucht.Und musik durchflutet diesen
raum.Traum.

Ein klingelläuten zerreißt die harmonie aus
einsamen schreibversuchen und müder hingabe.
Ich berühre sie,ihr haar,kein blick in die
augen.Was will sie von mir? Soll ich sie noch
tiefer in erlebte enttäuschung reißen? Will
sie sich weiterhin hoffnungslos verlieben oder
mich,den todkranken,füttern? Was will sie von
mir?

Er sang einzelne passagen mit.Die oboe von
andy sog ihn in ein verlassenes paradies.Laute
huschten geschmeidig an den pflanzen vorbei.
Nervös sprangen salzstangen zwischen seine fin-
ger.Er wackelte auf seinem stuhl hin und her.
Die erde bebte.Und er bebte und dachte daran,
daß die zeit weiterlief.Minuten rannen dahin.
Tage und wochen.Gefühle verschwanden im dunst-
hauch der zeit.Ihre beschreibung artete in
kunstvolle spilereien aus.Seine momentanen versuche,die wirklichkeit einzufangen,in goldene
netze zu weben,lieferten die besten beweise.

Von den alten sandalen,die er vor jahren in der
wohnung oben gefunden hatte und grün besprüht,
blätterte die eine sohle ab & auch der lack der
erinnerung verfiel in grünlicher patina.Nostal-
gie und neuralgie reimt sich,fiel ihm ein und
diese gestelzten versuche,die seite vollzukriegen,
ernüchterten.

Klänge aus der herzgegend londoner vorstadt-
studios zuckten zu ihm rüber.Allmählich fand
ixk er sich mit der neuen etikettierung in
der dritten person singular zurecht.Allmäh-
lich fielen die letzten hüllen.Schuppen von
den augen fielen & leise vorahnungen des
nächsten frühlings
Von der kochecke her duftete es nach zwiebeln
und gekochtem lauch.Sentimentalität und schon
wieder diese oboe küßten ihn.In der tasse
schwamm ein letzter tropfen saft.Er verliebte
sich in das 5o er jahre outfit des porzelans,
nierentische standen in der ecke.Der bilderlose
rahmen an der einen wand regte leidenschaft -
.lich zu phanstsien an.
Sie machten nächte zu tagen.Traditionelle zeitrechnungen stürzten wie gesprengte bunker der
maginot-linie in sich zusammen.Sie nahmen sich
vor,selbst neue zeitrechnungen einzuführen,
zarathústra-mäßig.Er mußte bei dem gedanken
und seiner ausdrucksweise lächeln.
Im grunde hatte sich seit monaten nichts ver-
ändert.Dieselben wünsche blieben offen.Vorhin
las er,wie liebe sein kann.Gestern sah er,wie
sich liebe zur nation äußern kann.Caspar wein-
berger in einem TV-INTERVIEW zu den getöteten
GL's der letzten intervention: der preis der
freiheit ist sehr hoch...
...es stimmte auch,hoch war der preis der freiheit,ist der preis der freiheit,aber wer verstand schon den tieferen sinn dieser phrase
eines perversen schreibtischmörders.Wer ver -
stand überhaupt,was gespielt wurde? Und wer
saß nicht zustimmend im zentral-geheizten wohn-
zimmer,während da draußen für unsere freiheit
gemordet wurde.Wie sie sagten.Nur die toten
waren wirklich.Sonst regierte lüge & gierte
nach mehr.Bereitwillig sogen die verarschten
die neuigkeiten dieser welt in sich auf,ver-
suchten zu ordnen,waren sich so sicher,daß es
so rechtens sei.Ruhe & ordnung verklärten die
verkauften stunden,die abgeschriebenen sehn-
süchte,die ausgeträumten träume.Die welt war so,
wie sie ist,und würde auch so bleiben,das war
sicher,wie das amen in der kirche.Die gottlosen
zogen sich gewänder der gerechtigkeit über,ehr
furchtsvolle schwarze röben,erhoben sich rituell
und zeigten mit dem daumen nach unten: in
ihren arenen zerbrachen menschen,die die lügen
erkannten,beraubten sie monochen ihrer sinne.
Luftdicht abgeschlossene räume,fenster,die sich
nicht öffnen ließen,schallisolierte zellen,keine
briefe,keine bücher -
Hier brach er seine vorstellungen ab.Sie mußten
gestellt wirken.Die betroffenheit war gut gemeint,
aber vorgetäuscht.Das leben spielte schon lange
grausames hasard-jeu-à-deux .Wer würde gewinnen?!

Das Chaos wirkte so pittoresque.Vermittelte die
letzten Spuren von Leben.Von Lebendigkeit.Dinge
lagen nicht einfach so herum,zufällig.Funktio -
nalistisches Prinzip der Un-Ordnung.Alles lachte,
freute sich,gerade SO rumzuliegen.Farbkombina -
tionen streuten wollige harmonie.Herbstsonne
legte sich drauf & Renoir erwachte von den Toten.
Die Nacht tauchte wieder auf.Er erinnerte sich
vage an einzelne Leute.Eines war sicher: er hatte
wieder mal keine einzige tolle Frau gesehen,die
ihn aus seiner Beobachterrolle hätte reißen könne
nen.Es gab keine Blicke zu verschenken,nicht
einen Moment schlug das Herz schneller.Er warte-
te auf nichts,suchte etwas ganz bestimmtes,fand
nur sich vor & seine Einsamkeit,mitten unter
diesem Gewimmel.Vor ihm schoben sich die Leute
in Zweierreihen in die hinteren Räume der Knäpe,
unruhig,gequält,auf der Suche nach bekannten,
oder begehrenswerten Gesichtern.Er machte auch
den obligatorischen Rundgang,allabendliches
checking,wie die Kontrollen hinter den terminals.
Die Leibesvisitationen wurden auf später ver -
schoben oder fielen ganz flach.Dann stellte er
sich zu einem Typ,den er seit ein paar Wochen
flüchtig kannte.Er war Italiener,lebte zur Zeit
hier bei einer Freundin,bot ihm Pastis an und
lachte.Sie amüsierten sich über das Geschubse
hier vor ihnen & der Italiener meinte immer
"Chaos,Chaos" mit seinem zart-harten Akzent.
Ein Freund,besser,ein Bekannter tauchte auf,er_
zählte von seinen 15o Mark Trinkgeld,die er
grade eben von einem Fahrgast bekommen hatte.
Araber oder sowas und "halb-schwul".Er meinte,er
hätte auch noch 'nen Tausender rausschlagen können und empörte sich gleichzeitig,daß er sich
nicht kaufen ließe.Er erzählte immer weiter,ging
auf keine Gegenfragen ein und merkte nicht,wie
der andere das Gespräch abbrechen wollte.Irgend-
wann verschwand der Taxifahrer wieder im Gewühl.
Er fühlte sich unwohl.Keiner verstand ihn in der
letzten Zeit.Jeder quatschte ihm den Kopf voll,
mit den Dingen,die er gerade erlebt hatte,Dar-
stellung bis zur Selbstkarikierung.Noch nie fiel
ihm das ganze Theater hier schonungsloser auf.
Mitten in die Gedanken zwängte sich ein anderer
Typ.Er stieß ihn an,lachte zu,ein "Na..." & der
andere ergriff begriff die Gelegenheit,ganz beiläufig natürlich,zu berichten,daß er,nein,daß
sie gerade gekommen wären.Er sei ziemlich kaputt,
den ganzen Tag zwar im Bett gelegen,aber - er
lächelte wissend,natürlich nicht geschlafen,weißt
du...und nachdem er so dezent sein letztes Fick-
erlebnis weitererzählt hatte mischte er sich auch
wieder in die Menge.
Diese lächerlichen Auftritte gaben ihm wieder
Kraft.Aber gleichzeitig wurde ihm wieder bewußt,

wie gefährlich es war,an der Schwäche der anderen
zu wachsen.

Scheiße
die besten Vorraussetzungen,verdammt,
unheimlich viel Zeit,
der Wecker verstaubte unter den Blumen,die ihm
ein Freund vor ein paar Monaten mal gepflückt
hatten,als sie spazieren gingen,
das Zimmer,das wie eine Räuberhöhle zum Dösen
& Morden einlud.
Geraubte Küsse
& der Ofen verbreitete Wärme.
Der erste von bereits vier Wintern,wo er mal
nicht fror,wo er sich den Luxus leistete,nachts
nackt auf dem Bett zu hocken,zu lesen,sich über
die Wärme zu wundern.Früher erstarben solche
Szenen in Eisblumen und fröstender Haut.
Ja,die besten Vorraussetzungen,
Musik zum Träumen von besseren Zeiten,
den Schrank voller Bücher,mit denen sich glänzend
Eindruck machen ließ.
Ja,und die Schreibmaschine,demonstrativ auf ihrem
Ehrenplatz,die Mappen mit Selbstgeschriebenem.
Selbstgerechtem.
Seine Augen waren groß und braun und allmählich
wurde er sich dessen bewußt.Keine Wirkung ohne
Ursache & er war in gewisser Hinsicht ein Held,
ein partisan d'amour,der sich eines Tages selbst
in die Luft sprengen würde.
Er fühlte sich ausgetrocknet wie ein Schwamm,ein
Frosch,der sich im eitlen Sonnenschein des Er -
folges sonnen wollte und den richtigen Zeitpunkt
zur Rückkehr ins Wasser verpaßt hatte.
Und er wußte,es mußte sich etwas ändern.Diese
verzweifelten Versuche,Sinn Und Halt zu finden,
in den Wüsten,in den grasbewachsenen Steppen,
schlugen fehl.Erkenntnisse reihten sich aneinan-
der wie dahergelaufene -
die Platte war zuende,die Automatik knackte leise
und er hörte gerade noch die Bewegung des Tonarms.
Er war seit vielleicht einer Stunde auf den Beinen,
hatte sich gewaschen,ein Hemd,eine Hose angezogen
und verspürte schon wieder das Bedürfnis,zu gähnen,
sich einfach hinzulegen,in die Sonne zu blinzeln.
Er würde die quälenden Gedanken weiterführen,woll-
lüstig,würde vor Selbstmitleid vergehen.Klar Und
es würde sich wieder nichts ändern.In ein paar
Stunden würde er wieder ins Bett fallen,noch kurz
in diesem geilen Buch lesen & den "Großen Hirnriß"
mit in die Träume retten,
So war das Leben.

30.0ct 83

ibidem-Verlag

Melchiorstr. 15

D-70439 Stuttgart

info@ibidem-verlag.de

www.ibidem-verlag.de
www.ibidem.eu
www.edition-noema.de
www.autorenbetreuung.de